A CONJURACAO DE 1787

A CONJURACAO DE 1787

EM GOA,

E VARIAS COUSAS DESSE TEMPO

MEMORIA HISTORICA

FOR

J. H. DA CUNHA RIVARA

GYAN

Published by

GYAN

Gyan Publishing House
5, Ansari Road
Daryaganj, New Delhi-110002
Phone: 011-47034999, 9811692060
E-mail: books@gyanbooks.com

Distribution Network
gyanbooks.com
India, USA, Canada, UK, Australia, France

ISBN : 978-81-212-3273-9 (PB)
First Published, 1875

2nd Impression 2020

Printed at: Gyan Press, Delhi.

The book at your disposal is the edition of an old book originally published long back. The Text quality of this book may not be at par as compared to our other books but many readers approached us to reprint this important book so that it could satiate their hunger. We request all the readers of this book to help us to improve its quality by providing the necessary text of those pages which are not properly visible. Your valuable support in this case will be highly appreciated and acknowledged and our future readers will be benefitted immensely.

A CONJURAÇÃO DE 1787

EM GOA,

E VARIAS COUSAS DESSE TEMPO.

MEMORIA HISTORICA

POR

J. H. DA CUNHA RIVARA.

NOVA-GOA:

IMPRENSA-NACIONAL

1875

PROLOGO.

AS confusas tradições, que vogam neste paiz acerca da conjuração, vulgarmente denominada a *Sublevação dos Pintos*, nos moveram a buscar nos documentos authenticos noticia exacta de como as cousas se passaram ; e offerecendo aqui o resultado de nossas investigações, expomos com sinceridade historica a significação daquelles documentos, agora pela primeira vez compulsados.

Com os incidentes da conjuração, ou com as pessoas nella implicadas, se enlaçam outros successos contemporaneos, tambem ainda não lançados em publica escriptura, posto que dignos de ser conhecidos, os quaes nos capacitámos que nesta occasião tinham boa entrada, e serviam para ampliar o conhecimento da epocha.

Esperamos se reconheça que esta relação sáe limpa da macula de paixão, com que ainda hoje, apesar de decorrido um seculo, he o seu principal assumpto tratado nas praticas, e por escripto; o que talvez procede da pouca informação, que delle ha.

Todos lucram com a verdade; e por isso todos tambem devem da sua parte concorrer para que ella resplandeça na historia, onde não he menos necessaria que no trato actual da vida.

Nova-Goa 1.º de setembro de 1875.

A CONJURAÇÃO DE 1787

EM GOA,

E VARIAS COUSAS DESSE TEMPO.

I

DESCOBRIMENTO DA CONJURAÇÃO;

PRISÃO DOS RÉOS.

Achava-se o governador e capitão general do Estado da India Francisco da Cunha e Menezes, no anno de 1787, oppresso de graves e multiplicados cuidados. Por uma parte, guerra declarada ao Bounsuló, apenas interrompida por uma suspensão de armas, que não dispensava de estar prestes com todas as forças do Estado, afim de reprimir e abater aquelle máo vizinho, e perpetuo inimigo; por outra parte, receio de invasão de Tipú Sultão, que crescendo cada dia em poder e soberba, depois de conquistar as terras do Canará e Sunda até á praça do Piro, nas fronteiras do Estado, ameaçava adiantar por elle suas conquistas, e senhorear-se de algumas, ou de todas as terras por nós possuidas; e ainda por outra parte o Rei de Sunda, despojado de seus dominios, e abrigado á hospitalidade da bandeira portugueza, maquinando já na corte de Punem, já com outros potentados, para recuperar o seu reino, em que entravam as provincias, que elle entregara ao Marata, a quem nós as haviamos ganhado, e agora mais que nunca nos deviam servir de barreira contra as ruins tenções de Tipú Sultão.

A tudo isto, que já era bastante para trazer enleado em continuo sobresalto ao governador, accresceu a seguinte inesperada novidade. No dia 5 de agosto do referido anno de 1787 pela manhã Antonio Eugenio Toscano, escrivão da communidade da aldea de Aldoná, na provincia de Bardez, lhe veio fazer denuncia que uns clerigos intentavam sublevar os Naturaes da terra para expulsar della os Brancos. Deo pouca attenção o governador a tal denuncia, por lhe parecer fabulosa, digna de riso, e effeito de alguma inimizade particular; mas no mesmo dia á noute lhe appareceu o coronel governador da praça de Alorna, e commandante da legião de Bardez, Manoel Godinho de Mira, trazendo comsigo o tenente da mesma legião Nicoláo Luiz da Costa, que lhe participára o mesmo, e fez a competente declaração perante o desembargador secretario do Estado no dia seguinte pela manhã. Nesse mesmo dia enviou o Arcebispo Primaz D. Fr. Manoel de Santa Catharina um summario e noticia do que perante elle haviam declarado e deposto no dia 31 de julho o padre Pedro Caetano José Lobo, de Bastorá, vigario de Tivim, e logo apoz elle mais dous clerigos, que perguntados no dia 3 de agosto pelo vigario geral do arcebispado juraram sobre o caso mais amplamente. Destas primeiras revelações veio a entender-se que a conspiração estava já bastante adiantada, e que o dia aprazado para o rompimento era o de 10 do mesmo mez de agosto. Não havia pois tempo a perder; e assim durante o dia 6 se expediram com o devido segredo pelo governo do Estado as ordens para na noute immediata serem presas as pessoas apontadas como cabeças e cumplices de tão inaudito plano.

Ao capitão de mar e guerra Xavier de Mendonça Corte Real foi mandado que logo que recebesse esta ordem, servindo-se da gente, que com ella hia, segurasse em custodia ao padre José Antonio Gonçalves, ou José Felippe Gonçalves, morador na freguezia da Piedade, por ter commettido o atroz delicto de lesa magestade, fazendo-se cabeça de uma pretendida sublevação no Estado, e o levasse com toda a decencia e segurança ao forte dos Reis Magos, onde acharia ordem para ser recebido; que désse uma exacta busca em todos os papeis, que achasse ao referido padre, fazendo delles aprehensão, para os entregar pessoalmente ao governador; que visse se o dito padre tinha dinheiro consideravel, e no caso de lho achar, o deixasse ou em deposito, ou com outra qualquer segurança, que julgasse conveniente, até dar de tudo parte.

Ao coronel Manoel Godinho de Mira se ordenou fizesse prender o padre José Vaz, natural de Anjuna, e o padre Antonio Felippe Vaz, vigario de Moirá. Recommendou-lhe o governador que commettesse a diligencia a officiaes europeos da sua legião, de que fizesse maior confidencia; e presos os levassem com toda a decencia e segurança ao forte dos Reis Magos; que os officiaes que fizessem esta diligencia deveriam dar uma exacta busca nos papeis dos padres, e emmassa-los, para que cerrados e lacrados fossem remettidos a elle governador; que examinassem tambem se em caza de algum dos ditos padres se achava dinheiro consideravel, e achando-o, mandariam chamar o cabo e escrivão da aldea, ou um na falta do outro, para que sendo contado o dito dinheiro perante testemunhas, e entregue por termo ou clareza a algum homem da terra, que ficasse nas mesmas cazas com o dinheiro e sentinellas, désse parte de tudo; que no caso porém de se não achar dinheiro consideravel; se qualquer dos ditos padres morasse em companhia de alguma pessoa parente ou amigo, a esse ficaria entregue a caza; mas se morasse só, fechariam os ditos officiaes as portas, mandando ao cabo da aldea que fizesse guardar a caza sob sua responsabilidade, e guardasse as chaves elle coronel; que se algum dos ditos padres não fosse preso, ou por não ter sido achado em caza, ou em outra qualquer parte, onde mais provavelmente poderia estar, os fizesse buscar com a maior presteza e actividade; e sempre em caza delles se procederia ás mesmas diligencias acima mencionadas. E como constava ao governador que o coronel já tinha preso o tenente da sua legião Ignacio Toscano, o remetteria tambem com toda a segurança ao forte dos Reis.

Ao brigadeiro Antonio de Assa Castelbranco, commandante da legião e provincia de Pondá, se expedio ordem para prender o Dessai Narbá Naique, residente naquella provincia, o tenente da mesma legião Manoel Caetano Pinto, de Candolim, e o alferes Pedro de Sousa, de Pilerne, com recommendação que todos fossem presos ao mesmo tempo, para que sabendo uns da prisão dos outros se não pozessem em salvo. O Dessai Narbá Naique seria remettido com toda a decencia e segurança á fortaleza da Aguada, e o tenente e alferes ao forte dos Reis.

Recommenda mais o governador ao dito brigadeiro que na actual conjunctura, em que ha uns poucos de homens fatuos, os quaes tem intentado uma sublevação no meio do Estado para delle nos expulsarem, dobre a sua vigilancia sobre as provincias que commanda, observando exactamente o que nellas passa, principalmente no que toca ao Rei Sunda, com quem devia ter a maior cautella, posto que não fosse por ora opportuno fazer com elle movimento algum publico e estranho. Adverte ainda que os officiaes que fizessem as prisões, especialmente ao Sar Dessai Narbá Naique, deviam dar uma exacta busca em todos os papeis que achassem, os quaes elle brigadeiro remetteria cerrados e lacrados ao governador; e finalmente que devia averiguar se os mais officiaes da legião participavam de algum modo do espirito de sedição dos que mandava prender.

O desembargador Antonio Rebello do Amaral foi encarregado de ir pelas cinco horas da madrugada do dia seguinte, 7 de agosto, ao convento dos padres da congregação da Cruz dos Milagres, e chamando o padre Preposito, lhe ordenasse logo que metesse á sua vista em carceres separados os padres Sebastião Baptista e Pedro Delgado, por cujas pessoas ficaria responsavel o mesmo prelado; e passando elle desembargador ás cellas dos ditos padres, fechando uma dellas, e guardando a chave, procederia na outra á aprehensão dos papeis, e finda a aprehensão desta cella, voltasse a fazer a mesma diligencia na outra, e enviasse os ditos papeis ao governador, o qual conclue esta ordem com a seguinte advertencia: « = Posto que me não capacito que haja alguma « resistencia da parte do prelado, tenho com tudo mandado 15 « homens e hum official, que Vm.ce achará perto do pelourinho « da cidade, para lhe darem ajuda militar, se for necessario.= »

O pelourinho da cidade ainda hoje existe, e não dista muito do convento, cujas paredes existem tambem, e a igreja, posto que profanada e sem ornatos, ainda inteira (1875).

Tal foi a serie de providencias tomadas no primeiro dia, que todas surtiram effeito, menos a da prisão do padre José Antonio Gonçalves, havido pelo principal auctor e cabeça da conspiração, que não foi achado em caza ás horas que na noute de 6 para 7 se deu saltada nella; e constando com toda a certeza que jantára no mesmo dia 6 em caza do padre Vicente Alvares, irmão do vigario de Pilerne, morador nos portaes da mesma aldea, ordenou o governador ao coronel Manoel Godinho de Mira no dia 7 que com a maior brevidade expedisse aquelles inferiores, que achasse mais capazes de procurarem e prenderem o mencionado padre em qualquer lugar, em que o achassem naquella provincia de Bardez, dando elle coronel a cada um dos inferiores alguns soldados, e ordens necessarias para serem ajudados nas aldeas. Passou o governador no mesmo dia 7 ordens aos commandantes dos Passos de S. Lourenço e S. Thiago para pòrem nelles toda a cautella, que impedisse a passagem do dito padre. Ao sargento mór commandante de Canacona Fernando Caetano de Sousa Pereira escrevia que se áquella provincia chegasse o dito padre, o prendesse com a maior segurança, e o trouxesse elle mesmo em sua companhia decentemente á secretaria do Estado, para se lhe dar o destino que devesse ter. E como podia acontecer que o padre andasse já com habito mudado, advertia, que elle era vesgo, e em duvida prendesse sempre a pessoa de quem desconfiasse; mas neste caso não saisse da provincia, e remetesse o preso por pessoa segura; que finalmente se tivesse noticia de que antes de recebida esta ordem passára já por alli o mencionado padre, o mandasse logo seguir por diversos inferiores, que o prendessem.

Na ordem dirigida ao coronel Manoel Godinho de Mira se lhe mandava tambem que prendesse ao padre José Manoel Ribeiro, e a um Gerardo Ferreira, que tambem jantaram no dia 6 em caza do referido padre Vicente Alvares; e igualmente a um Italiano, que morava em caza do vigario de Pilerne, e não fôra alli achado. A prisão do Italiano tambem foi recommendada para Canacona. Este Italiano era José Luis Guineti, natural de Milão, que viera por creado do arcebispo de Cranganor D. José Cariate.

Ainda no mesmo dia 7 foi expedida ordem ao marechal de campo Francisco Antonio da Veiga Cabral, commandante da provincia de Salcete, para que com a maior presteza mandasse prender a Sebastião de Noronha, cazado, e morador em Nagoá, daquella provincia de Salcete, um dos iniciados na conjuração, que para alli partira hontem, ou ante hontem, deixando-o preso na praça de Rachol com toda a segurança, e incommunicavel, dando-lhe busca, e fazendo aprehensão em todos os papeis, que tivesse comsigo, ou em sua caza. Foi com effeito o homem preso, e enviado ao forte dos Reis.

E como ao governador constava que os conjurados diziam que na provincia de Salcete tinham grande numero de socios eclesiasticos e seculares; em Cunculim mil homens promptos a seu serviço; e estarem providos de falsas firmas, que imitando as delle governador causassem perturbação no regimento do commando do mesmo marechal, lhe ordena que prenda qualquer suspeito de entrar no referido delicto; e se informe se em Cunculim havia algum numero de homens, que podesse fazer certa, ou verosimil a noticia insinuada; e quanto ás firmas falsas, facil lhe seria a elle distingui-las pelas verdadeiras que em seu poder tinha.

A todos os officiaes das aldeas era ordenado que dessem logo todo o auxilio que lhe fosse pedido pela pessoa encarregada destas commissões; e aos commandantes das praças da Aguada e Reis Magos que concorressem com o sustento necessario aos presos, que lhes fossem remettidos.

Concluidas estas primeiras diligencias commetteu o governador, como lhe cumpria, o negocio á justiça, ordenando no dia 9 de agosto ao desembargador chanceller do Estado José Joaquim de Sequeira Magalhães e Lançóes que procedesse a devassa sobre este caso, de que serviria de escrivão o desembargador Sebastião José Ferreira Barroco, e enviando todos os papeis e documentos, que podiam dar indicio, ou fazer prova, para que os réos de tão execrando delicto recebessem o devido castigo. (*Doc.* n.° 1.)

Era tambem intento do governador descobrir pela devassa se haveria alguma potencia inimiga, ou pessoa de consideração do Estado, que bafejasse esta sublevação.

Com a carta ao chanceller enviava outrosim o governador a relação das pessoas, que já havia mandado prender, relação, que falta no registo. Mas como de varios outros documentos consta quaes foram presas por esta occasião, ou posteriormente por mandados ou requisitorias da justiça, e quaes as que escaparam de ser presas, pomos aqui de todas a mais completa relação, que podemos formar.

Presos.

1 Pedro Luiz Gonzaga, de Nerul, tenente da legião de Pondá.
2 Manoel Caetano Pinto, de Candolim, tenente da mesma legião.
3 Ignacio Caetano Toscano, de Aldoná, tenente da legião de Bardez.
4 Nicoláo Luiz da Costa, tenente da mesma legião.
5 David Francisco Viégas, cirurgião mór da legião de Pondá.
6 Caetano Xavier da Costa, cabo de esquadra da mesma legião.

7 Ignacio Caetano Lopes, de Mandur, capitão de Auxiliares.
8 Salvador Alvares da Costa.
9 Balthazar Caeiro, sargento da legião de Pondá.
10 Manoel Ferrão, cabo da mesma.
11 Antonio Fernandes—dito.
12 João Vaz, soldado da dita.
13 José Monteiro.
14 Miguel Antonio da Costa, irmão de Caetano Xavier da Costa.
15 Bernardo de Mesquita.
16 José Luiz Guineti, natural de Milão, creado que fora do arcebispo de Cranganor D. José Cariate.
17 Sebastião de Noronha, cabo das praias de Salcete, natural de Nagóa daquella provincia.
18 Manoel Luiz, cunhado do padre Caetano Francisco do Couto.
19 Vicente de Abreu, vargeiro, do Chorão.
20 Francisco Pereira, ajudante de cirurgia da legião de Pondá.
21 Felippe Fernandes } vargeiros, do Chorão.
22 Victorino Vaz——
23 Vicente Gomes——
24 Manoel Silvestre, estudante.
25 João de Sousa, de Onor.
26 Sebastião Paulo de Noronha.
27 Padre Antonio Felippe Vaz, vigario de Moirá.
28 Antonio Dias, de Saligão.
29 Manoel Pinto, de Saligão, primo e cunhado de Manoel Caetano Pinto, de Candolim.
30 Narbá Naique, Dessai de Pondá.
31 Manoel Francisco Gonçalves, physico, da Piedade, irmão do fugitivo padre José Antonio Gonçalves.
32 Padre Sebastião Baptista, da congregação do Oratorio.
33 Padre Pedro Delgado, da mesma.
34 Padre Caetano Francisco da Silva, vigario de S. Lourenço de Linhares.
35 Padre Manoel da Expectação, vigario de Pondá.
36 Padre João Alvares de Sousa, vigario de Pomburpá. } todos tres irmãos
37 Padre Miguel Alvares de Sousa, vigario de Pilerne.
38 Padre Vicente Alvares.—
39 Padre Caetano Francisco do Couto, de Pangim.
40 Padre Mathias Bernardo da Fonseca, do Chorão.
41 Luiz Antonio Gonçalves, minorista, da Piedade, irmão do fu-

gitivo padre José Antonio Gonçalves.

42 Luiz Caetano de Sousa, de Moirá.
43 Padre José Manoel de Menezes, da Piedade, vigario de Guirim.
44 Padre José Antonio Vaz, de Anjuna.
45 Padre João Baptista Pinto, de Candolim.
46 Padre Diogo Benedicto Lobo, de Sirulá.
47 Padre Jorge Dias, de Candolim.

Ausentes.

1 Padre Diogo Caetano do Couto, talvez irmão do padre Caetano Francisco do Couto.
2 Padre Pedro Fernandes, de Assagão
3 Padre José Antonio Gonçalves, da Piedade.
4 Padre Ignacio de Noronha
5 Xavier dos Remedios de Noronha
6 Josefa de Noronha
} irmãos, fugidos em Bombaim

Pessoas, cujos nomes estam nas ordens de prisão, e de que não ha mais noticia.

1 Padre José Manoel Ribeiro.
2 Gerardo Ferreira—Ambos em ordem dirigida ao coronel Manoel Godinho de Mira.
3 Pedro de Sousa, de Pilerne, alferes da legião de Pondá.—Em ordem dirigida ao brigadeiro Antonio de Assa Castelbranco.

Deu logo o governador conta á côrte no mesmo dia 9 por via de Bombaim em carta dirigida ao secretario d'Estado Martinho de Mello e Castro, na qual depois de relatar muito em summa o caso, dizia. « = Adianto esta noticia a V. Ex.ª não porque a « necessidade do caso o mereça, mas só sim para evitar o cui- « dado, que poderia causar nessa côrte, se alli chegasse a re- « ferir-se, ou por pessoas menos verdadeiras, ou mal instruidas; « e juntamente peço a V. Ex.ª me queira participar as ordens « de S. Magestade com a brevidade possivel, para eu saber o « destino que devo dar aos ditos clerigos culpados.= »

As diligencias para a prisão dos réos, e para a entrega do padre José Antonio Gonçalves, bem como o processo preparatorio, tudo foi dirigido pelo governador, e auctoridades de Goa com o menor motim possivel, para que não transpirasse fóra do Estado mais do que aquillo que fosse inevitavel, e aos vizinhos parecesse o caso digno de pouca consideração; por quanto sendo elles inimigos, e alguns poderosos, de todos se podia temer algum movimento hostil, e principalmente do Nababo Tipú Sultão, que estando sempre com as armas na mão, lhe era facil aproveitar-se repentinamente de occasião, em que esperasse achar entre nós alguma desunião domestica, que nos enfraquecesse.

II

PRINCIPIO, E PROGRESSOS DA CONJURAÇÃO.

Pelos annos de 1780 a 1785 haviam concorrido em Lisboa varios naturaes da India Portugueza, entre os quaes o mais antigo naquella capital era o padre Caetano Victorino de Faria, que soubera grangear boa acceitação entre a fidalguia, e ainda no paço; e que por isso era o patriarcha e patrono daquella colonia indiana. Dos mais, cujos nomes conhecemos, daremos aqui resumida noticia, se bem que de alguns faremos em outros logares mais larga menção.

O padre Caetano Francisco do Couto, fora governador do bispado de Cochim, e destituido deste cargo pelo bispo D. Fr. Manoel de Santa Catharina, passou a Lisboa, segundo cremos, no anno de 1781, queixoso do bispo, e a procurar seus adiantamentos.

O padre José Antonio Gonçalves, antigo parocho, professor de philosophia no seminario de Chorão posto pelo referido bispo de Cochim, que tambem era governador do arcebispado de Goa, largando o logar, ou sendo delle escuso, foi tambem a Portugal no dito anno de 1781, pouco contente do bispo; e para merecer maiores postos tomou em Roma o gráo de doutor no anno de 1782.

Fr. Custodio de Santa Maria, frade de Santo Agostinho, que fingia revelações, dirigia em Lisboa na igreja do Sacramento um rancho de beatas.

Joaquim Antonio Vicente, estudante de marinha; Narciso Vicente, que parece ser seu irmão; José Antonio Pinto, de Candolim, estudante; além do padre José Custodio de Faria, filho do padre Caetano Victorino; e talvez outros, cuja memoria não chegou até nós.

Convivendo todos, era natural que tratassem das cousas da patria; e em suas conversações e debates consta que nascera o primeiro pensamento de fazer em Goa um levantamento, ou sublevação, que expellisse os portuguezes do governo do Estado, e podendo ser, o conferisse aos naturaes, especialmente aos da casta bramane, a que elles pertenciam. Parece que os padres Caetano Francisco do Couto e José Antonio Gonçalves aspiravam a ser providos em bispados vagos na India, que então eram Cranganor, Meliapôr, e Malaca. Fr. Custodio de Santa Maria, que se dizia mestre na sua Ordem, procurava tambem um bispado.

Nesse mesmo tempo achavam-se igualmente em Lisboa dous sacerdotes *Catanares*, ou do rito Syro-chaldeo do Malabar, que suppomos terem ido áquella côrte, e dalli passado á de Roma, no intento de procurar os meios de aquietar a christandade do seu rito, sempre revolta entre si, e muito mais pela sizania que nella semeava um arcebispo Nestoriano, que então, como quasi sempre alli acontece, tratava de a puxar para o schisma, ou heresia. Estes dous padres *Catanares* mereceram tanto a protecção da Rainha D. Maria I, e a benevolencia do Papa Pio VI, que de commum concerto foi um delles, o padre José Cariate, eleito, e confirmado em arcebispo de Cranganor.

Devia esta promoção, primeira do seu genero, descontentar muito aos dous padres goanos, que sendo da igreja latina, e instruidos em suas letras, se reputavam muito mais dignos do que o Malabar Syriaco para occupar a sé cranganorense. A elles, e por este motivo de se verem sem despacho equivalente a suas ambições, e demais a mais preteridos pelo Catanar, se attribuiu logo o primeiro impulso da sedição. Communicada esta noticia ao secretario d'Estado Martinho de Mello e Castro, dizia elle ao governador em carta de 21 de julho de 1788:= « Quanto ao pri-
« meiro ponto, da sedição, aqui se tem um sufficiente conheci-
« mento dos que se dizem principaes auctores della; são dois
« clerigos, que vieram a este reino com pretenções de serem
« empregados na India, hum delles bastante fallador; e não du-
« vido que tivessem a idea de obter algum bispado a exemplo
« do que se conferiu ao arcebispo de Cranganor; algumas vezes
« me fallaram em cousas da India, querendo-se-me inculcar por
« homens de muito prestimo; mas ouvindo-os com indifferença
« pela pouca attenção que mereciam os seus discursos; ultima-
« mente lhes disse que se recolhessem a Goa na certesa de que
« o arcebispo seu prelado, os occuparia conforme os seus me-
« recimentos.

« Tambem he certo que em quanto aqui se detiveram, con-

« trahiram amizade com os seus naturaes filhos da India; hum « chamado José Antonio Pinto, outro chamado Joaquim Antonio « Vicente, outro Narciso Vicente; o segundo destes moços aqui « estudou na aula da Marinha, e passou comigo o que refere na « sua carta (a); não tendo porém mais que informações muito « ordinarias do seu prestimo e capacidade, não o recommendei « muito á memoria. Consta-me porém presentemente que assim « elle, como os dous clerigos, que ahi se acham presos, José « Antonio Gonçalves, e Caetano Francisco do Couto (b), e mais « algum filho da India, que aqui concorreu com elles, se quei- « xavam amargamente do despreso com que os filhos de Por- « tugal os tratavam nesse Estado, e que se em lugar dos portu- « guezes, que deste Reino se mandavam á India, se entregasse « aos seus naturaes o governo, e administração geral, dando-se- « lhe os lugares e empregos ecclesiasticos, militares, e civis, « Portugal tiraria as maiores vantagens do mesmo Estado, e elle « só então he que seria opulento e feliz. Destes paradoxos po- « rém se não fez aqui algum caso, assim pela natureza delles, « como pela inconsequencia de seus authores, e he muito natu- « ral que transportando-se os ditos ecclesiasticos a Goa, e des- « lisando-se ahi nos mesmos, e outros discursos, delles nascessem « as denuncias, e avisos de sedição, que fizeram a V. S.ª.

« He certo que semelhantes homens, que fomentam e propa- « gam ideas tão perniciosas, como as acima indicadas, ainda que « proferidas em Portugal mereçam a indifferença e despreso, com « que aqui se trataram, não deve ser assim no Estado da India, « aonde ellas podem ser de consequencias muito desagradaveis, « se não se acautellarem antes de tomarem corpo; e nesta cer- « teza foi muito prudente que V. S.ª mandasse segurar os re- « feridos clerigos, e os seus consocios, e tirar logo devassa do « caso de que se trata, e seria da mesma sorte muito acertado « que se désse busca aos papeis dos capturados, para ver se ti- « nham alguma correspondencia com os potentados visinhos des- « se Estado, particularmente com Tipú Sultão, devendo ser este o « ponto mais essencial do cuidado de V. S.ª para o acautellar.=»

Vê-se pois que o secretario d'Estado não duvidava que os dous clerigos tivessem a idea de obter algum bispado, posto que ex-

(a) Interceptada em Goa depois do descobrimento da conjuração.
(b) Erroneamente suppunha o secretario d'Estado achar-se tambem preso o padre José Antonio Gonçalves.

pressamente lhe não houvessem fallado nisso, mas inculcando-se por homens de muito prestimo, só manifestavam a pretenção de ser empregados na India. Tendo porém elles occupado na India postos de certa importancia, e sendo reconhecidamente doutos, facilmente se comprehende que não aspiravam a emprego inferior ao de bispo, mormente depois do exemplo de ser conferido o arcebispado de Cranganor a um clerigo catanar.

Não he cousa estranhavel que um clerigo, e clerigo letrado, e de serviços, aspire a ser bispo, nem se pode condemnar nestes dous a ambição daquella dignidade. O que nelles se deve condemnar he o pensamento de excitar uma sublevação na sua patria, ou pretendê-la entregar a algum dominante barbaro em revindicta de não serem satisfeitos os seus ambiciosos desejos pelo ministerio de Lisboa. A razão porque não foram attendidos consta da propria carta de secretario d'Estado atraz citada. Desagradou áquelle ministro a sua loquacidade, a exagerada intimativa, com que se inculcavam por homens de muito prestimo, os desconcertados planos que propunham para melhoramento da India, e a importunidade de suas pretenções a serem empregados, ainda que não ousassem claramente sollicitar bispados perante o mesmo ministro.

Não era singular nestes dous clerigos a pretenção da promoção episcopal. Já desde o anno de 1772, o padre Caetano Victorino de Faria, então recentemente chegado a Lisboa, dando conta dos seus primeiros passos naquella côrte, expunha em cartas, de que adiante se fará mais larga menção, a boa acceitação que tivera com o nuncio Arcebispo de Tyro, por intermedio do padre mestre Fr. João Baptista de S. Caetano, benedictino, do qual diz que era muito apaixonado dos naturaes de Goa, e que, depois de informar-se delle padre Caetano do estado ecclesiastico secular e regular da India, chegou a dizer-lhe que não descançava em quanto não entregava a mitra e o bago aos ditos naturaes, á imitação de S. Paulo e mais apostolos; o que o padre Caetano affirma que elle podia fazer, por ser de muita attenção do ministerio, e muito ouvido na Mesa censoria, cujo deputado era, desinteressado, bom religioso, e fidalgo por nascimento. O padre Caetano Victorino não teve só acceitação em caza do nuncio, teve-a tambem na do cardeal da Cunha, e outros muitos fidalgos da côrte, e ainda no paço real, como está dito, e melhor veremos em outro lugar, sendo por ordem de S. Magestade varias vezes consultado nas cousas da India, especialmente nas ecclesiasticas.

Nas *notas* ou *glosas*, que fez por ordem regia á conta ou informação, que do estado ecclesiastico da India havia dado o bispo de Cochim, governador do arcebispado de Goa, no anno de 1781, papel, de que ainda havemos de fallar, e que evidentemente compoz (como em seu logar se verá) com o auxilio do padre Caetano Francisco do Couto, então chegado de pouco a Lisboa, apparece mais definida a ideia da nomeação dos naturaes para os bispados da India.

Dizia o bispo de Cochim no § 10 da sua conta ou informação que para arcebispo de Cranganor desajava fosse algum sugeito de Portugal que tivesse propensão para viver entre a gente mais rude, e aspera da Asia; ao que replica o padre Caetano Victorinc, em conformidade sem duvida com o voto do padre Caetano Francisco: « = Quanto porém á de Cranganor erra em dizer que vá « um arcebispo reinol, por ser aquella gente a mais rude da Asia, « pois para a gente rude e aspera nunca foi bom um estranho, « que nem sabe, nem pode revestir-se dos costumes de seme- « lhantes povos; mas sim um dos mesmos, que seja instruido na « Europa, para que docilisando-se nestes costumes, civilisando- « se, e instruindo-se facilmente antes, efficazmente pode conse- « guir o docilisar aquelle povo, instrui-lo, e aperfeiçoa-lo. = »

Este *um dos mesmos Asiaticos, que seja instruido na Europa*, claramente está apontando para elle proprio padre Caetano Victorino, para o padre Caetano Francisco, e para o padre José Antonio Gonçalves, que a esse tempo trabalhava por se doutorar em Roma, ou para algum outro goano. Mas mal previa o padre ou padres, que escreviam a resposta á informação do bispo de Cochim, que S. Magestade e o Papa haviam de entender tanto á letra o dictame, que escolheriam para arcebispo de Cranganor, não um Latino Goano, mas um Syriaco Malabar, no qual quadravam ainda com mais rigor os requisitos exigidos na resposta.

Continuava o bispo de Cochim no § 11. da sua informação dizendo que dos clerigos seculares nada via que prestasse (para governadores de bispados, e superiores de missões); nem os naturaes da India tinham alguma acceitação naquellas partes, nem ainda para missionarios. Exageração, talvez desculpavel naquelles primeiros embaraços, em que se via o bispo de Cochim, mas a que o padre Caetano, ou os dous padres Caetanos, responderam nesta forma.

« = A este paragrapho não devia responder, porque mostra « em si a apaixonada cegueira, com que falla, porque em « tres mil clerigos quem, que tenha lume de razão, poderá acre- « ditar, ou persuadir-se que ao menos se não for o decimo, ou « centesimo, não admittirá o millesimo, e por isso ao menos po- « deria exceptuar tres; pois nem um achou? He signal de que « está muito mal persuadido, no mesmo tempo que proveu a ca- « deira de philosophia no collegio de Chorão no padre Joaquim « Furtado, natural de Salcete, e no padre José Felippe (a), na- « tural da Ilha de Divar, e se quizer escolher não somente para « cathedraticos e bispos, mas ainda para ensinar a serem bispos, « acharia mais de cento ao menos. = »

Sendo esta a opinião dos padres goanos estantes em Lisboa, pode agora conceber-se melhor qual seria o seu descontentamento de se verem cada vez mais longe das mitras, a que aspiravam, descontentamento aggravado ainda, como já notámos, com a nomeação e confirmação em uma dellas de um Catanar Syriaco, que elles não podiam deixar de contemplar como homem de mui inferiores dotes intellectuaes, moraes, e politicos comparado com os goanos.

Sairam de Lisboa para a India os dous padres José Antonio Gonçalves, e Caetano Francisco do Couto em abril de 1785 na náo de viagem *Senhor Jesus Resuscitado, Santa Zeferina, e Princeza do Brazil*, a qual chegou a Goa no 1.º de maio de 1786. Lê-se em alguns documentos que os padres vieram no anno de 1785, o que se deve entender quanto á saida de Lisboa. A náo arribou a Ponta de Galle na ilha de Ceilão, e ahi ficou o padre José Antonio, que não sabemos bem quando chegou a Goa, que devia ser ou em fins de 1786, ou principios de 1787.

Como a conjuração foi descoberta em agosto algum tempo antes da chegada das náos de viagem desse anno, teve o governador a cautella, quando ellas chegaram, de mandar aprehender as cartas, que para qualquer dos conjurados viessem da Europa; e acharam-se entre outras as seguintes: uma de um rapaz chamado José Antonio Pinto, da familia dos Pintos de Candolim, dos quaes o governador, dando esta noticia ao secretario d'Estado, diz (em carta de 9 de outubro de 1787) que são tidos aqui por uns dos naturaes mais soberbos, e mais oppostos a tudo que chamam Brancos; e era dirigida a carta a um irmão seu, cha-

(a) O mesmo padre José Antonio Gonçalves.

mado o padre João Baptista Pinto, o qual ao tempo, que o governador escrevia, se achava já preso, por ser um dos principaes cabeças da presente sublevação, segundo a abundante e innegavel prova, que lhe diziam haver contra elle. Nessa carta fazia o moço José Antonio Pinto grandes elogios ao padre José Antonio Gonçalves, fallava com soberba, e referia-se a Fr. Custodio, frade agostinho, tambem natural de Goa, do qual affirmava que com pessoas serias tinha ponderado os caminhos para a futura felicidade do seu paiz. Pelas perguntas feitas a um dos corréos houve no processo suspeitas de que os ditos José Antonio Pinto e Fr. Custodio entravam na conspiração.

Outra carta era dirigida ao dito padre José Antonio Gonçalves por outro rapaz, que mostrava ter com elle intima amizade, chamado Joaquim Antonio Vicente, igualmente goano, que vivia em caza de Eloy José Corrêa Peixoto. Nesta carta alem de outras expressões affectava seu auctor ter repugnancia de fallar ao secretario d'Estado Martinho de Mello e Castro, não fosse caso que este o occupasse no serviço de S. M. em cousa que o embaraçasse de voltar a este Estado na monção de 1787; e aponta entre os seus projectos o de empregar-se no serviço de Tipú, confessando ter communicado os seus intentos com uns chamados Çalama ou Jalama Brandão, e Manoel Rodrigues, amigos do mesmo padre José Antonio, e seus; e concluia a carta com uma especie de protestação nestas palavras := « eu no dizer, e fazer sou constante, « por isso lhe ratifico sem necessidade a disposição da minha « vontade á excepção de cousa nenhuma, de maneira que pode « já suppor, ou considerar feito o que se ha de fazer depois de « eu lá estar: parece que me tenho explicado.= » palavras que mostravam mysterio, e planos concertados entre os dous. No resto do contexto ministrava tambem provas de haver grande amizade entre elle e José Antonio Pinto, auctor da primeira carta, e o dito Fr. Custodio.

Quem fossem Çalama ou Jalama Brandão, e Manoel Rodrigues referidos na carta antecedente não nos consta hoje; mas de Eloy José Corrêa Peixoto, em cuja caza vivia em Lisboa Joaquim Antonio Vicente, temos mais noticia do que então mostrava ter o governador. Este fallando do dito Eloy José por esta occasião ao secretario d'Estado em carta de 16 de janeiro de 1788, apenas refere que lhe dizem ter servido neste Estado, mostrando ignorar o que o governador D. José Pedro da Camara havia escripto ao mesmo secretario d'Estado em carta de 29 de dezembro de 1778, representando-o como aventureiro, desinquieto, libertino, e cuja inconstancia lhe fizera perder as fortunas mais interessantes, que conseguira; e que servira muitos annos ao Nababo Aydar Aly, e ao Rei de Tanjor.= « Eu creio (accrescentava D. José Pedro da Camara) que se bem diga que vai descançar « na sua caza de Azeitão dos incommodos que tem sentido em « tanto tempo das continuas peregrinações, que tem feito na Asia, « não he possivel que se accommode com o modo de vida, que « acha na sua patria, muito diverso a aquelle em que está inve- « terado, bastantemente libertino, e nesta intelligencia me per- « suado que voltará logo a busca-lo, como deseja efficazmente. « Aqui me consta que vai na idea de propôr a V. Ex.ª grandes « projectos, compostos com apparencias vantajosas aos estabele- « cimentos e dominios de S. Magestade, e sei que hade figura- « los com os encarecimentos mais expressivos, mas com os fun- « damentos pouco solidos, que logo se lhe percebem.= » (*Doc.* n.º 2). As circumstancias deste sugeito seriam importantes para novas averiguações em Lisboa acerca dos planos da conspiração; mas já esquecidas em Goa, e muito mais em Portugal, não deram lugar a procedimento algum.

Finalmente de outras cartas se confirmavam os dizeres das primeiras, e se corroboravam as suspeitas, que aquellas suscitavam. Tambem das diligencias judiciaes resultaram bastantes indicios de ser socio e sabedor dos planos da conjuração o padre Caetano Victorino de Faria, que desde muitos annos se achava em Lisboa, e era o patrono de todos os goanos, como está advertido.

Com todas estas noticias resolveu-se o governador a escrever ao de Moçambique para prender a José Antonio Pinto, Joaquim Antonio Vicente, Fr. Custodio, e padre Caetano Victorino de Faria, se passassem por aquelle porto em algum navio que viesse do Reino nesta monção de 1788, o que parecia provavel segundo o que constava das referidas cartas; e ao capitão do navio de viagem *Nossa Senhora da Arrabida e Santo Antonio de Lisboa*, que agora hia para o Reino em 1788, deu ordem para que evitasse toda e qualquer communicação com algum navio que podesse chegar a Lisboa primeiro que elle; e que se aportasse a alguma das ilhas dos Açores, apresentasse a ordem que levava ao governador, ou commandante respectivo, para que este por serviço de S. M. não deixasse sair primeiro outra embarcação, que podesse levar cartas ou noticias a Lisboa; e que chegando finalmente a este porto de Lisboa, não consentisse que no navio entrasse pessoa alguma, nem ainda as visitas do estilo, buscando logo modo de dirigir ao secretario d'Estado a *via* que levava, e esperando do mesmo secretario d'Estado ordem positiva, a fim de que S. M. podesse determinar o que fosse do seu real agrado antes de se divulgar naquella côrte a mencionada conjuração, e terem noticias ou cartas as pessoas acima declaradas.

O secretario d'Estado Martinho de Mello e Castro na já citada carta de 21 de julho de 1788 accrescenta que logo que lhe foram entregues as cartas do governador mandou fazer diligencia pelos naturaes da India auctores das que cá foram aprehendidas, e remettidas a Lisboa por copia; não se achando porém já naquella côrte alguns delles, soube que José Antonio Pinto, Joaquim Antonio Vicente, Narciso Vicente, e com elles um clerigo chamado José, filho do celebre padre Caetano Victorino de Faria, sairam de Lisboa soccorridos pelo mesmo padre Caetano, dirigindo sua jornada a França, para dalli passarem á India, dizendo o sobredito Joaquim Antonio a alguns dos seus amigos antes de partir de Lisboa, que em França se havia de encontrar com os embaixadores, que Tipú Sultão mandava a Versailles, para tratar com elles alguns negocios, o que combinava com o que o mesmo Joaquim Antonio escrevia ao padre José Antonio Gonçalves na carta que cá se aprehendeu, em que lhe pondera a maior conveniencia, que lhe resultaria de entrar ao serviço de Tipú.

Adverte ainda o secretario d'Estado ao governador que estas circumstancias, e a jornada destes quatro filhos da India determinada por França para a sua patria, renunciando a maior commodidade dos navios portuguezes, que sahiam de Lisboa para este Estado, e emprehendida a mesma jornada na occasião, em que se via o raro phenomeno de apparecerem em França tres embaixadores mandados áquella corte por Tipú Sultão, com os quaes diz um dos ditos indianos ter alguns negocios que lhe communicar; sendo noções muito dignas de as mandar combinar com as que resultassem da devassa a que mandou proceder, as conserve na lembrança para indagar cuidadosamente os passos dos sobreditos quatro indianos logo que chegassem a este Estado, onde todavia não chegaram, por serem advertidos a tempo do descobrimento da conjuração.

Relata finalmente o secretario d'Estado que em virtude do conteudo das cartas interceptadas mandára prender no convento dos Paulistas de Lisboa, onde assistia, o padre Caetano Victorino de Faria, unica pessoa que em Lisboa se achava das que as cartas enviadas da India podiam fazer suspeitar de socios da conjuração. Deu-se busca aos seus papeis, mas não se descobriu cousa alguma que podesse dar luz sobre a materia. Com tudo contra este padre accresceram cá na devassa provas de ser conscio da sublevação intentada, e que publicamente espalhava em Lisboa os effeitos que elle já julgava ter ella aqui produzido, deduzidas de uma carta escripta de Lisboa por Antonio José Castrioto, e depoimento das testemunhas, que a esse respeito se inquiriram.

O filho deste padre, nascido de legitimo matrimonio, e que tambem foi padre, por nome José Custodio de Faria, fez-se depois mui conhecido em França como *L'Abbé Faria*; e delle assim como de seu pai faremos adiante especial menção.

Saindo de Lisboa os padres Gonçalves e Couto no anno de 1785, como fica referido, constou depois que pela viagem tratavam dos meios e modos, de que se poderiam valer para executarem o seu intento; e chegados a Goa proseguiram no mesmo plano na forma que largamente pelas confissões dos réos, pelos depoimentos das testemunhas, acareações, e mais termos de direito constou dos autos da devassa, e se acha summariado na sentença de 9 de dezembro de 1788, onde se expõe que os conjurados intentavam subtrahir todo este Estado da sujeição, obediencia, e governo de Sua Magestade Fidelissima, destruir a forma deste, e formar uma nova republica, em que os naturaes por um conselho de camara geral governassem, e usassem da soberania, e de todo o mero e mixto imperio; que participaram primeiro o objecto da rebellião aos seus semelhantes na profissão ecclesiastica, e pretenderam pôr de sua mão e partido a estes, e aos vigarios, para que como parochos com a boa doutrina fossem misturando o veneno do desgosto e sedição, formando para esse effeito conventiculos em caza do cabeça padre Couto e em outras, e conseguiram até attrahir ao seu partido alguns officiaes militares naturaes para por elles segurar as tropas do Estado; que nestas persuasões proferiram horrorosas mentiras, e temerarias proposições, affirmando não ser peccado a mesma rebellião; que era vontade de Deos, e que havia dispensa do Summo Pontifice.

Assevera a sentença que fingiram soccorro de potencia estrangeira, e terem já muitas mil armas, e grossas quantias de dinheiro, verificando-se pelo contrario que nada tinham, e que foi um estratagema, com que os dous clerigos cabeças, e os seus socios pertenderam enganar aos que convidavam, e attrahiram ao seu partido. Na parte porém de socorro de potencia estrangeira seja-nos licito fazer certas reservas, e não o haver por completo fingimento, ficando para outro logar as considerações, que neste particular occorrem. E proseguindo no estudo da sentença, acha-se que a rebellião não parava em vagos e geraes discursos, e pensamentos indeterminados, antes se verificou que os principaes cabeças com os alliados e socios haviam determinado a forma e modo da execução, distribuindo os corpos dos rebeldes que haviam de atacar as praças, lugares, guardas, e cazas mais importantes, designando os que haviam de surprehender as pessoas de maior auctoridade e respeito, tendo conferido os signaes com que ao mesmo tempo em differentes lugares havia de ser acclamada a chamada liberdade, assentando matar toda a pessoa que não seguisse a rebellião; e chegando finalmente a assignalar para a sua execução o dia 10 de agosto de 1787; que se atalhou com as denuncias dos dias precedentes.

III

PROCESSO, E SENTENÇA.

Fica dito que logo no dia 9 de agosto concluidas as primeiras diligencias, que se seguiram ás denuncias, commetteu o governador ao desembargador chanceller do Estado José Joaquim de Sequeira Magalhães e Lançóes que procedesse a devassa sobre o caso da intentada sublevação, na qual devassa serviria de escrivão o desembargador Sebastião José Ferreira Barroco. Apenas começara o dito juiz a tirar a devassa, lhe chegou na mesma monção de 1787 por successor no cargo de chanceller o desembargador José da Rocha Dantas e Mendonça. Este ministro era desembargador da Relação e Caza do Porto, e por carta regia de 17 de fevereiro de 1787 lhe fez S. M. mercê do logar de chanceller da Relação de Goa para o servir por tempo de seis annos, e o mais que decorresse em quanto não mandasse o contrario; e tendo consideração ás suas letras, merecimentos, e serviços, e confiar delle que a serviria com inteira satisfação sua em tudo o de que o encarregasse, houve outro sim por bem S. M. fazer-lhe mercê de um logar de conselheiro do conselho ultramarino, de que tomaria posse, para ter exercicio delle depois de o haver tido no logar de chanceller da dita Relação de Goa, servindo-a nelle como esperava que o fizesse.

Vieram mais na mesma monção os desembargadores Manoel Vicente Teixeira de Carvalho, e José Caetano Pacheco Tavares. Recolheram em consequencia para o Reino na monção de 1788 o chanceller José Joaquim de Sequeira Magalhães e Lançóes, que já era desembargador do Paço, e o desembargador Joaquim José Mendes da Cunha, ficando completa a Relação com os successores que lhe chegaram.

Na mesma monção de 1788 remetteu o governador á côrte de Lisboa a devassa no estado, em que se achava até então, ficando encarregado da continuação desta diligencia desde 14 de janeiro de 1788 o novo chanceller José da Rocha Dantas e Mendonça, que a não poude concluir a tempo de ir nesta mesma monção, por haver ainda algumas acariações a fazer, e por varias indisposições de molestias que logo padecera.

Em carta do secretario d'estado Martinho de Mello e Castro ao governador escrita em Lisboa a 21 de julho de 1788 accusa elle o recebimento da devassa pelo navio *Nossa Senhora da Arrabida e Santo Antonio de Lisboa*, e em nome de S. M. ordena sejam os réos, que se acharem culpados nesta conjuração, processados, sentenceados, e punidos neste Estado segundo a formalidade e disposições das leis, que era o que cá se hia fazendo.

Os réos presos eram todos guardados por tropa europea, não parecendo seguro, nem conveniente empregar outra, o que em occasião de guerra era de hum prejuiso consideravel.

Em outubro de 1788 houve mudança na prisão de alguns réos, talvez em consequencia do que se hia apurando na devassa. O padre Luis Antonio Gonçalves, clerigo *in minoribus*, passou da caza da Polvora para a fortaleza dos Reis, e Sebastião Paulo de Noronha da fortaleza dos Reis para a caza da Polvora na mesma prisão, em que estava o dito Luis Antonio. Da mesma sorte Thomaz Antonio Dias passou da caza da Polvora para a dita fortaleza dos Reis. e Luis Gonzaga, tenente da legião de Pondá, dos Reis para a caza da Polvora, e prisão de Thomaz Antonio. (a)

[a] Deste Thomaz Antonio Dias não achamos outra memoria senão esta ordem. Será confusão com Antonio Dias, de Saligão, que foi solto na conclusão do processo?

Manoel Luis passou da caza da Polvora para o forte dos Reis, e o tenente Ignacio Toscano do forte dos Reis para a caza da Polvora, e prisão que deixa Manoel Luis. O padre Jorge Dias, de Candolim, passou da caza da Polvora para o forte dos Reis, revertendo Manoel Luis á caza da Polvora.

Em 14 de outubro foi ordem ao capitão da caza da Polvora para permittir que o advogado José Pedro de Araujo, defensor dos réos, fallasse com elles, a fim de poder receber dos proprios a informação da sua defesa, e igualmente permittir que fallassem com elles o sollicitador da caza da Misericordia, e que lhe levasse algumas cartas e papeis do dito advogado, podendo o mesmo sollicitador, ou qualquer dos réos fazer os apontamentos que julgasse necessarios para dar a sua informação.

No mesmo dia 14 de outubro ordenou o governador ao marechal de campo Francisco Antonio da Veiga Cabral, commandante das tropas, que mandasse dar baixa aos tenentes da 2.ª legião Ignacio Caetano Toscano, e Nicoláo Luis da Costa, réus do crime de sublevação intentada contra o Estado, e que remettesse uma certidão de haverem jurado bandeiras os nomeados na relação junta, a saber:

Manoel Caetano Pinto, e Pedro Luis Gonzaga, tenentes.

Balthazar Caeyro, sargento.

Manoel Ferrão, Antonio Fernandes, e Caetano Xavier da Costa, cabos.

João Vaz, soldado.

David Francisco Viegas, cirurgião mór.

Francisco Pereira, ajudante do cirurgião.

Todos da legião de Pondá.

Nicoláo Luis da Costa, e Ignacio Caetano Toscano, ambos tenentes da legião de Bardez.

Conclusos os autos se lavrou nelles em 9 de dezembro de 1788 a sentença, firmada pelo governador, como regedor das justiças, chanceller Rocha (José da Rocha Dantas e Mendonça), desembargadores, Amaral (Antonio Rebello do Amaral), Tavares (José Caetano Pacheco Tavares), e Teixeira (Manoel Vicente Teixeira de Carvalho), sendo presente o procurador da corôa, desembargador, e secretario do Estado, Barroco (Sebastião José Ferreira Barroco).

De todo o processo e sentença foi enviado traslado a Lisboa, completando-se agora com a parte que faltava, em remessa feita juntamente com a carta do governador ao secretario d'Estado de 18 de março de 1789. Não ficou copia na secretaria do governo da India, e o original guardou-se no cartorio da Relação, e se julga hoje perdido, posto que no anno de 1835 se extrahisse dos proprios autos traslado da sentença por ordem de quem governava o Estado; mas como já nesse tempo estivessem os papeis avariados, e roidos da traça, saiu aquelle traslado cheio de lacunas, e assim anda impresso no *Manifesto do governo provisional*, e na *Refutação Analytica* do mesmo Manifesto (*Doc.* n.º 3). He provavel que a copia que foi para Portugal se conserve lá em bom estado; mas á falta della forçoso nos foi servirmos-nos dos exemplares impressos, que sem embargo das lacunas (algumas das quaes pudémos supprir por meio de outros documentos) nos dão ainda sufficiente luz para seguirmos a deducção das provas, e conhecermos as decisões do tribunal acerca de cada réo secular, por quanto os ecclesiasticos, sobre que recaiam culpas, não foram cá julgados, mas enviados com ellas a Lisboa na forma das ordens da côrte, como adiante veremos.

Vistos pois os autos, proferiu-se sentença em 9 de dezembro de 1788, que declara serem os dous principaes cabeças da conjuração o padre José Antonio Gonçalves, e o padre Caetano Francisco do Couto: e commina varias penas nesta forma:

Pena ultima.

1 e 2. Pedro Luis Gonzaga, e Manoel Caetano Pinto, tenentes da legião de Pondá, socios com qualidade de agentes e seductores. Prova-se das declarações de varios corréos, e das confissões dos proprios que procuraram ganhar ao seu partido a legião, da qual affirmavam ter quasi toda alliciada: que Pedro Luis Gonzaga passára á aldea de Mandur a tratar com Ignacio Caetano Lopes, que era já do mesmo partido, a prisão de Sebastião Dias, cabo da sua companhia, por ser opposto á rebellião, e a conferir com o mesmo Ignacio Caetano Lopes o soccorro da sua companhia de Auxiliares, de que era capitão, para com ella, e os mais socios da legião atacarem algumas fortalezas; o mesmo confessou o réo Ignacio Caetano Lopes.

Condemnados os referidos tenentes Pedro Luis Gonzaga, e Manoel Caetano Pinto a que com baraço e pregão sejam levados, arrastados a caudas de cavallos, pelas ruas publicas da cidade até o lugar das forcas, que serão levantadas, e a que nellas morram morte natural para sempre, e que em vida lhes sejam decepadas as mãos, e depois de mortos as cabeças espetadas em postes até que o tempo as consuma; e que os seus corpos sejam feitos em quartos, e pendentes em outros altos postes fiquem expostos até que tambem o tempo os consuma, pelos lugares publicos das ilhas de Goa, e provincias de Salcete e Bardez; e assignam especialmente as aldeas de Candolim, Nerul, donde são naturaes, e as aldeas de Pilerne, Piedade, Mandur, e Nagoá.

3. David Francisco Viegas, cirurgião mór da legião de Pondá. Convidou á rebellião outros réos da mesma legião; e não o pode escusar a sua pertinaz negativa destruida com as provas que resultam das confissões do réo Antonio Fernandes, cabo da mesma legião, sustentadas nas acareações com o mesmo réo, e de Pedro Luis Gonzaga, igualmente ratificada, e sustentada na acareação, apontando este as duas conversações, que com o réo tivera.

Condemnado a que com baraço e pregão seja levado ao lugar das mesmas forcas, em que morrerá morte natural para sempre, sendo-lhe em vida decepadas as mãos, e cortada a cabeça depois de morto, seja esta, e as mãos pregadas em postes levantados no lugar donde he natural, até que o tempo as consuma.

4. Caetano Xavier da Costa, cabo de esquadra da mesma legião, condemnado na mesma pena do réo antecedente David Francisco Viegas.

5 e 6. Nicoláo Luis da Costa, e Ignacio Caetano Toscano, tenentes da legião de Bardez. Sendo convidados para a rebellião, prometteram as suas diligencias em attrahir os amigos e conhecidos; sendo de presumir que a elles fosse commettido o corromper a legião de Bardez, em que eram tenentes, porque contando os cabeças e seus socios com a rebellião desta legião assim como contavam com a de Pondá, por serem ambas quasi formadas de soldados naturaes, e não se mostrando que a corrupção desta legião fosse encarregada a outro algum socio do partido, he de crer que a estes réos, como officiaes della, foi commettido o corrompe-la, e attrahi-la ao partido da rebellião, como foi a de Pondá aos dous tenentes Gonzaga e Pinto. E porque confessam que eram perguntados por outros socios da conjuração que gente já haviam adquirido ao seu partido, como tudo plenamente se prova pelas confissões destes rèos, e por testemunhas de vista, e pela confissão do padre Couto, onde declara o extravagante e cruel meio, que proposeram estes réos de viciar-se com veneno o pão, com que hou-

vesse de se municiar a tropa (a); não lhes valendo a denuncia, que por si fez o réo Nicoláo Luiz da Costa, e o réo Ignacio Caetano Toscano pela interposta pessoa de seu irmão Antonio Eugenio Toscano; porque tendo elles de muito tempo plena sciencia da conjuração, circumstancias, e augmento della, fizeram suas denuncias nos dias 5 e 6 do mez de agosto, quando já a esse tempo a mesma rebellião se achava, não só em ordem para descobrir-se, mas tambem descoberta, e provada por um summario de testemunhas perguntadas no dia 3 de agosto pelo vigario geral

(a) Da proposta destes réos, que não consta fosse acceita pelos mais conjurados, forjou-se uma errada tradição, que ainda hoje corre entre as classes adversas aos Bramanes, dando como cousa assentada entre todos os conjurados a adopção daquelle meio do envenenamento das tropas pelo pão. Accrescentam que por esse motivo foi prohibido em Goa serem padeiros os Bramanes, como de antes eram, e dahi vem ser agora esse mister exercitado só pelos Charadós.

Não nos parece provado que antes do descobrimento da conjuração fossem os Bramanes padeiros em Goa, nem achamos o menor vestigio dessa allegada prohibição, nem tão pouco haveria para ella motivo, visto não se provar que aquelle traiçoeiro meio entrasse no plano dos conjurados, ou que os padeiros houvessem annuido a elle.

Do afferro porem, com que certas classes defendem a veracidade da tal tradição, daremos um curioso exemplo. Ha annos correndo nos tribunaes um processo crime, em que eram réos varios Bramanes accusados de ter assassinado um official militar descendente de europeo, foi-nos apresentado por mão de um indigena, mandatario de pessoas que o não eram, uma especie de libello famoso contra os Bramanes, onde entre outros muitos maleficios, de que eram accusados, entrava este do projecto do envenenamento das tropas como meio escolhido por elles para o bom exito da intentada sublevação de 1787, e a consequente invocação da ordem, que lhes prohibia o exercicio do mister de padeiros. Pretendia o portador do papel que fosse logo impresso no *Boletim do Governo*; e estando proximo o julgamento da causa, era visivel o intento de se querer prevenir o publico e os juizes contra os réos. Rejeitámos *in limine* a pretenção; e não foi sem espanto nosso que logo depois descobrimos que era apadrinhada por mais altos patronos, que nos mostraram desejo da publicação, sem embargo do que insistimos na negativa, e o papel não ganhou as honras do prelo.

do arcebispado; de ordem do arcebispo primaz, a quem no dia 31 de julho foi denunciada pelo padre Pedro Caetano José Lobo, então vigario de Tivim, aquelle que contrariou o pensamento do cabeça padre Couto, e dissuadio a estes réos da rebelliosa maquinação, como se verifica da devassa, e da attendivel attestação do arcebispo primaz, que capacitado pelo summario, que tirou, da verdade da rebellião, dirigiu ao governador o mesmo summario, e noticia que teve (a).

Condemnados a que com braço e pregão sejam levados ao logar das mesmas forcas, em que morrerão morte natural para sempre, e cortadas as cabeças depois de mortos, sejam estas pregadas em postes altos levantados pelos logares donde são naturaes, até que o tempo as consuma.

7. Miguel Antonio da Costa, irmão do cabo de esquadra Caetano Xavier da Costa. Prova-se não só pela sua confissão, mas tambem pela do cabeça padre Couto, e de Sebastião Paulo de Noronha, e tenente Gonzaga, que teve toda a sciencia da conjuração, associando-se com grande gosto ao seu partido, procurando outros socios, e acceitando o convite de segurar a pessoa do Marechal de Campo, promettendo fazer o que podesse, e transmittindo avisos do tenente Gonzaga aos cabeças.

Condemnado á forca, e cortada a cabeça depois de morto, ser esta pregada em poste levantado no lugar da sua naturalidade.

8. Ignacio Caetano Lopes, capitão de Auxiliares, natural de Mandur. Sendo convidado pelo cabeça padre Couto, e por outro irmão deste, acceitou o partido da reellião, e chegou a prometter o concurso da sua companhia de Auxiliares para atacar as fortalezas, e recolher em sua casa preso o cabo da sua companhia Sebastião Dias, de quem o tenente Gonzaga se temia como adverso á conspiração; consta tudo da propria confissão do réo, e das dos corréos Gonzaga e padre Couto.

Condemnado na mesma pena do antecedente.

9. Salvador Alvares da Costa. Sendo convidado para a rebellião no mez de maio pelos cabeças, e associando-se ao seu partido, deu aos mesmos cabeças noticia do numero de soldados portuguezes, que havia no 1.° regimento, em que tivera praça de soldado, e deu informações do estado e fortificação da praça de

(b) O padre, que fez a denuncia, ficou havido por traidor entre as familias, que por causa della padeceram; e talvez estas ainda hoje não olhem com bons olhos a do padre.

Rachol; e estava tão possuido de espirito de rebellião, que na occasião em que foi preso, disse perante o tenente e soldado que lhe atava as mãos, que elle soldado lhe fazia o que elles lhe havião de fazer, e segunda vez o repetiu, como se verificou da sua confissão, e confere com a do cabeça padre Couto.

Condemnado na mesma pena do antecedente.

10. Balthazar Caeyro, sargento da legião de Pondá.

A mesma pena.

11. Manuel Ferrão, cabo da mesma legião.

A mesma pena.

12. Antonio Fernandes, cabo da dita.

A mesma pena.

13. João Vaz, soldado da dita.

A mesma pena.

14. José Monteiro.

A mesma pena.

15. Bernardo de Mesquita. Convidado por Sebastião Paulo de Noronha foi tratar com o cabeça padre Couto, como confessou.

A mesma pena.

E condemnados mais todos estes réos na confiscação de seus bens, e a serem havidos por infames para sempre sua memoria, seus filhos e netos.

Degredo.

1. José Luiz Guineti, natural de Milão, criado do arcebispo de Cranganor D. José Cariate. Confessa o cabeça padre Couto que o intento da rebellião fora communicado a este réo na mesma viagem, em que vinhão todos de Lisboa para este Estado; e mostra-se mais que tendo fallecido em breve tempo em Goa seu amo o arcebispo, se associou aos cabeças, e mais especialmente ao padre José Antonio Gonçalves, a quem acompanhava e seguia em quasi todas as suas jornadas, assembleas, e funcções; e posto que tenha negado, até nos tormentos, a perfeita sciencia da conjuração, não he de presumir que, contando os cabeças com este réo para no tempo da sua chamada felicidade se servirem de seu prestimo no conhecimento, que tinha da agricultura, e de fazer vidros e papel, deixassem de lhe communicar individualmente a rebellião; confessando o réo que perante elle declamavão contra os Portuguezes, e manifestavam o desgosto, em que viviam na sujeição e obediencia deste Estado; e nas suas confissões assevera que

por aquellas declarações se chegou a persuadir que os cabeças intentavam alguma cousa, e tinham algum projecto, ainda que nunca podesse verdadeiramente saber se era para buscarem auxilio de algum potentado para moverem alguma sublevação, ou se era para passarem para as terras dos ditos potentados; concluindo-se desta sua confissão que tinha todo e perfeito conhecimento da inimizade, má vontade, e perversa intenção, que os ditos cabeças tinham de offender o Estado por qualquer modo; e se conhece de outras declarações e depoimentos que este réo era um dos conjurados; concorrendo mais o indicio de andar fugitivo logo que foram executadas as prisões dos outros réos.

Condemnado a que com baraço e pregão seja açoutado pelas ruas publicas da cidade, e vá degradado para servir nas galés de Angola por toda a vida.

2. Sebastião de Noronha, cabo das praias de Salcete. Prova-se por sua confissão, pela do tenente Toscano, sustentada na acareação, que tudo confere com o que declara o tenente Nicoláo Luiz da Costa, que este réo fora sciente da conjuração antes do dia 26 de julho, e que deixou de denuncia-la; e posto que pretenda escusar-se com a razão de não haver percebido como era a conspiração, nem della capacitar-se em termos de poder denunciar, e lhe prometter o dito tenente Toscano de o informar melhor de outra vez; com tudo por sua mesma confissão se verifica que teve noticia bastante para entender que se tratava de rebellião contra o Estado; e esta mesma simples noticia, e circumstancias o deviam obrigar a declarar, e denunciar o que sabia.

Condemnado a que com baraço e pregão seja açoutado pelas ruas da cidade, e vá degradado toda a vida para Benguella.

3. Manoel Luis. Posto que se não prova a sciencia da conjuração senão pela confissão do cabeça padre Couto, que por ser unica não faz prova, com tudo das circumstancias que concorrem em abonação da verdade com que falla o dito cabeça, e da de ser o réo seu cunhado, entre os quaes não havia discordias, resulta prova sufficiente em delicto desta natureza para ser o réo condemnado, ainda que tenha nas perguntas sustentado a sua negativa.

Condemnado a degredo; se bem que pelas lacunas dos exemplares das sentenças se não pode saber para que logar, que conjecturamos ser algum da Africa Oriental, e que tambem foi açoutado.

4. Vicente de Abreu, vargeiro. Recolheu, e escondeu a pedi-

do do padre Mathias Bernardo da Fonseca em sua caza o cabeça padre José Antonio Gonçalves, como confessa, sendo inverosimil que deixasse de saber o motivo da fugida do dito padre depois das prisões de varios réos, e até dos irmãos do mesmo padre; sendo ao mesmo tempo impedidas as estradas e caminhos para fora do Estado, o que confessa saber; e convidou os begarins, que acompanharam para fora do Estado o referido padre Gonçalves, como confessam os mesmos tres begarins.

Condemnado em açoutes com baraço e pregão pelas ruas da cidade, e degredo por 10 annos para Rios de Senna.

5. Francisco Pereira, ajudante de cirurgia.

Açoutes da mesma sorte, e 10 annos de degredo para Moçambique.

E a todos estes degradados condemnam mais no perdimento de todos os seus bens para o fisco e camara real, e lhes será intimada comminação de morte natural, se tornarem a ser vistos em qualquer praça, ilha, provincia, ou lugar do Estado, e capitania geral de Goa, de que assignarão termo.

Galés.

1. Lourenço Fernandes, vargeiro, servente do padre Mathias Bernardo da Fonseca. Prova-se pela sua confissão, e por outras, que por mandado do dito padre fora chamar o réo Vicente de Abreu á caza vazia immediata á sua, em que na primeira noute do dia 7 dormiu o fugitivo padre Gonçalves, acompanhando a este até á dita caza, na qual soube esteve demorado até o dia 11, em que fugiu para fora do Estado; e não podendo ignorar o réo a este tempo a causa da fugida do dito padre, e ser elle cabeça da rebellião, cousa já então publica.

Condemnado a ser açoutado com baraço e pregão pelas ruas da cidade, e degradado para as galés de Goa.

2, 3, e 4. Filippe Fernandes, Victorino Vaz, e Vicente Gomes. Prova-se que conduziram o cabeça da rebellião padre Gonçalves, saindo alta noute da ilha do Chorão para Mahem, e passando para Azarem do dominio da côrte de Punem por caminhos fora das metas: e bastava este modo occulto, receioso, e fugitivo para conhecerem que aquelle padre era um dos conjurados que tentavam contra o Estado a rebellião já publica e notoria no dia 11, como tambem serem muitos réos já presos. Sendo certo que não podiam, nem deviam ignorar que obravam um facto probibido, e criminoso, só por auxiliarem, e conduzirem para fora do Estado qualquer pessoa fugitiva.

Condemnados a açoutes com baraço e pregão pelas ruas, e degredo para as galés de Goa.

5. Manoel Silvestre, estudante. Tem contra si igual presumpção pela companhia que fez ao dito cabeça padre Gonçalves desde Guirim até a ilha do Chorão no dia 7 de agosto, quando já vinha fugitivo e receioso, affastando-se dos caminhos, com habitos seculares; confessando que sabia que era o dito padre procurado para ser preso pelo que lhe disse este, e pelo que presenciou, e se fez publico na freguezia de Pilerne; nem podia capacitar-se de que a prisão era por ordem do prelado; sem que o possa escusar da pena a simplicidade que mostrou na occasião das perguntas, porque por suas respostas se conhece que tem o entendimento necessario para comprehender e discorrer sobre a gravidade do delicto.

Condemnado em degredo para as galés.

Todos foram tambem condemnados nas custas.

E mandam que os réos, que não vão condemnados em morte natural, sejam tambem levados ao lugar das forcas e cadafalso, onde estarão presentes até ao fim da execução.

Esta effeituou-se a 13 do mesmo mez de dezembro de 1788 no campo do Mandovim, ou alfandega, no lugar onde se achava a forca da cidade. O campo ou largo do Mandovim ficava, como o seu nome indica, adjacente á alfandega da cidade, demorando esta ao norte á borda do rio, de leste corria a rua publica da cidade para Santa Luzia, ficando da outra banda da rua o convento de S. Domingos. A oeste estavam varios edeficios publicos, entre os quaes o terreiro dos mantimentos, e hoje desta mesma parte confronta com os actuaes limites da cerca de S. Caetano. O sitio era dos mais povoados, e concorridos da cidade. O largo do Mandovim está hoje convertido em palmar cerrado, de que he proprietario um gentio. Ainda alli, já debaixo do palmar, conhecemos a antiga forca, formada de dous pilares de pedra, atravessados na parte superior de uma traveta de páo, a qual se achava já estalada no meio, mas ainda sustida em seu lugar. Depois foi demolida a forca, e só restam no sitio algumas pedras soltas dos antigos pilares. A sentença de 9 de dezembro manda ir os réos ao lugar *das forcas*, que serão levantadas; e na verdade para esta occasião se armaram mais duas, que deviam ser de madeira, a par da antiga de pedra.

Não achámos memoria de quem fossem os ministros da religião, que acompanharam os padecentes ao lugar do supplicio, nem de qualquer circumstancia, que neste lugubre acto houvesse digna de especial menção.

Todavia restam-nos da conjuração, e da execução duas relações ordenadas pelos Senados da Camara de Goa e de Bardez, nos principios do anno de 1789, como de caso notavel, e enviadas ao governo da corte na forma das ordens. (*Doc.* n.° 4). São dignas de confrontação as duas relações ou memorias, uma feita pelos fidalgos de Goa, europeus e descendentes, e outra pelos vereadores de Bardez, naturaes da terra. Os de Goa, que naturalmente se achavam satisfeitos com o castigo dos conjurados, narram seccamente o successo; os de Bardez, sem duvida, aterrados pela execução de seus compatriotas, amigos, e parentes, depois de referirem mais largamente o caso, moralisam-no dizendo: = « sendo este supplicio de maior satisfação e applauso de « mais povo, nobreza, e deste senado da camara desta provincia « de Bardez, a qual no referido dia se ajuntou com seus officiaes « e mais nobreza na caza da camara junto com as tropas da dita « provincia, que se achavam formadas ante a dita caza da cama- « ra em quanto se fez a dita execução no lugar do supplicio em « Goa= ». Vê-se daqui as precauções, que o governo tomou em tão solemne occasião.

He de notar-se assignado entre os vereadores de Bardez — *De Tonnelet* — isto he, o sargento mór de cavallaria da legião daquella provincia, Henrique Claudio Des-anjes de Tonnelet, official francez ao nosso serviço. Mas segundo a legislação do tempo os officiaes militares entravam por vereadores nos senados; e aconteceu que aberta a pauta dos vereadores para aquelle anno de 1789, se achara nomeado entre elles o tenente coronel José Lobato Gameiro de Faria, que a esse tempo era provido no governo de Angediva; do que dando conta o senado ao governador, este por sua provisão de 5 de janeiro de 1789 nomeou ao dito sargento mór de Tonnelet, por ser indispensavelmente preciso que houvesse entre os vereadores daquelle senado pessoa dotada de zelo, intelligencia, e capacidade, que houvesse de reger a fabrica de Mapuçá por elle estabelecida, de tal sorte que se podessem resarcir os grandes prejuizos, que ella tinha experimentado, como indispensaveis dos primeiros estabelecimentos, e tirar as conveniencias, que justamente se deviam esperar na mencionada fabrica, sendo regida com prudente e zelosa economia. Havia cá naquelle tempo a mania de felicitar o paiz com a erecção de fabricas de tecidos em toda a parte á custa das camaras e do governo, fabricas que nunca fabricaram cousa alguma, nem resarciram, como o governo esperava, as grandes perdas que desde o principio experimentaram.

Outra circumstancia digna de nota he achar-se na mesma vereação o dito De Tonnelet e Felippe Nery Pinto, parente de alguns dos conjurados. He tradição na caza dos Pintos, de Saligão, como nos informa o senhor Luis Xavier Correa da Graça, cazado com uma senhora daquella familia, que o sargento mór De Tonnelet fôra encarregado na occasião da prisão dos conjurados de prender a Manoel Pinto, um dos principaes proprietarios da aldea de Saligão, e morgado; e para effeito dessa diligencia cercara as suas cazas, e as do seu parente e visinho Felippe Nery Pinto, capitão de Auxiliares (que he o que figura na vereação), e que prendendo a Manoel Pinto, o tratara com muita benevolencia e cortezia, como igualmente ás familias de ambas as cazas.

Tonnelet foi ultimamente coronel commandante do corpo volante de sipaes, aquartellado em Bicholim, e falleceu no anno de 1821 a 30 de setembro.

Mas tornando á sentença, faz ella ainda menção de

João de Sousa, de Onor, que foi absolto da culpa, e posto em liberdade a 16 de dezembro.

E quanto ao réo Sebastião Paulo de Noronha, fallecido na prisão depois de lhe ser feito summario, e dado para seu defensor dizer de sua defesa de facto e de direito, o declara a sentença traidor, incurso no crime de lesa magestade da primeira cabeça, e por isso infames para sempre a sua memoria, seus filhos e netos, e perdidos todos os seus bens para o fisco e camara real.

São estes os réos nomeados na sentença de 9 de dezembro de 1788. Ha porem outros, de que a mesma sentença não falla, e que por assento da Relação de 15 de dezembro (*Doc.* n.° 5) foram havidos por innocentes. Destes foram mandados soltar no dia 17 de dezembro, em que fazia annos a Rainha, o padre Antonio Felippe Vaz, vigario que foi de Moirá; Antonio Dias, e Manoel Pinto, de Saligão, presos no forte dos Reis Magos; o dessai de Pondá Narbá Naique, preso, ao que parece, na fortaleza de Alorna, visto a ordem de soltura ser dirigida ao coronel Manoel

Godinho de Mira, se bem que quando logo foi preso foi remettido á fortaleza da Agoada; o fisico Manoel Francisco Gonçalves, irmão do padre José Antonio Gonçalves, que não sabemos onde estava preso, sendo a ordem dirigida ao capitão de granadeiros João Antonio de Moraes Sarmento, sem mais declaração; os padres congregados Sebastião Baptista, e Pedro Delgado, que estavam presos no seu convento, e foi a ordem dirigida ao Preposito da congregação padre Sebastião Mascarenhas.

IV

OS PADRES IMPLICADOS NA CONJURAÇÃO, ENVIADOS A LISBOA.

Conhecendo bem o governador quão embaraçoso seria o julgamento dos clerigos implicados na conjuração, logo na primeira carta dirigida á côrte por via de Bombaim em 9 de agosto de 1787, dando conta do descobrimento della, e da prisão de varios clerigos, dizia ao secretario d'Estado Martinho de Mello e Castro: == « e juntamente peço a V. Ex.ª me queira participar as ordens « de Sua Magestade com a brevidade possivel para eu saber o « destino que devo dar aos ditos clerigos culpados == ».

Em carta de 17 de janeiro de 1788 repetia: == « Como gran- « de parte dos réos, que se acham cumplices na sublevação pre- « meditada no Estado, são clerigos, me tenho visto indeciso no « que heide praticar a respeito delles; se heide remette-los para « Portugal, ou se heide rete-los aqui até a resolução de Sua Ma- « gestade, a qual já pedi a V. Ex.ª por Bombaim == ».

Não tardou a resposta, que veio logo nas primeiras náos. Em carta de 21 de julho de 1788 responde o secretario d'Estado: ==« e se os dous clerigos, que se acham presos (a) sahirem cul- « pados na devassa, e a sua residencia em Goa for de perigosas « consequencias, que em todo o caso se devem prevenir, V. S.ª « os mandará com segurança remettidos a este Reino, e com « elles a mesma devassa == ».

Em outra carta do mesmo dia, depois de dizer que Sua Magestade ordena que os réos, que se achassem culpados nesta conspi-

(a) Parecia a Martinho de Mello que havia só dous clerigos presos e que esses eram os padres Couto e Gonçalves.

ração fossem processados, sentenciados, e punidos neste Estado segundo a formalidade e disposição das leis, accrescenta := « quanto porém aos que forem ecclesiasticos, elles devem ser re- « mettidos presos para este Reino á ordem de Sua Magestade « com as provas das suas culpas, para aqui se lhes fazerem os « seus processos = ».

Ao mesmo tempo que isto se escrevia em Lisboa, suscitavam-se em Goa outras duvidas sobre o processo dos padres. As ordenações no L.º 2.º Tit. 1.º tratavam dos casos, em que os clerigos e religiosos haviam de responder perante as justiças seculares; e duvidou-se se estas ordenações eram comprehensivas de todo e qualquer delicto commettido por pessoas ecclesiasticas. Ventilada a materia em Relação, decidiu esta por assento de 20 de julho de 1788 que sendo os clerigos presos comprehendidos no delicto de rebellião e alta traição, e verificando-se serem elles os primeiros e principaes cabeças, não deviam ser remettidos aos juizes ecclesiasticos, por serem taes crimes de sua natureza exceptuados do privilegio do foro ecclesiastico, sendo no presente caso applicaveis as disposições da lei de 24 de outubro de 1764, no § 4.º pela qual ficam entendidas e declaradas as ditas ordenações; e na conformidade da dita lei, e pratica observada neste, e em todos os reinos catholicos, deviam as pessoas ecclesiasticas verdadeiramente comprehendidas no dito crime, ficar conservadas nas prisões de Sua Magestade, em que se achavam, até á resolução da mesma Senhora, a quem se tinha dado conta, procedendo-se com tudo sem demora contra os réos seculares até a final sentença e execução. (*Doc.* n.º 6).

Em cumprimento pois das ordens de Sua Magestade nesta monção de 1788, mandou o governador embarcar no navio de viagem *S. Luis e Santa Maria Magdalena,* quatorze clerigos, que seriam entregues em Lisboa á ordem de Sua Magestade. Passou delles recibo o commandante do navio, capitão tenente Antonio Joaquim dos Reis Portugal, aos 29 de março de 1789, e pelo juizo do sequestro lhes mandou o governador entregar toda a roupa, em que se lhe havia feito apprehensão, e como se vio que alguns nenhuma tinham, e que a dos outros era insignificante, mandou dos armazens do arsenal real dar-lhes a que julgou indispensavelmente necessaria alem da que tinham, e de outra, com que concorreram os parentes de quatro dos ditos clerigos.

Os que embarcaram foram estes padres:

1. Caetano Francisco da Silva, vigario de S. Lourenço de Linhares.
2. Manoel da Expectação, vigario de Pondá.
3. João Alvares de Sousa, vigario de Pomburpá.
4. Miguel Alvares de Sousa, vigario de Pilerne.
5. Vicente Alvares.
6. Caetano Francisco do Couto, de Pangim.
7. Mathias Bernardo da Fonseca, de Chorão.
8. Luis Antonio Gonçalves, minorista, da Piedade.
9. Luis Caetano de Sousa, de Moirá.
10. José Manoel de Menezes, da Piedade, vigario de Guirim.
11. José Antonio Vaz, de Anjuna.
12. João Baptista Pinto, de Candolim.
13. Diogo Benedicto Lobo, de Sirulá.
14. Jorge Dias, de Candolim.

Destes padres chegaram a Lisboa 13, tendo fallecido na viagem um, cujo nome não vemos declarado; e logo foram remettidos para a Torre de S. Julião da Barra, onde ficaram sustentados por conta de Sua Magestade.

Passados poucos dias o padre Caetano Francisco do Couto foi mandado para o convento de S. Francisco da Cidade, para alli se examinar se padecia loucura, porque tendo-se conduzido todos os mais com moderação e sujeição, este o fizera tanto ao contrario que não era possivel o reduzi-lo a confissão; não querendo em muitas occasiões comer, e em outras quebrando a louça: o que tudo consta de carta do secretario d'Estado ao governador escripta a 9 de maio de 1790. Não sabemos quanto tempo se dilatou a estada do padre Couto em S. Francisco, nem se foi para o hospital, e depois recolheu á Torre, ou passou a outra prisão, já curado da enfermidade, ou com o desengano de ser simulada.

Permaneceram os padres na prisão sem serem entregues a nenhum juiz ou tribunal; e sem haver novas delles na India, o que obrigou o governador Francisco da Cunha e Menezes a representar á côrte em 8 de março de 1793 que o desembargador Sebastião José Ferreira Barroco, já então servindo de chanceller da Relação, por haver fallecido em 29 de agosto de 1792 José da Rocha Dantas e Mendonça, lhe fizera saber que os bens sequestrados aos clerigos iniciados na sublevação intentada no Estado no anno de 1787 se hiam notavelmente deteriorando nas mãos dos depositarios, e como em razão de não estarem sentenciados, não se podia tomar aqui resolução a este respeito, parecia necessario que S. Magestade a quizesse dar antes que os ditos bens se arruinassem inteiramente; e enviava o governador a relação dos rendimentos dos mesmos bens, que não ficou registada. Ao governador parecia necessaria uma resolução da côrte neste particular; na côrte pareceu o contrario, e não veio resposta : costume velho. Continuaram pois os padres na sua reclusão sem mais processo, nem termos judiciaes.

Já ninguem se lembrava delles quando na monção de **1802** se soube que ao menos um era ainda vivo, por apparecer em Goa na náo de viagem daquelle anno, acompanhado de dous avisos ou officios do secretario d'Estado Visconde de Anadia ao governador Francisco Antonio da Veiga Cabral, em um dos quaes, com data de **12** de março, dizia que em consequencia da informação, que o arcebispo de Goa dera da innocencia do presbytero secular Manoel da Expectação, que fora da India preso com outros, era o Princepe Regente servido manda-lo soltar para se recolher á sua patria, partindo na náo de viagem, com recommendação ao mesmo arcebispo para que ou o fizesse restituir aos empregos, que elle tinha antes da sua prisão, ou o empregasse no serviço da Igreja segundo o seu merecimento. (*Doc.* n.º 7).

Em outro officio de **30** de março ordenava S. Alteza qne pelos cofres da real fazenda se lhe mandasse assistir vitaliciamente com a pensão de quatrocentos reis diarios, graça que elle já recebia naquella côrte por effeito da real commiseração do mesmo senhor. (*Doc.* n.º 8).

Não sabemos o que praticou com este padre o arcebispo, mas devemos ter por certo que o empregaria na forma da ordem regia, não só pelo preceito della, mas por haver o mesmo arcebispo concorrido com a sua informação para a soltura do padre. Pela sua parte o governador por portaria de **16** de novembro de **1802** mandou em junta da fazenda abrir assentamento na contadoria geral da pensão concedida ao padre, a vencer desde a data do officio do secretario d'Estado. (*Doc.* n.º 9).

Novamente foram os padres cobertos com o véo do esquecimento, até que passados dezoito annos depois que eram saidos de Goa, durante os quaes deviam ter feito muitas diligencias infructiferas para a sua soltura e livramento, foram finalmente attendidas as supplicas dos que eram ainda vivos, e na monção de **1807** enviados a Goa :

1. Jorge Dias
2. Caetano Francisco da Silva
3. Miguel Alvares
4. Vicente Alvares
5. Mathias Bernardo da Fonseca
6. Diogo Benedicto Lobo
7. João Baptista Pinto
8. Luis Antonio Gonçalves, minorista,

aos quaes S. Alteza foi servido perdoar qualquer pena, em que podessem estar incursos, e mandar levantar qualquer sequestro, que se tivesse posto nos seus bens, que lhes seriam restituidos e entregues para os poderem administrar como proprios; não se comprehendendo nestas restituições o producto ou rendimento passado, e recebido pela fazenda publica. (*Doc.* n.° 10 e 11).

Igualmente manda S. Alteza na mesma monção, attendendo ao que lhe representaram os herdeiros e procuradores dos padres

9. João Alvares de Sousa
10. José Antonio Vaz
11. Luis Caetano de Sousa
12. José Manoel de Menezes,

que falleceram quando hiam presos para o reino, se lhes faça entregar e restituir todos os bens e patrimonios, que pertenciam aos sobreditos defunctos sacerdotes, como já se ordenou a respeitos dos outros. (*Doc.* n.° 12).

Não pode deixar de se notar aqui que dizendo o officio do secretario d'Estado de 9 de maio de 1790 que fallecera na viagem *um* dos padres, diga agora o de 23 de março de 1807 que falleceram *quatro* quando hiam presos para o reino; devendo talvez explicar-se esta contradição, por se haver em tão largo espaço de tempo perdido a memoria de quando morreram os taes padres, se na viagem, se na prisão em Lisboa. Julgamos o primeiro officio mais conforme com a verdade, e nos parece que dos quatro fallecidos, um morrera na viagem, e os tres na prisão. Tendo vindo o padre Manoel da Expectação no anno de 1802; só nos falta o padre Caetano Francisco do Couto, do qual fallaremos em capitulo especial.

Na mesma occasião dos perdões antecedentes veio outro a pedido de Ignacio de Noronha, presbytero secular, e seus irmãos Xavier dos Remedios de Noronha, e Josepha de Noronha, que se achavam em Bombaim, para onde fugiram. S. Alteza perdoa-lhes o crime, de que foram accusados, e lhes permitte que pudessem voltar a Goa, sua patria, mandando-lhes levantar o sequestro, que podesse ter havido nos seus bens, que lhes deviam ser restituidos. (*Doc.* n.º 13). Destes Noronhas nem se quer achamos menção na sentença, ou outros documentos tocantes á conspiração: talvez pertencessem á familia de Sebastião Paulo de Noronha, fallecido na prisão antes de proferida a sentença, e a que esta attribue gravissimas culpas. Achamos porem menção de outros padres fugitivos, e a quem foram tambem sequestrados os bens, e são, alem do padre José Antonio Gonçalves, os padres Diogo Caetano do Couto, e Pedro Fernandes, este de Assagão, e aquelle não sabemos donde, mas talvez de Pangim, e irmão do padre Caetano Francisco do Couto, a nenhum dos quaes foi concedido perdão, nem restituição dos bens sequestrados.

Todas as ordens referidas foram cumpridas pelo Vice Rei Conde de Sarzedas, como elle avisa para a côrte em officio de 25 de fevereiro de 1808. (*Doc.* n.º 14). E aqui acaba a tragica historia da conjuração de 1787, a que a tradição chamou a *Sublevação dos Pintos*, posto que não chegasse a ser verdadeiramente *sublevação*, nem fosse maquinada pelos *Pintos*, se bem que alguns destes foram socios e agentes activos nas diligencias de a levar a effeito.

Occorre perguntar por que razão não foram os padres entregues em Portugal aos tribunaes, sem embargo de serem mandados remetter á côrte com as provas das culpas, para lá se lhes fazerem os seus processos? Os documentos, que na India ha, não explicam este mysterio. Pode-se porem conjecturar que tendo o clero recobrado no reinado de D. Maria 1.ª parte do poder e regalias, que havia perdido no reinado antecedente; o governo vendo no processo tão claras provas de culpa, ao menos contra alguns dos accusados, não se atrevendo a seguir a opinião da Relação de Goa sobre ser o caso da competencia dos tribunaes seculares, receioso talvez das reclamações que se levantariam da parte do clero; nem tão pouco querendo arriscar-se a entregalos aos tribunaes ecclesiasticos, não fosse caso que estes, levados do amor da classe, os absolvessem, ou não fizessem devido cumprimento de justiça; escolheu o meio que lhe pareceu mais conducente a atalhar alterações e conflictos entre os poderes do Estado, e foi encerrar os padres em prisão até que morressem, ou chegasse tempo, em que sem estrepito nem reparo se podesse dar por expiada a culpa, e a idade e achaques tivessem tirado aos sobreviventes o desejo de tramarem novos movimentos.

V

O PADRE CAETANO FRANCISCO DO COUTO.

Segundo as noticias, que elle proprio deu de sua pessoa ao padre Caetano Victorino de Faria, e este inseriu nas *glosas* á informação do bispo de Cochim, governador do arcebispado de Goa, em 1781, foi o padre Caetano Francisco do Couto natural de Pangim, filho de Pascoal do Couto, e de Pascoela Pereira. Frequentou os estudos menores, e os maiores até a theologia no collegio de Chorão, a que concorriam, diz o padre Faria, mais de quinhentos estudantes; fez acto publico de conclusões com assistencia do arcebispo D. Antonio Taveira de Neiva Brum, e da corte secular, argumentando com elle mestres das religiões, dos quaes, segundo o mesmo padre Faria, se achava algum em Lisboa ao tempo, em que elle escrevia. Fez-se tão distincto nos seus estudos, que concluidos elles, o chamou aquelle arcebispo para seu domestico, e secretario das visitas, donde passou a vigario foraneo, ou da vara de Onor no reino do Canará. Servio alli com tanta satisfação, que o seguinte arcebispo D. Francisco da Assumpção e Brito o promoveu a governador do bispado de Cochim, cargo que exercitou tres annos com grande zelo, e fructo espiritual, na opinião do padre Faria, que accrescenta ser notorio que no lugar de Vencort reduziu ao gremio da igreja catholica cinco mil pessoas, que se baptizaram, fóra innumeraveis apostatas, que se uniram á igreja.

Depois da extincção dos jesuitas eram missionarios no Malabar os frades franciscanos, cujo procedimento se afastava muito dos preceitos evangelicos. O arcebispo D. Francisco da Assumpção e Brito na forma das instrucções, que trouxera da côrte, enviou ao bispado de Cochim alguns clerigos de Goa para irem supprindo as faltas dos franciscanos, e fez governador daquelle bispado o padre Couto. Brevemente surgiram alli dous partidos, o dos frades, e o dos clerigos, seguindo-se renhida lucta entre uns e outros. Os christãos affeiçoados aos clerigos chegaram a recorrer ao seu rei para que excluisse os frades, cujos escandalos apregoavam, e offereciam por essa exclusão boa somma de dinheiro;

em fé do que allega o padre Faria o testemunho de dous sacerdotes malabares, que havia dous annos se achavam em Lisboa, e eram o padre José Cariate, depois arcebispo de Cranganor, e o padre Thomaz Pariemakel, que foi governador do mesmo arcebispado na sé vaga pelo fallecimento daquelle arcebispo. Prosegue dizendo que o rei pagão despresando o dinheiro, cedeu mais ás persuasões e merecimentos do governador do bispado padre Couto, concedendo-lhe faculdade ainda para exterminar fora do reino os taes missionarios; com tudo elle quiz proceder segundo as instrucções que o arcebispo lhe enviára, que parece eram conciliatorias. Diz-nos mais o referido padre Caetano Victorino que os christãos malabares vendo o suave modo de reformados costumes, e continuas predicas dos novos missionarios clerigos, conheceram que aquelle modo dos frades era horroroso, e por isso recorreram ao seu rei para que excluisse os frades das suas parochias, appresentando-lhe os ditos christãos as mulheres e filhos dos seus falsos missionarios, por conhecerem que o governador do bispado não podia exclui-los pela protecção em que viviam dos mesmos pagãos.

Considere-se agora que isto mesmo que o padre Caetano Victorino de Faria escreve nas suas *glosas* sobre dictado do padre Couto, já se achava desde o anno de 1777 escripto em nome dos mesmos christãos ao arcebispo de Goa n'uma *Ola* em tamul, onde entre outras cousas ha a queixa de que os franciscanos tomavam por força as mulheres e raparigas malabares por suas concubinas, obrigando depois os christãos a criar e sustentar seus filhos. E se se continuar a confrontação da *Ola* (*Doc.* n.° 15) com a *glosa* (*Doc.* n.° 35 § 1.°), facilmente se conhecerá que cheiram a obra do mesmo auctor. A *Ola* não traz data; mas tendo ido o padre Couto com os clerigos para o bispado de Cochim no anno de 1777, e vindo aquelle documento de volta de Portugal na monção de 1779, he evidente que foi escripto no mesmo anno de 1777, a tempo de poder ser enviado a Portugal na monção de 1778. He duro de crer que os christãos malabares se enthusiasmassem de tal modo pela reforma dos costumes, e pureza da fé, e outrosim que tomassem em tão poucos mezes uma attitude tão hostil aos franciscanos, que elles diziam protegidos pelos ministros do seu rei, que se abalançassem a representar de seu motu proprio contra os ditos franciscanos o que diz a *Ola*, e repete a *glosa*, expressando-se esta aliás em termos, que bem deixam perceber que o padre governador Couto com os seus clerigos não fizeram pouco para promoverem e ajudarem a revolta.

Estava ella no seu auge quando chegou o bispo de Cochim D. Fr. Manoel de Santa Catharina, governador do arcebispado de Goa, que sem duvida bem informado da parte que o padre Couto tomava nas inquietações malabares, o tirou do governo do bispado, e mandou em seu logar a Fr. José da Soledade, frade carmelita descalço, que do reino acompanhára o mesmo bispo. O padre Caetano Victorino no seu desejo de censurar todas as acções do prelado, accusa-o de ter enviado a Cochim por governador do bispado com commissão de tomar posse delle ao dito Fr. José da Soledade, antes que elle bispo de Cochim tomasse posse do governo de Goa; censura, que mostra pouca sciencia canonica no padre Caetano Victorino. O bispo de Cochim não só podia tomar posse do seu proprio bispado por procurador, mas nomear governador para elle, visto não poder ir rege-lo em pessoa, por vir encarregado do governo do arcebispado de Goa: usava nisso da sua jurisdição episcopal, para a qual não carecia da que lhe conferia o governo do arcebispado, que só lhe era necessaria para as outras dioceses suffraganeas, como fazendo as vezes de metropolita.

Embarcou Fr. José da Soledade para Cochim em novembro de 1779, mas parece-nos que não passou de Calicut (*Doc.* n.º 16—21). Se o padre Caetano Francisco do Couto promptamente entregou o governo da diocese ao novo governador, e se retirou para Goa, não fez mais que o seu dever, assim como já d'antes o fizera quando obedeceu mais ás instrucções do seu metropolita que ás do rei pagão.

Das primeiras acções de Fr. José da Soledade variam os testemunhos. Segundo diz o bispo governador D. Fr. Manoel de Santa Catharina no § 2.º da sua informação (se he fiel o extracto della, qne nos deixou o padre Caetano Victorino), Fr. José da Soledade compoz as desordens do arcebispado de Cranganor, tornou a Goa a dar conta da sua commissão, e depois voltou a governar o bispado de Cochim. Na *glosa*, que a este § faz o padre Caetano Victorino affirma que a composição, que fez Fr. José da Soledade foi entregar o governo daquelle arcebispado ao jesuita Excerpentel, fautor da Propaganda, e alliado dos frades franciscanos. Diz mais o padre Caetano Victorino na *glosa* ao § 1.º que Fr. José da Soledade unindo-se aos frades franciscanos de tal forma perverteu a paz e socego do bispado de Cochim, que foi preso, e depois de quatro mezes de prisão fugio, e veio para Goa, donde se duvidava tornasse ao governo pelo receio dos catholicos. O que porem consta, e se deduz dos nossos documentos (n.º 22—25), he que Fr. José da Soledade nem serenou então os disturbios dos dous bispados, nem esteve preso, nem veio para Goa fugido. Fazendo a sua residencia em Calicut, estava salvo de qualquer violencia protegido pela bandeira portugueza na feitoria; e a sua demora neste porto mais deve ser attribuida ao proposito de accommodar as cousas no arcebispado de Cranganor, do que a difficuldades de entrar no bispado de Cochim. Se estivesse preso, e preso quatro mezes, era impossivel não haver nos nossos documentos memoria de semelhante facto, quando nos dão tão miudas noticias das cousas malabares.

Achando-se assim em Calicut, pediu o feitor José Francisco do Amaral de Menezes licença ao governador do Estado para se retirar daquella feitoria, e recolher-se a Goa, o que o governador lhe concedeu, e nomeou para administrador da mesma feitoria o dito Fr. José da Soledade, por cartas de 3 de janeiro de 1780. Mas como José Francisco do Amaral de Menezes se demorou em Calicut, não chegou Fr. José da Soledade a exercitar o cargo de feitor, e voltou a Goa em outubro de 1780. As perturbações das duas dioceses foram sem duvida a causa desta vinda de Fr. José da Soledade a Goa a buscar providencias, ou a dar conta da sua commissão, como diz o bispo de Cochim. Parece que elle a principio se encostava aos frades franciscanos, porque quando novamente voltou ao governo do bispado de Cochim em abril de 1781 levou carta do governador do Estado ao governador hollandez de Cochim para que o favorecesse para maior socego da christandade, especialmente mandando elle governador hollandez que se embarcassem para Goa em occasião opportuna os padres João da Silva, e Ricardo da Silva (nomes indicativos de clerigos), que pelo seu genio eram os perturbadores daquella christandade, e lhe mandasse entregar a igreja de Santo André, que sendo fundada em um palmar da companhia hollandeza, com tudo os seus freguezes eram vassalos do rei de Travancor. A este rei escreve tambem o governador pedindo-lhe ordenasse que todas as igrejas do seu reino reconhecessem a jurisdicção do bispo de Cochim, a quem competia excluir dellas os carmelitas da Propaganda; que os christãos contribuissem aos seus parochos o mesmo que no tempo dos jesuitas; e ao governador do bispado Fr. José da Soledade fosse restituida a igreja de Angenga, que fora tirada com o consentimento do mesmo rei; não consentindo que se introduzissem no seu reino os carmelitas da Propaganda com o unico fim de usurpar a sua jurisdição. Ao governador de Angenga pede o mesmo.

Diz o padre Caetano Victorino que o vigario apostolico de Verapoli com o pretexto das desordens da christandade, que attribue a Fr. José da Soledade, e com a ausencia deste, mandara um vigario geral seu tomar conta do bispado, com residencia na igreja de Angenga, cathedral, ou segundo a expressão do padre Caetano Victorino, metropole do mesmo bispado; e que disso eram chegadas a Lisboa cartas por via de Roma, as quaes haviam sido mostradas (sem duvida por elle proprio) a Sua Magestade; o que cremos que assim fora. Deve porem advertir-se que a igreja de Angenga servira sim de cathedral em tempo antigo, mas essa prerogativa havia ultimamente passado para a igreja de Mudacrá, em Coulão, onde jaz sepultado o bispo D. Clemente José; circumstancia, que não podia ser ignorada do padre Caetano Francisco do Couto, informador do padre Caetano Victorino de Faria.

Tantas desordens entre os christãos malabares da jurisdição goana não podiam deixar de ser aproveitadas pela propaganda para extender a sua, e desta vez, com vergonha nossa devemos confessar, que tinha até certo ponto razão, e nas contas que désse para Roma podia affoutamente pintar as cousas a seu favor; porque nem Fr. José da Soledade tinha as partes requisitas para metter a paz entre frades destemidos, e clerigos manhosos, nem força para pôr barreiras ás invasões daquelle inimigo commum, os carmelitas descalços italianos e francezes, que embora cobertos com o mesmo habito, tinham aprendido em escholas diversas dos eremitorios do Bussaco.

O contexto das *glosas* do padre Caetano Victorino mostra claramente que as ultimas novas da India que havia em Lisboa eram as da monção de 1781, escriptas quando Fr. José da Soledade era vindo a Goa, e antes de elle voltar a Cochim em abril de 1781, o que parece que teve lugar já depois de expedidas as *vias* da monção, segundo se deprehende da informação do bispo governador do arcebispado de Goa. Melhor seria que se houvesse verificado a suspeita, ou conjectura do padre Caetano Victorino, e Fr. José da Soledade não voltasse ao bispado, cuja pacificação não soube, ou não poude obter, antes deu occasião a se aggravarem as perturbações com a guerra, que se declarou entre elle, depois de confirmado bispo, e os franciscanos. Estes favorecidos do rei buscaram todos os modos de vexar o bispo, que pouco amestrado nos vaivens do mundo, commetteu taes imprudencias e excessos, que se julgou por muito feliz permittir o rei que elle saisse a salvo de Travancor, e viesse para Goa, donde logo foi enviado ao reino. Mas estes successos, posto que mui curiosos, e importantes á historia do bispado, não são para aqui, como acontecidos annos depois da epocha, a que se refere o padre Caetano Victorino.

O padre Caetano Francisco do Couto não se dilatou muito tempo em Goa depois de regressar do bispado de Cochim: foi na monção de 1780, ou na immediata de 1781 para Lisboa, onde se achava neste ultimo anno quando o padre Caetano Victorino de Faria escrevia as suas *glosas*. Ahi conviveu com este padre, procurando indispôr com o ministerio ao bispo governador do arcebispado de Goa, e trabalhando ao mesmo tempo por se adiantar a si, e ser promovido a alguma das mitras vagas da India. O secretario d'Estado Martinho de Mello e Castro não lhe deu a elle, nem ao seu collega o padre José Antonio Gonçalves tanta attenção como elles pretendiam; e na monção de 1785 os reenviou a Goa promettendo-lhes dirigir ao arcebispo recommendação para os empregar convenientemente. Elles porem entendendo as suas conveniencias de um modo diverso do que as entendia o secretario d'Estado, forjaram a conjuração que se sabe. O padre Caetano Francisco do Couto preso em 1787 como um dos cabeças da conjuração, foi na devassa o que maiores provas ministrou contra os seus socios, e mais amplas explicações deu sobre os trabalhos dos conjurados. Enviado a Lisboa em 1789 com os mais padres, que todos foram recolhidos na Torre de S. Julião da Barra, passados poucos dias foi mandado para o convento de S. Francisco da Cidade, para alli se examinar se padecia loucura; porque tendo-se conduzido todos os mais com moderação e sugeição, elle o fizera tanto ao contrario, que não era possivel reduzi-lo a confissão, não querendo em muitas occasiões comer, e em outras quebrando a louça; o que já em outro lugar referimos, e consta de uma carta do secretario d'Estado de 9 de maio de 1790.

Se a loucoura foi real, e não ha razão para crer o contrario, a que poderia ella attribuir-se? Tão variadas, e occultas são de ordinario as causas de tal enfermidade, que seria temeridade nossa querer assignalar-lhe neste caso o verdadeiro motivo. Mas com toda a reserva, que tão delicado assumpto pede, filhamos atrevimento (como diria Gomes Eannes de Azurara) para propôr a suspeita de que aquellas amplas e abundantes provas, que o padre Caetano Francisco do Couto ministrou na devassa contra seus socios, não perdoando a irmãos e parentes, lhe darião depois da pavoresa catastrophe das execuções e castigos tal embate no animo, que não he muito de espantar lhe perturbasse o entendimento; principalmente, se a isso se juntassem, como he provavel, as incessantes invectivas e exprobrações, que os outros padres, que com elle hiam presos para Lisboa, não deixariam de lhe dirigir em tão dilatada viagem; invectivas e exprobrações, que tanto mais lhe pungiriam o coração, quanto mais facilmente andariam associadas ao receio de que elles todos viessem ainda no reino a padecer penas como aquellas, que em Goa haviam sido executadas nos socios seculares. A carta do secretario d'Estado de 9 de maio de 1790 he o ultimo documento, que falla neste padre. Ignoramos se a alienação mental progrediu, ou se foi curada. O seu nome não se encontra entre os que falleceram na prisão, nem entre os que foram perdoados, e restituidos á patria com levantamento do sequestro de seus bens.

Este silencio poderia dar lugar a varias conjecturas, ou duvidas. Seria solto, e ficaria em Lisboa? Em tal caso parece que devia participar da restituição dos bens sequestrados, de que não ha noticia. Falleceria no hospital, ou na prisão antes da soltura dos outros, e como cabeça da conjuração não seria julgado digno de contemplação, nem ainda de se fazer a seus herdeiros mercê do levantamento do sequestro, como se fez aos dos outros fallecidos? Assentaria o governo por aquella mesma razão retê-lo em carcere perpetuo? A todas estas duvidas, dizemos, dá occasião o silencio dos documentos. Acode porem aqui o testemunho mui auctorisado do sr. Felippe Nery Xavier, official maior da secretaria do governo geral, fallecido a 26 de maio do anno corrente de 1875, que affirmava que o padre Couto regressára á patria, e elle na sua juventude o conhecera em Pangim. A não haver memoria do seu obito nos livros desta freguezia, respondia que pessoas antigas lhe diziam que fora sepultado na igreja de S. Domingos da cidade velha, o que todavia nos não parece sufficiente para explicar a falta do assento de obito nos livros de Pangim.

Não podemos porem deixar de contrapôr ao testemunho do senhor Felippe Nery Xavier outros dous tambem respeitaveis testemunhos, que são, 1.° o do senhor Diogo Felippe de Andrade, actual official maior da secretaria do governo, que diz ter conhecido mui particularmente o padre Jorge Dias, que veio de Lisboa perdoado, e falleceu em Pangim a 5 de julho de 1819, como consta do competente livro da igreja, mas que não tem memoria alguma de conhecer o padre Couto, nem de ter ouvido que elle voltasse á patria: o 2.° he do senhor João Antonio de Saldanha, actual regedor da parochia de Pangim, que conheceu o referido padre Jorge Dias, já octogenario, morando na sua caza de Pangim até ao fim da vida; mas que do padre Couto apenas ouvira dizer que regressára a Goa com aquelle padre, o que não he exacto, e daqui partira para as partes do Sul, onde fallecera.

Com estes dous testemunhos se acha notavelmente diminuido o peso das reminiscencias juvenis do senhor Felippe Nery Xavier, justificado até certo ponto o silencio dos documentos, e corroboradas as nossas conjecturas sobre a sorte do padre: e assim ficará tudo, até que novas provas decisivas demonstrem cabalmente a verdade.

VI

O PADRE JOSÉ ANTONIO GONÇALVES,

A fuga do padre José Antonio Gonçalves, o mais vivo, o mais activo, e o mais intelligente de todos os conjurados, cujo cerebro esquentado, soberbo, e ambicioso deu causa a esta sublevação, fazendo com ella tantos infelizes, segundo se expressa o governador, causou a este grande mágoa, e o empenhou nas mais activas diligencias para colher á mão o mesmo padre. Andam nas tradições do paiz varias versões sobre o modo como elle se escapou, e formam essas tradições uma especie de lenda. Dos documentos officiaes porém consta que jantára no dia 6 de agosto em Bardez, em caza do padre Vicente Alvares, irmão do vigario de Pilerne, e morador aos portaes da mesma aldea; que ahi recebera um aviso na tarde desse dia, pelo que saira logo daquella caza, e fora pernoitar a Guirim, onde nos parece se agasalhára em caza do vigario, padre José Manoel de Menezes, natural como elle da Piedade, e um dos que depois foram presos.

Por effeito desta prevenção não foi achado na referida ilha da Piedade em caza de seu irmão, onde na forma das ordens fora procurado no dia 7 de madrugada. Com esta noticia expediu logo o governador as ordens já atraz referidas para os passos, e mais lugares onde podia suspeitar-se passaria na sua fuga; e especialmente despediu numerosas partidas de soldados, que inundassem a provincia de Bardez, ultimo ponto onde fora visto. Todas estas diligencias porém foram malogradas, porque, como declara o governador, não buscou o dito padre pessoa alguma, que lhe não valesse: e segundo constou da devassa a maneira como escapou foi esta.

No dia 7 pela manhã, tendo noticia da prisão de alguns seus confederados, e até seus irmãos, se passou de Guirim á ilha do Chorão, acompanhado de Manoel Silvestre, estudante, afastando-se dos caminhos, e em habitos seculares. No Chorão procurou ao padre Mathias Bernardo da Fonseca, que lhe arranjou abrigo em caza de um seu visinho chamado Vicente de Abreu, vargeiro, ou trabalhador das vargeas, onde esteve tres dias occulto; e foi este mesmo homem que lhe ajustou os begarios, ou homens de trabalho, que o acompanharam, saindo da noute de 10 para 11 de agosto da ilha do Chorão, e passando por fora das *metas* ou postos fiscaes e militares de Mahem, aldea de Bicholim, para alem das raias do Estado, parando na aldea de Azarem, do dominio do Marata.

A lenda conta que o padre sentindo-se no caminho perseguido por uma das partidas de soldados que o buscavam, ao chegar a um sitio, onde se bifurcava a estrada, atirou com uma das suas chinellas para um lado, e elle seguiu no catre, em que hia, pelo outro, com que os soldados enganados pela chinella foram correndo na direcção de que elle se afastava. Tem porém contra si esta explicação o saber-se que as partidas de soldados percorriam a provincia de Bardez, e não a de Bicholim, e por outra parte não haver indicio algum de ser conduzido em machilla ou catre, antes todas as provas da sentença persuadirem que foi a pé em companhia dos tres guias do Chorão, e talvez disfarçado de maneira que se não podesse á primeira vista distinguir delles; repartindo provavelmente entre todos a pequena bagagem que podesse levar, com a qual não chegou a Azarem a salvo, pois lha roubaram no caminho em Zambotim.

Logo que o governador se certificou da fuga deste padre, vendo que já era inutil occultar que elle fosse incurso na conjuração, e desejando segura-lo por qualquer meio, publicou no dia 21 de agosto um Bando, em que mandava a todos os moradores do Estado que lhe não dessem asylo, nem por modo algum ajuda e favor para que escapasse de ser preso, e promettia cinco mil xerafins a toda e qualquer pessoa que o prendesse. (*Doc.* n.° 26)

Constando ao governador que o fugitivo havia chegado a Azarem, tanto pela prisão dos praticos, que o acompanharam, como por uma carta do padre Miguel Delgado, goano, missionario na mesma aldea, mandou uns poucos de sipaes para que se embos-cassem no mato, e que quando elle saisse para continuar a sua derrota, o prendessem, e com toda a celeridade o metessem outra vez no Estado, porque posto que Azarem fosse sugeita á dominação do Marata, já o governador então se receava da pouca amizade do ministerio de Punem, e lhe parecia que era mais facil dar-lhe uma satisfação do facto, se lha pedissem, respondendo-lhe que os sipaes pelo interesse dos cinco mil pardáos tinham feito aquella diligencia sem ordem sua, do que entrar em uma negociação com aquella côrte, onde sabia que prevaleciam os enganos.

Foram com effeito os sipaes, conseguiram a prisão do padre quando sahia de Azarem, mas na volta, que fizeram, tiveram a inadvertencia de tornar a passar pelo lugar, onde gritando elle, lhe acodiram os christãos para o libertarem. Porem o missionario de Azarem com resolução se oppoz ao intento dos seus proprios freguezes. que, ao que parece, respeitavam mais o padre preso que a elle vigario, o qual só poude conseguir que um bramane, que interinamente governava aquella aldea, por nome Babú Ráo, o retivesse debaixo de prisão.

O padre Miguel Delgado, vigario missionario de Azarem, era de casta charadó, da familia dos Delgados de Pilerne, em Bardez, como nos informa o senhor Agostinho Xavier Delgado, actual representante da mesma caza, segundo sobrinho do dito padre, Mandou-o o governador louvar por carta do secretario do Estado. Sebastião José Ferreira Barroco, e lhe encarregou persuadisse ao bramane Babú Ráu, regedor, ou governador da aldea, que igualmente acho nomeado com o titulo de secretario, pelo ser do governador daquella provincia, a entrega do padre José Antonio, segurando-lhe a quantia dos 5 mil xarafins promettidos no bando, promessa reiterada agora n'uma especial cedula (*Doc.* n.º 27), e insinuando-lhe que se não entregasse o fugitivo, perderia aquella ganancia, pois viria a ser entregue pelo dominante de Punem. Termina o secretario do Estado parecendo-lhe que o meio, que se offerecia mais util neste caso, tanto a elle padre vigario de Azarem, como ao brnmane, era fingir que o preso fugira, e remettelo occultamente a Goa. Engano, que parecia mais proprio da côrte de Punem, donde a de Goa os receava.

Não teve porem effeito esta diligencia, sem embargo de algumas ésperanças, com que o dito bramane entreteve o cabo José Joaquim Mourão, que lá fora, as quaes persuadiram ao governador a mandar outro cabo gentio, e tambem bramane, o dessai Sirpoti Ráo, para ver se mais facilmente lograva o intento, que na verdade pareceu estar conseguido; e com essa segurança se passou em Goa letra para se receberem por conta de bramane de Azarem os 5 mil pardáos de premio.

Nisto se passaram os mezes de setembro e outubro, declarando depois de muitas dilações, e continuadas esperanças o bramane de Azarem que não faria a entrega sem ordem de Punem. Já a este tempo havia escripto o secretario do Estado ao nosso emissario em Punem, a 12 de setembro, para que requeresse naquella côrte a entrega do padre José Antonio Gonçalves como criminoso de lesa magestade, primeiro cabeça da sublevação intentada, e que citasse por exemplo o que tinhamos praticado com aquelle dominante entregando-lhe outro semelhante criminoso, Tulagi Ponvar, no anno de 1780. E concluia a carta := « Torno « a repetir a v. m. que deve concluir infallivelmente este nego- « cio, que he do maior empenho de S. Ex.ª pelas circumstancias « que concorrem ; e se o dito dessai Sirpoti, a quem esta he « entregue, lhe escrever juntamente com ella, v. m. dará credito « ao que elle disser. Estimarei que v. m. se acredite na conclu- « são deste negocio, sendo a breve execução delle huma das cou- « sas mais necessarias para elle ter effeito.= »

Em virtude desta recommendação escreveu o dito emissario em carta de 11 de dezembro dando parte de ter conseguido ordem para a entrega, mandando por copia a que o dominante de Punem tinha passado a Vencat Ráo Naraena, governador daquella jurisdição, e a original que este mandava em execução da antecedente dirigida ao dito bramane Babú Ráu, seu secretario, que governava em Azarem, e detinha ainda preso o mencionado padre. Estas ordens foram transmittidas de Goa a Babú Ráu, em Azarem, pelo tenente coronel José Felix da Cunha, em 26 de dezembro de 1787. Mas uns poucos de dias antes de ser expedida em Punem a ordem para a entrega, mandára outra o governador daquella jurisdição para ir o padre para Ixalcargi, lugar da sua residencia, onde continuou a estar preso; e quando chegou a Azarem o dito nosso official com sipaes para na forma da ordem que levava receber o preso, pediu o bramane de Azarem dous dias para resolver, escreveu ao seu superior Vencata Ráu, e por fim disse que a ordem que tinha somente era dizer que havia feito a maior diligencia para entregar o padre, porém que o não podera conseguir.

Estava pois conhecido que da côrte de Punem procedia o obstaculo á entrega; o que fez com que o governador ordenasse pelo secretario do Estado ao nosso emissario, em carta de 9 de janeiro de 1788:=« Nestes termos faz-se necessario que v. mc.ᵉ « clame nesse Sarcar pela prompta entrega do dito padre, mos- « trando que se esta falta de obediencia he de Vencata Ráu, isto « he huma cousa vergonhosa, e indecente áquelle ministerio, e « até ao dominante de Punem, não lhe obedecerem os seus sub- « ditos como devem em huma cousa de tanta consideração; e que « se a falta provem do Darbar (ministerio), que obra com dolo « com o Estado, he semelhante procedimento contra toda a ra- « zão, bem opposto á correspondencia do Estado em caso seme- « lhante pela entrega de Tulagi Ponvar, o qual prompta e gra- « ciosamente lhe foi restituido. Peça v. mc.ᵉ audiencia positiva- « mente para tratar desta dependencia, que he da primeira con- « sideração, e declare, no caso de achar repugnancia, que ficará « na lembrança do Estado semelhante falta de correspondencia; « para mais clareza sua, e força desta negociação, lhe remetto as « proprias originaes cartas, que recebi de Azarem. Trate de ex- « pedir este negocio com a maior força, e brevidade; e pela pri- « meira occasião responderei ás mais cartas, que de v. mc.ᵉ re- « cebi. = »

Ao proprio Maduá Ráu, Peixuá, dominante de Punem, escrevia o governador em 10 de janeiro de 1788 sobre este caso, lembrando-lhe a boa correspondencia da parte do Estado, a falta de cumprimento das ordens passadas por aquelle Sarcar ao governador do Concão Vencata Ráu Naraena, e pedindo mandasse passar as que fossem necessarias para se effeituar a restituição do padre José Antonio Gonçalves. (*Doc.* n.º 28.)

Tudo foi inutil ao fim pretendido; e não parecendo decente ao governo de Goa proseguir na côrte de Punem tão mal assombrada negociação, concluiu-a o secretario do Estado escrevendo ao nosso emissario Narana Sinay Dumó, em 4 de março de 1788:
=« S. Ex.ª he servido ordenar a v. mc.ᵉ que no caso de não ter
« alcançado ordem para a entrega do referido padre José Anto-
« nio, e continuar o dito ministro em o entreter, não falle v. m.ᶜᵉ
« mais em semelhante particular.= »

O enviado do Bounsuló, assistente em Goa, offerecia em 28 de dezembro de 1788 negociar a aprehensão deste padre, que parece achar-se ainda em Azarem, mas não houve resultado desta proposta, nem sabemos por que meios o Bounsuló, ou seu enviado poderia fazer a aprehensão do padre nas terras do Marata.

Disse-se que o padre capacitara a algumas pessoas do ministerio de Punem de que se lhes daria, e ao seu dominante uma grande conveniencia, se o não entregassem no Estado; e posto que elle lhes não podia dar segurança alguma do cumprimento de suas promessas, de tal sorte o favoreceram, que desappareceu.

O mais provavel porém he que devesse a sua salvação á intervenção de alguns seus compatriotas, da mesma casta bramane, naturaes de Bardez e ilhas de Goa, que a esse tempo militavam nos exercitos maratas, e eram bem acceitos na côrte de Punem.

Este padre José Antonio Gonçalves, que assim se assignava, era conhecido tambem pelo nome de José Felippe Gonçalves, porque na India os nomes são pela maior parte arbitrarios, e cada um toma os que quer, assim entre gentios, como entre os indigenas christãos. Foi natural da freguezia de Nossa Senhora da Piedade, na ilha de Divar, que daquella freguezia toma ordinariamente o nome de ilha da Piedade. Nasceu no anno de 1748. Dotado de grande talento, como he fama constante, cursou as aulas do collegio de Chorão com distincção, e ordenou-se no anno de 1772, tendo completado 25 annos de idade. Foi parocho da igreja de S. Bartholomeu do Chorão, naquelle tempo uma das que continham mais numerosa christandade.

Depois da extincção dos jesuitas haviam-se erigido em Goa dous collegios ou seminarios, um em Rachol, outro em Chorão, cazas que ambas haviam pertencido áquelles regulares. O de Rachol foi abolido por assento da junta da fazenda no anno de

1774, de que se deu conta á côrte, donde, como he frequente nos casos graves, não veio resolução alguma. O collegio de Chorão foi vivendo, mas correspondendo mal ao fim para que fora instituido. Para seu restabelecimento, e educação do clero de Goa mandou a rainha D. Maria I no anno de 1779 dous padres da Missão de S. Vicente de Paulo, Antonio Luis dos Santos, e Manoel Correa Valente, e um irmão leigo, todos portuguezes; e nessa mesma monção veio o novo bispo de Cochim D. Fr. Manoel de Santa Catharina, carmelita descalço, provido por breve pontificio em governador e administrador do arcebispado primaz de Goa, e ordem ao arcebispo D. Francisco da Assumpção e Brito para recolher a Portugal.

Chegou o bispo de Cochim a Goa em 3 de outubro de 1779, e tomou posse do governo do arcebispado em 5 de fevereiro de 1780, quando o arcebispo D. Francisco se embarcou para o reino. Trazia o bispo de Cochim largas e variadas instrucções para a reformação das cousas ecclesiasticas da India, sendo uma das mais recommendadas a instrucção do clero. Por carta do secretario de Estado Martinho de Mello e Castro de 21 de março de 1779 se ordenou ao governador da India D. Federico Guilherme de Sousa que de accordo com o referido bispo de Cochim mandasse entregar aos missionarios de S. Vicente de Paulo um dos dous collegios, de Rachol ou Chorão, assentando com o mesmo bispo o rendimento annual, que se lhe devia applicar, fazendo elle governador do Estado logo executar as disposições interinas, em que concordasse com o bispo, para se não perder tempo, e dando parte do que houvesse disposto.

Feita a conferencia assentaram de commum accordo entregar aos ditos padres o collegio de Chorão, e deram as providencias provisorias para acudir á sua sustentação, até que a experiencia de um anno ensinasse o que conviria propôr definitivamente neste particular a Sua Magestade. Com effeito passado o anno de 1788, em principios de 1781 assentou o governador e bispo applicar ao collegio 9038 xerafins cada anno, quantia que lhes não pareceu excessiva para o util fim, a que se destinavam os ditos missionarios, e para o numero de quinze collegiaés, que haviam de educar com o fim de os aperfeiçoar para o estado ecclesiastico. Porém a junta da fazenda, que já no anno de 1774 abolira por acto seu o seminario de Rachol, e tinha visto que a côrte guardára um silencio approbativo, obstou agora ao pagamento da consignação votada pelas duas superiores auctoridades, a quem o negocio fora encarregado, tomando por pretexto não serem precisos collegiaes, por haver estudos publicos ordenados por Sua Magestade nas cadeiras de grammatica, rhetorica, e philosophia; vendo-se o bispo obrigado a adiantar os pagamentos, e o governador a dar conta á côrte deste procedimento da junta da fazenda. Os financeiros e economistas são muitas vezes o flagello da republica com sua somiticaria selvagem e brutal. Nesse tempo porém o governo de Portugal tinha as mãos mais largas que a junta da fazenda da India. Sem regatear despesas enviou nos annos subsequentes muitos padres da mesma congregação da Missão, italianos, com os quaes, e os dous portuguezes, que já cá havia, se ordenaram tres seminarios, o de Chorão, de Rachol, e Bom Jesus, cuja historia não he para este lugar.

Mas tornando ao padre José Antonio Gonçalves, refere-nos o padre Caetano Victorino de Faria no escripto, de que já fizemos menção, composto no anno de 1781, que o bispo de Cochim governador do arcebispado logo em principios da restauração do collegio de Chorão nomeou nelle por professor de philosophia ao mesmo padre Gonçalves, a que o padre Faria chama José Felippe, nome por que tambem era conhecido, segundo está advertido. Pouco tempo porém podia occupar o padre Gonçalves o seu cargo de professor, ignorando-se os motivos, por que o largou, e se transportou á Europa no anno de 1781, ao que parece.

Segundo nos affirma o sr. C. R. Ernesto Alvares, de Margão, n'um artigo sobre este padre José Antonio Gonçalves, publicado no *Almanack Popular* do sr. José Pedro da Silva Campos e Oliveira, para o anno de 1867, lê-se no periodico italiano intitulado *Notizie del Mondo*, de 12 de outubro de 1782, o seguinte:

« = Tendo-se transportado para esta cidade o sacerdote D.
« José Antonio Gonçalves, bramane de nação, vassallo da corôa
« de Portugal, já parocho de uma das consideraveis igrejas da
« vizinhança de Goa, e professor regio de philosophia no semi-
« nario daquella capital, depois de haver observado a magnificen-
« cia a mais consideravel, e as raridades desta metropole, se apre-
« sentou á congregação dos reverendissimos theologos com do-
« cumentos authenticos dos estudos feitos na patria; e no dia
« 11 de julho passado se expôz a um rigoroso exame, e tendo
« neste dado provas de muita erudição, solvendo com precisão,
« clareza, e robustez de razões todas as difficuldades propostas,

« mereceu approvação e applauso universal, e em seguida foi pu-
« blicamente cingido da laureola da mesma faculdade; terminan-
« do-se este acto com um elequente discurso recitado pelo Rm.°
« padre mestre Fr. Thomaz Mamachi, mestre do Sacro Palacio,
« capaz de excitar a emulação em todos os estrangeiros pelos
« exemplos que apontou de celeberrimos santos padres da igreja
« vindos desta forma a esta santa cidade em diversos tempos.
« Quando o sobredito candidato devia voltar a Lisboa, disfrutou
« a honra de ser admittido á audiencia de Sua Santidade, que o
« acolheu com maneiras mui affaveis, e o enriqueceu de copio-
« sissimas graças. ==»

Ao senhor Luis Xavier Correa da Graça devemos a noticia de que Fr. Thomaz Maria Mamachi, orador no doutoramento do padre Gonçalves, era grego de nação, e frade dominicano; que foi secretario da Congregação do Index em 1779, e logo depois mestre do Sacro Palacio, lugar que occupou até julho de 1792, em que falleceu, de idade de 79 annos.

Do artigo antecedente se deprehende que o novo doutor devia voltar de Roma a Lisboa, e fizera esta viagem em principios de outubro de 1782. E para em Roma receber o grão de doutor a 11 de julho desse anno, devia ter chegado a Portugal pelo menos no anno antecedente de 1781. Em Lisboa conviveu com o padre Caetano Francisco do Couto, que o acompanhára da India a Portugal, como suppomos; com o padre Caetano Victorino de Faria, que já lá estava havia dez annos, muito cabido entre a fidalguia, e na côrte, e por esse respeito patrono nato dos goanos, que chegavam áquella capital; e com os mais compatriotas, que já a esse tempo alli se achavam, ou foram chegando apoz elle, taes como, o padre mestre Fr. Custodio de Santa Maria, frade de Santo Agostinho, José Antonio Pinto, filho de Ignacio Pinto, de Candolim, então muito mancebo; e com outras pessoas, entre as quaes merecem especial menção dous *Catanares*, ou padres do rito syro-chaldeu do Malabar, que deviam ter ido no anno de 1779, segundo se colhe do que escreveu em 1781 o padre Caetano Victorino de Faria, quando allega o testemunho dos dous sacerdotes malabares, que ha dous annos se achavam em Lisboa, e ainda que os não nomea, não podem ser outros senão os de que fallamos, por nome José Cariate, e Thomas Periamakel, os quaes eram muito protegidos de Sua Magestade, de quem recebiam a sustentação, e sob cujo patrocinio foram a Roma, merecendo o primeiro ser nomeado por Sua Magestade, e confirmado pelo Papa em arcebispo de Cranganor. O fundamento principal desta nomeação, de que não havia exemplo semelhante, foi sem duvida a esperança, que Sua Magestade e o Papa conceberam de que pondo naquella diocese um prelado natural della, e do mesmo rito syro-chaldeu, que lá prevalece, a reduziria de um modo real e efficaz ao gremio e sugeição da igreja romana, o que apezar de tantas diligencias ainda se não podera em verdade conseguir desde os dias de D. Fr. Aleixo de Menezes.

Esta nossa conjectura funda-se na confrontação dos factos, e na consideração das muitas e especiaes graças, que o Papa concedeu ao mesmo arcebispo, taes como; breve de indulgencia para o artigo de morte para elle e seus parentes até ao 3.º gráo: outro de indulgencia plenaria para applicar pelas almas quando visitasse alguma igreja depois de principiado o sacrificio da missa: um dito de altar privilegiado pessoal quotidiano: resolução da sagrada Congregação de Propaganda Fide para poder delegar a dous sacerdotes por tempo de cinco annos para administrarem o sacramento da confirmação nos lugares remotos do seu arcebispado: um breve para poder conceder indulgencia plenaria em artigo de morte: outro para altar privilegiado quinze annos pelas almas: outro de indulgencia plenaria na igreja cathedral no dia da communhão geral, que decretar cada anno o arcebispo: outro de indulgencia plenaria no tempo da missão: outro de indulgencia plenaria á primeira missa e benção pontifical: outro de benção papal como se visitassem as igrejas de Roma: resolução pelo secretario da Congregação da Propaganda para a benção papal em dia de Paschoa, e das outras tres festividades do anno: breve de indulgencia para a igreja de Nossa Senhora da Assumpção do Malabar em certos dias: bulla da erecção da confraria da Vera Cruz nas igrejas do Malabar: breve de indulgencia aos que visitarem a igreja cathedral de Cranganor no dia primeiro, em que se começar o Synodo Provincial (a); e sobre tudo a resolução da Congregação da Propaganda para absolver das censuras, e receber nova profissão de fé orthodoxa a Mar Thomas, ou Mar

[a] *Synodo Provincial* diz o documento, e de caso pensado o diz, e não *Synodo Diocesano*, pois era mister guardar aos Malabares, ao menos na apparencia, as preeminencias de metropolitana á sua igreja de Angamale transferida a Cranganor com o mesmo titulo antigo de arcebispado.

Dionisio, denominado arcebispo Nernan do rito chaldaico.

Com estas providencias do synodo, e absolvição do arcebispo schismatico se pensava em Roma e em Lisboa que se extinguiria o schisma, e a heresia nestoriana daquella antiga christandade malabarica; empreza que nos parece excedia as forças de um arcebispo *catanar*, como tinha excedido a de tantos europeus tão versados nos costumes daquella gente, e peritissimos de sua lingua vulgar, e da syriaca, que usam nas acções do culto.

Não esqueceram á Curia Romana os seus mais caros interesses, isto he, segurar as usurpações da Propaganda. E posto que a ordem para congregar um synodo em Cranganor, e as faculdades concedidas a seu arcebispo para a absolvição do schismatico, fossem uma publica confissão de que a christandade syriaca não podia ser reduzida á quietação, e á obediencia romana por meio do vigario apostolico de Verapoly, e seus frades carmelitas descalços; ainda assim, afim de pôr estes ao abrigo de algum repellão do arcebispo, e os recommendar á sua benevolencia, para lhes não tomar conta das usurpações, trazia aquelle prelado uma carta de confraternidade do Geral dos carmelitas.

Armado com todas estas graças, e com a benção papal voltou D. José Cariate, e seu companheiro o padre Thomas Periamakel a Lisboa, para dalli partirem para a India. Se o padre José Antonio Gonçalves, e principalmente o padre Caetano Francisco do Couto não eram conhecidos já desde a India do arcebispo de Cranganor e seu companheiro, ao menos travaram em Lisboa estreita amizade, e tendo de partir para a India no mesmo navio da invocação de *Senhor Jesus Resuscitado, Santa Zeferina, e Princeza do Brazil* em abril de 1785, negociaram todos em commum a matalotagem; dando esta confiança mutua occasião a que o padre José Antonio Gonçalves pedisse algum dinheiro emprestado ao arcebispo. Alguns dias antes do embarque vio-se o padre Gonçalves obrigado a recorrer ao arcebispo para novo emprestimo, não só para elle, mas tambem para ser repartido com o padre Couto, companheiro de viagem, e pelo padre Fr. Custodio de Santa Maria, e José Antonio Pinto, que ficavam na Europa, e já se achavam em Roma, ou se aprestavam para passar alli. A somma total da divida do padre Gonçalves ao arcebispo montou a 486$400 réis (*Doc.* n.º 29). Como o navio sahiu fora de monção, teve viagem trabalhosa e dilatada; arribou á Ponta de Galle, na ilha de Ceilão, e só em maio de 1786 chegou a Goa.

Mas o padre José Antonio Gonçalves ficou na Ponta de Galle, não sabemos porque, sendo só certo que não foi por falta de saude.

O arcebispo de Cranganor trazia ordem de Sua Magestade para vir a Goa conferir com o arcebispo primaz sobre varios negocios respectivos ao seu arcebispado; negocios de que alguns dos documentos apontados nos indicam a qualidade, e grande ponderação. Em Goa foi hospedado pelo arcebispo primaz D. Fr. Manoel de Santa Catharina no seu palacio de Santa Ignez (hoje demolido), onde assistia; mas não logrou chegar a entrar na sua diocese, por fallecer no dito palacio a 9 de setembro de 1786. Do inventario judicial de seus pobres haveres, que foram entregues a seu herdeiro, e companheiro o padre Thomas Periamakel, que nesta sé vaga foi governador daquelle arcebispado por provisão do arcebispo primaz de 21 de setembro do mesmo anno de 1786, se conhecem mais algumas particularidades acerca do padre José Antonio Gonçalves. Achou-se haver um caixote de livros, que embarcou aquelle padre com a marca do arcebispo, mas que o padre Couto dizia ser seu. Achou-se que pertencia ao padre Gonçalves uma caixa de Moscovia, cuja chave ficava na mão do mesmo padre Couto; e uma frasqueira pequena, que se disse pertencer a Manoel Francisco Gonçalves, physico, morador na Piedade, e irmão do sobredito padre José Antonio.

Achou-se que dous dias antes do embarque em Lisboa o arcebispo dera ao dito padre José Antonio 50 meias dobras para trocar em patacões de Hespanha; e que depois de embarcados, fazendo o arcebispo abrir a sua caixa, o padre lhe dissera que queria guardar nella aquelle sacco do troco; e que depois da saida do navio daria conta de tudo, que nunca deu, posto que pelo mesmo arcebispo fora advertido; mas o arcebispo não apertou com elle por razão da estarem ainda mui distantes de Goa, e por julgar que o padre, ficando livre das febres que padecia, em qualquer dia ajustaria as contas. Nisto chegaram a Ceilão, onde o padre se deixou ficar, como está dito. E estando o navio grão e meio distante de Goa, o arcebispo com outras possoas buscou as suas cartas e papeis, em que achou falta; e fazendo contar o dinheiro do troco das 50 meias dobras conheceu faltarem 13 e um patacão.

Declarou alem disso o padre Thomas Periamakel que o padre José Antonio Gonçalves ao embarcar o arcebispo na Ponta de Galle, lhe levara uma rota com castão de latão dourado, e um annel episcopal.

Até á conclusão do inventario em 7 de novembro de 1786 não era chegado a Goa o padre José Antonio, mas deveria ter chegado no resto desse anno até principios do seguinte. Não nos consta se de Ceilão veio direitamente a Goa, ou se entrou em algum porto do Malabar, onde todavia não podia fazer larga detença, pois em agosto de 1787, quando foi descoberta a conjuração, já elle havia tempos se achava em Goa. A sua fuga por essa occasião, e as diligencias feitas para o apanhar, ficam referidas.

Refugiado no territorio de Punem não sabemos por quanto tempo ahi permaneceu, que não seria muito, pois os seus proprios protectores lhe dariam informação da inconstancia, e pouca fé daquelle ministerio, e do risco, a que se expunha de ser finalmente entregue ao governo de Goa, em alguma conjunctura, em que o de Punem carecesse das suas boas graças. Saiu pois daquelle territorio, e tratou de occultar-se. Disse-se que procurára abrigo nas terras de Tipú Sultão, o que facilmente se pode admittir, e talvez nellas andasse em quanto durou o poder daquelle Nababo: mas morto este, e destruido o seu imperio pelos inglezes em 1799, necessariamente devia buscar outro refugio. Este foi a cidade de Calcutá, onde viveu muitos annos, mantendo-se com a sua missa, e pelo pouco que lhe rendia uma eschola ingleza, que abrira, ajudado de seu irmão, Luis Antonio Gonçalves, minorista, que se lhe foi unir depois que veio de Lisboa a Goa perdoado com os mais padres em 1807. Ao senhor Luis Xavier Correa da Graça devemos o favor de nos communicar uma carta original do padre José Antonio Gonçalves, escripta em Calcutá a 31 de janeiro de 1814, onde declara o acima referido, e ter 66 annos de idade (*Doc.* n.º 30). Esta carta he resposta a outra de recommendação, que ao padre escrevera Joaquim Xavier Correa da Graça, pai do senhor Luis Xavier, a favor de seu primo Antonio Caetano de Menezes, tenente de marinha, quando fôra a Bengala.

No anno de 1817, um João Pinto, natural do Assagão, de Bardez, publicou em Calcutá um livrinho para instrucção da mocidade com o titulo de=*Tutor Portuguez, ou primeiros elementos da instrucção portugueza reduzidos a methodo pratico para uso dos meninos da freguezia de Assagão, por J. Pinto*—Calcuttá—Officina de J. de Sousa e Companhia.—1817—12.º—97 pag =. A' frente do livro vem a *Opinião* do padre mestre Fr. Manoel de Santa Theresa, ex-provincial dos Eremitas de Santo

Agostinho, examinador synodal, commissario provincial da missão de Bengala, e nella delegado do Exm.º e Rm.º senhor arcebispo metropolitano de Goa, primaz do Oriente etc. e a do Rm.º José Antonio Gonçalves, doutor na sagrada theologia e philosophia pela universidade papal e imperial do Archi-Gymnasio de Sapiencia de Roma.

Tomando occasião de um capitulo do livro, que trata do *Systema Solar*, discorre o padre Gonçalves nesta sua *Opinião* sobre a astronomia; e pelo livro ser rarissimo, e por isso totalmente desconhecido, pomos aqui (*Doc.* n.º 31) aquella pequena dissertação, para que se veja o seu modo de escrever, e se possa julgar de seus conhecimentos naquelle ramo de sciencia. Segundo nos informa o senhor Luis Xavier Correa da Graça, disse-se que o livrinho *Tutor Portuguez* era todo obra do padre doutor José Antonio Gonçalves, e não de João Pinto, negociante pouco versado nas letras.

Falleceu na mesma cidade de Calcutá, onde no registo dos obitos da igreja de Moorgyhatta, hoje cathedral, se acha em portuguez o assento seguinte=« O padre doutor José Antonio Gon-
« çalves, natural de Goa, idade de 69 annos, 8 mezes, e 22 dias,
« falleceu em 1.º de julho de 1818 ás 3 horas a. m. e foi se-
« pultado o seu corpo junto ao altar da Senhora da Conceição,
« com decencia, gratis.= »

De seu irmão Luis Antonio Gonçalves affirma em Calcutá uma respeitavel pessoa, que ora conta 70 annos, que morrera em 1827 ou 1828.

Ambos se finaram pobres, sendo que Luis Antonio chegou á indigencia, pois teve de suspender o exercicio da eschola por morte do padre doutor.

São noticias que nos ministrou o muito Rvd.º padre Francisco de Assis, actual vigario geral das missões portuguezas de Bengala, em carta de 6 de abril de 1875.

Da mais familia nos diz o referido senhor Luis Xavier Correa da Graça, que Manoel Francisco Gonçalves, irmão mais velho, medico muito acreditado, que foi preso como cumplice na conjuração, mas julgado innocente, e posto em liberdade, houve uma filha por nome Angelica Maria Victoria Gonçalves, que foi cazada com João José Monteiro, mestre de campo das ordenanças de Bardez nos fins do seculo passado e primeiros annos deste. O filho mais velho deste cazal Domingos Venceslão Gonçalves, foi professor de grammatica latina na Piedade: falleceu em *1828*.

Uma irmã do padre José Antonio foi cazada com José Manoel de Albuquerque, do Chorão, official da secretaria do governo, e depois ouvidor da provincia de Bardez. Destes foi filho Caetano José de Albuquerque, official maior graduado da mesma secretaria, que por motivos politicos foi demettido em 1822, e nomeado em seu lugar o capitão Luis Prates de Almeida e Albuquerque. (Vejam-se os *Apontamentos para o catalogo dos officiaes maiores*, pelo senhor Miguel Vicente de Abreu, no *Chronista de Tissuary*, n.º 9, de setembro de 1866). Acha-se extincta a linha masculina desta familia.

VII

O PADRE CAETANO VICTORINO DE FARIA.

Caetano Victorino de Faria, natural de Colluale, na provincia de Bardez, dedicou-se em mancebo aos estudos ecclesiasticos, e depois de ter tomado ordens menores, cazou na aldea de Candolim, da mesma provincia, com Rosa de Sousa, filha de Alexandre de Sousa, por alcunha *Concró*, homem rico.

He costume da terra ir a noiva incorporar-se na familia do noivo, mas no caso presente sendo a noiva filha unica, foi Caetano Victorino que veio viver em caza de seu sogro. Talvez esta excepção do estilo commum deu origem ás dissensões e dissabores, que se seguiram. Rosa, como filha unica, e herdeira presumptiva de grossos cabedaes, creada com o mimo proprio daquelles duas condições, era (como declarou um seu parente, o senhor Genezano Antonio João de Sousa no *Ultramar* de 18 de maio de 1865) altiva, com genio sempre dominador, não podendo costumar-se á vida de cazada, e submetter-se ao poder marital, o que trazia o cazal em perpetua perturbação domestica. As tribulações, que o pobre pai padeceu durante seis annos, sem achar remedio para ser restituida a paz na caza revôlta, lhe foram minando a existencia, até fallecer, e como não havia successão, nem esperanças della, dispoz da terça de seus bens a favor dos sobrinhos, filhos de seu irmão Manoel de Sousa, cujos descendentes na linha masculina formam hoje algumas familias separadas, conhecidas todas pelo appellido vulgar de *Concrós*. Depois de sete annos de cazada, e justamente dez mezes depois da morte do pai, deu Rosa á luz um filho, que teve o nome de José Custodio, depois conhecido em França pelo titulo de *l'Abbé Faria*, e de que faremos adiante especial menção. O nascimento do filho não poz tregoas ás dissenções dos pais, que de commum accordo se resolveram a separar-se, e tiradas as licenças necessarias, Caetano Victorino ordenou-se sacerdote, e Rosa de Sousa professou no convento de St.ª Monica de Goa. Desfeitos assim os laços conjugaes, entrado o filho na idade de quinze annos, tomou o padre Caetano Victorino a deliberação de ir com o mesmo filho para Europa.

Saiu de Goa na náo de *S. José* a 21 ou 22 de fevereiro e chegou a Lisboa a 23 de novembro de 1771 com feliz viagem, na qual teve por companheiro entre outros ao desembargador, que fora secretario deste Estado, Henrique José de Mendanha Benevides Cirne, que hia preso para o Limoeiro por ordem de S. Magestade por culpas, que se entendeu ter no máo successo da empreza da conquista do Piro, no anno de 1768. A amizade, que travou com este desembargador, e outras recommendações que levava, lhe abriram caminho para ter logo trato com a gente principal da corte; mas fallando com o padre mestre Fr. Francisco, o Poeta, que morava á Cruz dos quatro caminhos, este o aconselhou se abstivesse dessas communicações, o tomasse outro rumo, o que o mesmo Mendanha approvou, e o remetteu ao padre mestre Fr. João Baptista de S. Caetano, benedictino, para que o ouvisse, o qual depois de praticar com elle perto de quatro horas no convento da Estrella, que nos parece significar o de S. Bento da Saude, hoje palacio das cortes, resolveu que tomava por sua conta ajudar o padre nas suas pretenções, posto que era preciso haver cautella em materia tão delicada daquella corte; e com effeito fallou em pessoa ao Nuncio com os papeis do padre e seu filho, e o informou mui favoravelmente. Quaes fossem as pretenções do padre Caetano Victorino em Lisboa, e principalmente em Roma, não consta dos documentos, que hoje se acham, mas he certo que logo nas cartas que escreveu para a India na primeira monção depois da sua chegada a Lisboa em fevereiro de 1772, dirigidas aos Pintos de Candolim, e cuja communicação devemos ao favor do senhor Julio Gonçalves, advogado em Pangim (*Doc.* n.º 32) declarava estar prestes a partir para Genova, caminho de Roma, levando recommendações do Nuncio para o cardeal secretario d'Estado e outros senhores daquella corte, e instrucções particulares, tudo feito com cautella e segredo.

A outra via que teve de introducção com os grandes foi pela caza dos condes de S. Vicente. Eis o que elle neste particular diz n'uma carta a Antonio João Pinto, seu amigo e visinho de Candolim, datada do 1.º de fevereiro de 1772.= « Offerecendo-« se-me occasião de fallar aos senhores condes de S. Vicente, « aonde achei todo o agrado, e huma prompta vontade para pre-« tender do seu grande prestimo o que me parecesse, o que a-« gradeci: tive a opportunidade de lhes fazer presente pelo seu « mordomo João Evangelista Machado e Oliveira o grande affecto « e generosidade, com que V. m.ce e toda sua caza se tratavão « com o senhor Miguel Carlos da Cunha, assegurando que a caza « de V. m.ce era asylo para o dito senhor, e sua familia, expres-« sando-lhe distinctamente o como e quando o acudião, de que « summamente ficou agradecido, desejando occasiões de mostrar o « seu affecto, e huma mutua correspondencia (a), e para satisfazer « assim a minha obrigação, como o seu desejo, lhe entreguei « huma petição em nome do senhor Ignacio Pinto para thesou-« reiro geral da Bulla da Cruzada, que mandei vir feita por Luis « Manoel Tavares, por ignorar o systema desta corte, e de outra « sorte ma havia de dar feita o senhor Mendanha, encarregando « a diligencia subsequente, no caso de não estar provido o dito « cargo em outrem, ao dito Luis Manoel Tavares, e remetter « a V. m. se o dito mordomo o não fizer, que creio escreverá a « V. m. e aos mais senhores manos, e espero de V. m.ce corres-« pondão naquella caza, e pelo mesmo homem, que he porta para « a dita caza, e he a melhor desta corte.= »

E para que mais claro se veja o retrato do mordomo de um fi-

(a) Miguel Carlos da Cunha, filho do conde de S. Vicente, e irmão do actual, viera para a India no anno de 1756 com o nome de Miguel Carlos de Tavora, e depois de extincto por lei este appellido, tomou o de Cunha, tambem pertencente a sua caza. Serviu nos postos militares de mar e terra. Cazou pobre, mas em compensação foi-lhe feita mercê do palmar de Sinquerim, que fora dos jesuitas, e de uma tença da real fazenda, alem do seu soldo, mas com o seu genio dissipador e prodigo não havia cabedal que lhe chegasse á sustentação honesta da familia; e por essa razão se via obrigado a receber por esmola dos Pintos de Candolim, seus visinhos, o remedio a suas necessidades. A caza de Sinquerim edeficada ao pé da porta da cava da fortaleza da Aguada já não existe. Falleceu Miguel Carlos da Cunha no posto de tenente coronel, governando a fortaleza do Cabo da Rama em abril de 1813. Ainda hoje correm na tradição muitas anedoctas jocosas, e sarcasticas, com que no meio de seus desvarios alegrava a sociedade. Descendem delle os senhores Carcomos Lobos de Goa.

dalgo em Lisboa naquelle tempo, prosigamos com o padre Caetano Victorino, na sua carta:=« Achei no dito João Evangelista Macha-
« do circunstancias correspondentes á inclinação do genio de V. m.
« pois he serio, modesto, grave, affavel, verdadeiro, leal, e por isso
« submette a todos da dita caza, e o mesmo eminentissimo senhor
« Cardeal o venera, pois a seu respeito se fez a mercê ao se-
« nhor Miguel Carlos, de Sinquerim, contra vontade da mesma
« may, pois he ouvido e attendido do ministerio, e por suas mãos
« correm os negocios da caza, e assim pode V. m. e senhores
« seus manos dirigir os seus negocios a aquella caza pelo mesmo
« Luis Manoel Tavares, ainda que está velho e surdo, mas quer
« muito a esta caza.= »

O beneficiado, e licenciado Luis Manoel Tavares, referido na carta atraz, era tambem homem de valimento na côrte, para o qual o padre Caetano Victorino levára recommendação de Ignacio Pinto, de quem o dito licenciado era já procurador, e lhe havia agenciado o brazão d'armas. N'uma carta de Ignacio Pinto a este seu procurador, na monção de 1771, se acha um paragrapho deste theor:

= « Nesta monção vai para a corte um padre Caetano Vic-
« torino de Faria com um seu filho, que foi commensal nesta ca-
« za por mais de sete annos, com designio de passar para Roma,
« e posto que vai bem contra a nossa vontade, por ter sido mui-
« to familiar a sua assistencia com todos della pela honra, com
« que viveu; mas o intento que o leva, por ser pio e meritorio,
« fez que condescendessemos com elle: he justo, já que nos faz
« tantos favores, lhe assista V. m.^{ce} com boas direcções e auxi-
« lios para adiantar elle o seu projecto, no que ficarei a V. m.^{ce}
« muito obrigado.= »

Foi pelo patrocinio do padre mestre Fr. João Baptista de S. Caetano, como já está advertido, que o padre Caetano Victorino teve tambem familiar communicação com o Nuncio, arcebispo de Tyro, em cujo palacio comia varias vezes, com ordem dada para que o frequentasse, e aviso na sacristia da Boa Morte, que ficava ao pé do mesmo palacio, que se lhe dessem paramentos a qualquer tempo que chegasse, e quando acabava a Missa, já achava bandeja preparada.

Mas não era tudo doce na communicação com o Nuncio. Começou o amargo por lhe pedir o mesmo Nuncio uma seria informação das missões de Goa, e dos mais bispados; das religiões, e de todo o estado ecclesiastico, e quiz que lha desse por escripto. Ora o padre Caetano Victorino, simples minorista na juventude em Colluale, cazado depois em Candolim, atormentado com as dissensões domesticas, que temos relatado, ordenado sacerdote já em idade madura, nunca havia cogitado nas missões, nem nas religiões, nem no estado ecclesiastico; mas soccorreu-o a fortuna com dous sujeitos, que ainda que não soubessem muito, sabiam mais que elle, e do que um e outro lhe disseram, fez a sua relação. Era um delles o intitulado bispo eleito de Halicarnasse, D. Antonio José de Noronha (b), e o outro o desembargador

(b) D. Antonio José de Noronha foi filho de D. Francisco de Noronha, e de D. Cecilia Anna de Menezes. Recebeu os santos oleos na freguezia de Santo André de Goa Velha aos 14 de julho de 1720 tendo sido baptizado em caza. Em annos juvenis metteram-no frade de S. Francisco em Goa, onde tomou o nome de Fr. Antonio da Encarnação. Enviado á missão de S. Thomé de Meliapor largou o habito, apostatou, e foi expulso da Ordem. Sendo, ou fazendo-se parente da mulher do marquez Dupleix, famoso governador geral de Pondichery, e possessões francezas na India, teve delle muita protecção. Inclinado ás armas, fez-se cabo de tropas indigenas, sempre em alliança dos Francezes, e em hostilidade dos Inglezes. Estes surprehenderam-no na sua caza de Meliapor, e mandaram-no prezo para Inglaterra, donde poude escapar-se, e passar a França. Aqui parece que El-Rei Christianissimo o nomeou bispo de Halicarnasse, e diz-se até que foram passadas as bullas, que todavia nunca chegaram á mão do nomeado. Voltando a Pondichery continuou as emprezas militares, e obteve do Grão Mogol o titulo de Nababo Delavargenga Xamaxer Bahadur. Quando em janeiro de 1761 os Inglezes tomaram pela primeira vez Pondichery, e começou a declinar o poder dos Francezes na India, tambem a fortuna começou a ser menos favoravel a D. Antonio José de Noronha, com o que regressou a Goa, e logo depois da sua chegada teve grande parte na conquista de Pondá em 1763, e talvez foi elle quem persuadiu ao Vice Rei Conde da Ega a intentar aquella empreza. Conseguida a conquista ficou general daquella provincia e suas annexas, donde foi tirado pelo governo que succedeu ao Conde da Ega, e accusado de graves culpas. Enviado prezo para Portugal em 1770, soube justificar-se perante o marquez de Pombal, e voltar illibado, e louvado, na monção de 1773. N'um dia de fevereiro de 1776 tendo jantado com o governador D. José Pedro da Camara, falleceu de uma apoplexia, recolhendo a sua caza.

Não cabe no breve espaço de uma *Nota* referir os variadissimos successos de uma vida tão aventureira como a de D. Antonio José de Noronha. Talvez em outro lugar e occasião possamos discorrer mais largamente neste assumpto. No entretanto veja-se o que nelle diz o senhor Felippe Nery Xavier no *Esboço de hum Diccionario Historico—Administrativo*, verbo—*Bispo de Halicarnasse*, 4.º vol. do *Gabinete Litterario*, onde todavia se acham algumas inexactidões.

Mendanha, que tendo sido secretario do Estado, e conhecedor das relações, que os prelados das religiões davam cada anno das suas missões, posto que cheias de muitas mentiras, ou ao menos de subtis disfarces da verdade, podia ajuda-lo com as noticias que lhe lembrassem. O que fez dos apontamentos que lhe ministraram estes dous auxiliares diz o padre em carta de 2 de fevereiro de 1772 ao padre Pascoal Pinto, de Candolim, por estas palavras:=« e desta « sorte fiz huma serie de todas as missões, sem declarar os seus « estados actuaes, por não desgostar a quem nos não queria ouvir, « e offerecendo-a ao senhor Nuncio, e sabendo que era letra de « meu filho, estimou muito, e fez-nos ficar em sua caza, e escre- « ver do estado actual, que o fiz, o que em consciencia estava o- « brigado a fazer, e dando por prova a vida do veneravel padre « José Vaz, que inculquei, e lha entreguei; de que gostou muito « mostrando-lhe que o augmento da christandade, e a conserva- « ção della mais consistia nos ministros naturaes da mesma terra, « que nos estranhos, maximas que praticavão S. Paulo e os mais « apostolos. Dei-lhe noticia do nosso padre Joaquim de Miranda, « os progressos que fazia com a fabrica do hospicio, para cuja fa- « brica, que transportara os materiaes da sua propria caza, e o « mais que podia dizer; e na mesma forma o padre João Francisco « Gonçalves por fundador da igreja de Vaddy; dos progressos dos « Theatinos e Filippinos, e a missão de Bengala, e Timor, e da « Costa; o que traduziu em italiano, e remetteu para a secretaria « de Roma, aonde tambem me dispoz dando conta da nossa che- « gada, e por isso nos remette para o senhor arcebispo de Genua, « para este nos dirigir á corte, e nos tem dado huma carta de « guia, e tudo isto com cautella e segredo, dirigindo-nos para a « caza do eminentissimo senhor Cardeal secretario, onde, que- « rendo Deos, espero receber suas letras e executar seus pre- « ceitos.= »

Não contava por certo o padre Caetano Victorino, quando todo ancho entregou o seu papel ao Nuncio, que este o obrigasse alli logo *in continenti* a escrever do estado actual das missões; mas não querendo dar o seu braço a torcer, escreveu, diz elle, o que em consciencia estava obrigado a fazer. Ora com tão leve preparação como aquella que nos tem insinuado, em mui estreitos limites o devia circumscrever a consciencia; e sabe Deos quão atrapalhadas noticias traduziria o Nuncio em italiano para enviar a Roma. Ainda assim a astucia do padre Caetano Victorino lhe valeu de muito nesta apertada conjunctura, esquivando-se quanto poude á materia principal, e dissertando sobre o padre José Vaz, materia antiga, sobre o caso singular do hospicio do padre Joaquim de Miranda, sobre a fundação da igreja de Vaddim ou Varim, e sobre generalidades bannaes, mais ou menos antiquadas, de varias missões.

Deu-lhe o Nuncio tres continhas, uma para o filho, outra para a freira, que fora sua mulher, e outra para elle proprio, com suas veronicas de prata, com indulgencia plenaria na hora da morte, com liberdade de poder offerecer as ditas contas a quem lhe parecesse, e elle as offereceu ao mesmo padre Pascoal Pinto.

Até aqui eram favores do Nuncio. Quanto a seus criados era outra cousa. Na mesma carta se lê := « Hum criado secular do « senhor Nuncio me intercede a que lhe faça produzir pelos meus « senhores procuradores o importe de veronicas, cruzes, campai- « nhas do Loreto, e outras cousas, de que tudo vai hum caixo- « te cheio com o letreiro ao senhor Ignacio Pinto: rogo a V. m. « disponha dessas cousas, e do seu producto remetta peças de « lenços, cobertores de cama, e outras cousas, que elle pede por « huma lista, que me entrega hoje, promettendo-me pagar o que « lá custar de mais, sobre o que escrevo tambem ao padre José « Ribeiro para ver se pode supprir.= » Este padre José Ribeiro he talvez o mesmo que na occasião do descobrimento da conjuração vamos achar em Punem.

Antes de partir para Roma quiz logo em Lisboa conseguir alguma cousa de utilidade aos seus patricios, e por isso fez um requerimento á S. M. em nome de Ignacio Pinto, de Candolim, para mandar um decreto para serem freiras de Capello, isto he, de véo preto, em St.ª Monica de Goa as filhas, netas, e sobrinhas delle, e de seu irmão Antonio João Pinto, com o mesmo dote e honras, que as Brancas, pedindo se praticasse a mesma igualdade com as leigas; o que esperava conseguir breve e facilmente. He fama em Goa que a primeira natural que alcançou o privilegio do véo preto foi a freira, qua cessára de ser mulher do mesmo padre Caetano Victorino. Isto que então era privilegio e favor, que não sabemos se o padre Caetano Victorino chegou a alcançar para a familia dos Pintos, passou depois a ser regra geral por ordem da corte communicada ao bispo de Cochim D. Fr. Manoel de St.ª Catharina, quando veio por governador do arcebispado de Goa, na monção de 1779. (*Doc.* n.º 33).

Alem dos mysteriosos negocios que o levaram a Roma, era tambem intento do padre Caetano Victorino doutorar-se, o que effeituou, regressando depois a Lisboa, onde conservou e melhorou o bom acolhimento, que a principio recebera dos grandes da corte, chegando até a ter entrada no paço real, e a ser favorecido assim d'El-Rey D. José, como da Rainha D. Maria 1.ª e seu esposo D. Pedro 3.º.

Servia de procurador dos negocios que seus patricios tinham na corte, alcançava do Nuncio ou de Roma breves de indulgencias, capellas etc. etc. e a elle se chegavam os que hiam de Goa a Lisboa a buscar fortuna, ou tratar negocio. Está porem provado que não foi confessor da Rainha, como alguns tem dito (*Doc.* n.º 34); mas era consultado em cousas da India, mórmente nas ecclesiasticas. A' sua censura foram submettidas as contas ou informações, que o bispo de Cochim D. Fr. Manoel de Santa Catharina, governando o arcebispado de Goa, deu das ditas cousas ecclesiasticas nos annos de 1780 e 1781. A opinião do padre Caetano Victorino sobre a primeira daquellas informações, não he do dominio publico; porém as *glosas* ou notas, que fez á informação de 1781, sairam por diligencia do senhor Jacinto Caetano Barreto de Miranda impressas no *Ultramar* de 30 de maio, 6, e 13 de junho de 1867, e vão reprodusidas no *Doc.* n.º 35. São notaveis a mais de um respeito estas *glosas* ou annotações. Primeiramente manifestam tal rancor contra o bispo, que nem ao menos guardam as leis da civilidade, e as attenções devidas ao caracter do prelado, pois começam assim := Quando chegou a Goa *o tal* bispo de Cochim etc.=; no que alem de insolente, he ingrato o auctor ao bispo, o qual em Goa se mostrava muito agradecido ao mesmo padre por lhe ter facilitado no paço uma audiencia da Rainha, depois de elle bispo a ter sollicitado em vão por algumas vezes. Dá-nos noticia deste facto o senhor Luis Xavier Correa da Graça no *Ultramar* de 20 de abril de 1865, e de viva voz lhe temos ouvido dizer que lhe fora transmittido por seu pai como cousa certa.

Deprehende-se tambem logo que os factos modernos que narra, e os particulares das missões naquelles annos proximos não podiam ser conhecidos do padre Caetano Victorino, que se achava na Europa havia dez annos. Assim a animosidade contra o bispo, como o conhecimento dos successos modernos das missões, principalmente do Malabar, procedem da mesma origem, que o proprio padre Caetano Victorino nos revela impensadamente, quando do extracto, que faz do 1.º paragrapho da conta do bispo, se conhece que ao tempo que escrevia as suas *glosas* se achava em Lisboa o padre Caetano Francisco do Couto, que governara por tres annos o bispado de Cochim, e fora desapossado deste governo pelo mesmo bispo D. Fr. Manuel de St.ª Catharina logo que chegou á India. Este padre dirigira-se a Lisboa queixoso do bispo, e cremos que na mesma occasião fora, igualmente queixoso, o padre José Antonio Gonçalves, ou José Felippe Gonçalves. Como o padre Caetano Victorino era a primeira pessoa, que qualquer goano procurava em Lisboa, e se presava de ser o protector e procurador de seus patricios, facil foi áquelles dous padres, homens espertos e atilados, transmittir no animo delle a paixão, que sentiam contra o bispo de Cochim governador do arcebispado. Estes mesmos dous padres, e principalmente o padre Couto, pratico nas missões do Malabar, ministraram ao auctor das *glosas* a noticia dos casos modernos, e tão certo he isso, que a pessoa de quem as *glosas* dão mais lárga e miuda noticia, he o referido padre Couto, chegando a declarar até as datas das instrucções, que elle recebera do arcebispo, cousa que se não podia adevinhar, nem era de notoriedade publica. E nós já sabemos como o padre Caetano Victorino era destro em arranjar á custa alheia relatorios sobre as missões. Não queremos com tudo dizer que nos successos anteriores, que narrou nas *glosas*, não entre algum conhecimento ou memoria propria, mormente nos que eram passados em Goa.

Não correspondeu porém aos desejos do padre Caetano Victorino, nem dos seus socios, o effeito que as *glosas* produziram no animo dos ministros regios. Assim na *glosa* ao 4.º § da informação do bispo pretende o padre Caetano Victorino mostrar a incapacidade de Fr. Antonio da Assumpção, frade de St.º Agostinho, para o governo do bispado de S. Thomé de Meliapor, e com certa soberania quasi que intima se deve remover de semelhante governo: mas o resultado foi virem na monção de 1783 as bullas de confirmação naquelle bispado ao dito Fr. Antonio da Assumpção, com ordem para ser sagrado em Goa, ou em outra qualquer parte onde decentemente se podesse fazer; ordem que se não poude executar por ter fallecido o nomeado.

Na *glosa* ao § 6.º censura a nomeação de Fr. Amaro de St.º Thomaz, frade dominico, para governador da prelasia de Moçambique, e o resultado foi ser o dito Fr. Amaro nomeado prelado effectivo de Moçambique, e ter além disso o titulo de bispo de Pentacomea, sendo sagrado em Goa pelo mesmo D. Fr. Manuel de St.ª Catharina, já arcebispo, em 23 de outubro de 1785.

Na *glosa* ao § 10.° impugna a proposta do bispo para ser nomeado arcebispo de Cranganor algum sugeito de Portugal; quer que seja arcebispo de Cranganor um padre Indiano, mas instruido na Europa, para que docilisando-se nos costumes daquelles povos rudes, possa mais efficazmente conseguir docilisa-los e instruir-los. Com isto indicava o auctor um padre latino goano; mas o governo nomeou um Catanar Syriaco do Malabar, o padre José Cariate, que vindo sagrado da Europa, onde fora, falleceu em Goa antes de ir tomar conta do arcebispado, como dissemos em outro lugar.

Alarga-se em alguns paragraphos a mostrar os desaguisados, que fizera no governo do bispado de Cochim o padre Fr. José da Soledade, Carmelita descalço, companheiro do bispo D. Fr. Manuel de St.ª Catharina; e o resultado foi ser o dito Fr. José da Soledade logo depois de vaga a sé de Cochim pela promoção daquelle bispo a arcebispo de Goa, nomeado e confirmado bispo de Cochim, sendo sagrado em Goa pelo novo arcebispo em 21 de novembro de 1784.

Devemos confessar, e já fica notado que Fr. José da Soledade provou depois por suas acções quão pouco proprio era para o cargo, mas tudo quanto as *glosas* referem delle como governador do bispado he de tempo muito anterior.

Conclue, que o bispo de Cochim he incapaz de governar, que engana a S. M. que ignora o que seja ser bispo, que procede em Goa com predominante paixão contra os seus naturaes, ecclesiasticos e seculares, e que se tem feito odioso a todo o christianismo da India, e outras mais cousas deste genero; e o resultado foi ser o dito bispo de Cochim elevado á dignidade de arcebispo de Goa, de que tomou posse em 21 de novembro de 1784.

O que no 2.° paragrapho refere o padre Caetano Victorino carece de alguma correcção.

Diz elle que o padre Pedro de Figueiredo, da Congregação do Oratorio, fora nomeado governador do arcebispado de Cranganor, de que tomara posse, firmara a sua residencia em Calicut em caza do feitor José de Amaral Carvalho, e permanecera no dito posto todo o tempo do seu governo; que foi recebido por todo o seu rebanho com muita assistencia, mas que teve muito que padecer pelas perturbações, que lhe fez o Jesuita Excerpentel unido aos Propagandistas, e auxiliado dos Franciscanos; que nestas perturbações viveu dous annos, até que foi chamado a Goa para tomar posse do logar de inquisidor.

He certo que o padre Pedro de Figueiredo foi para o arcebispado de Cranganor nos ultimos mezes de 1778, e deu conta de se achar em Calicut, e ter tomado posse do governo do arcebispado: mas tambem he certo que não passou de Calicut, segundo avisa o bispo de Cochim, nem chegou a entrar verdadeiramente no arcebispado de Cranganor, ou de Serra, sem embargo das recommendações, que o governador e capitão general da India D. José Pedro da Camara fez ao feitor José Francisco do Amaral de Menezes (e não José de Amaral de Carvalho), ao governador de Cochim Adriano Muns, e ao governador de Calicut Budukan (*Doc.* n.° 36 a 42).

As desordens e perturbações daquella christandade, sempre inquieta, eram agora sopradas, como o proprio padre Caetano Victorino confessa, não tanto pelos frades Franciscanos, como pelos Jesuitas, que haviam alli ficado depois da extincção, e pelos Propagandistas; intervindo nellas como desaffectos ao padre Pedro de Figueiredo o capitão de mar e guerra Nicoláo Delgado Ferreira da Cunha d'Eça, commandante de uma fragata portugueza no porto de Calicut, e Manuel Bernardes, portuguez alli estabelecido, como melhor se pode ver dos referidos documentos n.° 36 a 42. Não he pois verdade que o padre Pedro de Figueiredo fosse recebido por todo o seu rebanho com muita assistencia, nem se pode dizer que governasse o arcebispado. Por outra parte he igualmente certo que o bispo de Cochim, governador do arcebispado de Goa, mandou alli o padre Fr. José da Soledade para compôr aquellas dissensões, e neste particular estamos conformes com o padre Caetano Victorino em que Fr. José nada compoz. He porém menos justa a accusação de que este padre entregara o governo ao Jesuita Excerpentel, fautor da Propaganda; sendo muito mais verosimil que não chegassem as suas forças a poder impedir que este se arrogasse o governo da diocese, e fosse obedecido. Tambem não he admissivel que os Franciscanos se bandeassem com o Jesuita, visto ser representante de um partido tão adverso aos mesmos Franciscanos, como ao padre Pedro de Figueiredo.

Considerando no seu todo as *glosas* do padre Caetano Victorino á informação do bispo de Cochim, acha-se que prevalece nellas o pensamento de accumular accusações contra o bispo, entre as quaes vem agora a de ser parcial dos frades, e despresador dos clerigos naturaes, sendo no parecer do padre aquelles indignos, e estes os unicos proprios e capazes para o governo das igrejas e missões: e ainda accusa o bispo de contradictorio, dizendo: = « S. Magestade foi informada pelo mesmo bispo na « monção passada da inhabilidade, e indignidade dos Regulares « de Goa pela geral corrupção dos seus costumes = » e accrescenta « = e o mesmo affirmaram os dous missionarios de S. Vi- « cente de Paulo, desejando por isso a extincção delles = » encerrando o periodo desta maneira « = e alem disso S. Mages- « tade se informou mais particularmente de pessoas da sua real « confidencia, com que ficou inteirada desta verdade: não sei co- « mo o bispo governador se esqueceu da informação anterior = ».

Estas pessoas da real confidencia de S. Magestade, com quem ella se informou mais particularmente, e que a inteiraram da verdade, posto que indicadas no plural, parece-nos que se reduzem á pessoa do padre Caetano Victorino, cujas *glosas* áquella anterior, e primeira informação do bispo governador seriam para ver, mas infelizmente ficaram até agora occultas.

Porém da segunda, que nos he conhecida pelos extractos do padre Caetano Victorino, e de outros documentos, que pudemos consultar, parece-nos dever concluir: 1.° que o bispo governador não foi quanto aos frades tão contradictorio como cuidou o padre Caetano Victorino; 2.° que dos clerigos naturaes de Goa nada disse que não fosse confirmado pela informação dos padres portuguezes de S. Vicente de Paulo, que o acompanharam para a India.

Quanto ao 1.° ponto, talvez o padre Caetano Victorino não reparou bem no § 10.° da informação do bispo, no qual segundo o proprio extracto que elle faz, dizia o prelado: = « e constará « que dos melhores (frades) que havia naquelle Estado, se ti- « nha utilisado delles, e que nada mais restava nas religiões, « que o Provincial da Graça, mas que era muito doente = » Se o padre Caetano Victorino reparasse neste paragrapho, conheceria que o bispo governador depois de haver empregado dous ou tres frades, confessava que nada mais restava que aproveitar. De crêr he que estes mesmos, que o bispo aproveitou, não fossem verdadeiramente capazes, mas somente menos incapazes; o que parece significarem as palavras do bispo « = que dos melhores

« que havia naquelle Estado se tinha utilisado delles = » e assim se concilia bem nesta parte a segunda informação com a primeira.

Mas no meio de tudo isto podemos affirmar que o governo de S. M. para saber o que os frades eram não carecia nem das informações do padre Caetano Victorino, nem ainda das do bispo de Cochim, ou dos padres de S. Vicente de Paulo. Antes daquelle prelado vir para a India foram-lhe entregues em Lisboa largas instrucções, nas quaes o governo lhe descrevia o lastimoso estado das corporações regulares, e lhe encommendava encarecidamente que applicasse o remedio opportuno á cura de males, que já hiam parecendo incuraveis.

Em Alvará de 5 de março de 1779 (*Doc.* n.º 43) dizia a Rainha ao bispo: « =Quanto ás missões estabelecidas nas dif-
« ferentes partes do Oriente, sugeitas, ou suffraganeas do arce-
« bispado de Goa, este he hum negocio que sobre todos se faz
« mais digno do vosso pastoral cuidado e vigilancia: achando-se
« as ditas missões confiadas ao cuidado das Ordens Regulares es-
« tabelecidas naquella capital, e parecendo-me conveniente que
« fossem conservadas nellas, assim o mandei ordenar ao arcebis-
« po de Goa, e ao governador e capitão general daquelle Esta-
« do por cartas expedidas pela minha secretaria d'Estado dos ne-
« gocios da marinha e dominios ultramarinos em data de 20 de
« abril de 1777: e como toda a felicidade, e prosperidade das
« ditas missões consiste essencialmente em se destinarem a ellas
« missionarios, que não só com as suas doutrinas, mas com os
« seus exemplos fortifiquem os povos christãos na perseverança
« da fé, na communhão do christianismo, e no gremio e obedi-
« encia da igreja catholica; e toda a ruina das mesmas missões
« provenha principalmente de serem empregados nellas missiona-
« rios, que com relaxação e estrago da disciplina regular e mo-
« nastica, em lugar de edificarem, servem somente de perturba-
« ção aos fieis, e de escandalo até aos mesmos gentios: para vos
« poderes conduzir sobre esta importante materia com o devido
« acerto; logo que chegares a Goa, vos deveis informar do es-
« tado, em que se achão as referidas missões; qual he o numero
« de missionarios, que em cada huma das ditas Ordens Regulares
« he obrigada a mandar a ellas, e quantos se achão empregados
« nas mesmas missões. Se vos parecer necessario, abrireis visitas,
« e mandareis visitadores áquellas differentes regiões, quanto as
« grandes distancias o fizerem praticavel; empregando nellas os

« ecclesiasticos, que vos parecerem mais dignos de substituir o
« vosso pastoral cuidado, e de vos informar com imparcialidade,
« exactidão, e verdade do comportamento, vida, e costumes de
« todos e cada hum dos missionarios empregados nas referidas
« missões; indagando muito miudamente se são exactos, e cui-
« dadosos na administração dos sacramentos, na prégação do
« evangelho, em instruir os povos na doutrina christã, e nos mais
« preceitos da igreja, e se cumprem emfim com todas as outras
« obrigações de verdadeiros, e exemplares pastores, ou se pelo
« contrario não tem de missionarios mais que o nome, só cuidão
« em accumular riquezas pelos reprovados meios do negocio, e
« do commercio, opprimindo e vexando os povos com extorsões,
« e praticando outros desmanchos diametralmente oppostos ao
« santo ministerio, que lhes foi confiado. Logo que vos achares
« bem instruido de tudo o que houver a este respeito, e tão certo
« nos factos, que vos não surprendão com sinistras e dissimu-
« ladas informações, que não deixão de ser muito frequentes e
« usuaes na India, louvareis os missionarios, que se tiverem com-
« portado com espirito apostolico, imitando nas virtudes, santi-
« dade, zelo da religião, e bem das almas, os santos patriarchas
« fundadores das Ordens Religiosas, de que são filhos; e procede-
« dereis com toda a severidade, que vos permittem, e prescrevem
« os canones, contra os perversos, iniquos, e incorrigiveis, fa-
« zendo-os não só sahir das missões, onde não servem senão de
« escandalo, mas mandando-os processar, sentencear, e executar
« as sentenças contra elles proferidas, segundo a gravidade de
« suas culpas; ordenareis aos prelados das Ordens Regulares que
« logo destinem outros religiosos para as ditas missões, que lhes
« estiverem incumbidas; e tereis grande cuidado em que nellas
« não falte o numero de missionarios, que cada huma he obri-
« gada a ter nas ditas missões; não permittindo por modo algum
« que para ellas se mandem religiosos, sem que primeiro vos
« conste com toda a certeza do seu exemplar comportamento,
« vida, e costumes; e sem que depois de examinados, e appro-
« vados por vós, os instituaes, e authoriseis para exercitarem o
« ministerio paroquial, e a cura d'almas nas missões. E para
« que no exercicio de vossa jurisdição episcopal sobre estes im-
« portantes pontos não encontreis os embaraços, contestações, e
« disputas, que com tanto prejuizo da igreja se tem até agora
« agitado nos meus dominios ultramarinos entre os prelados dio-

« cesanos, e as Ordens Regulares por conta dos seus privilegios
« e isenções, mandei expedir o decreto, que recebereis com este,
« no qual entre outras disposições tenho declarado, e determi-
« nado as regras, que fixão o poder e authoridade dos bispos
« sobre todos os regulares, que tem a seu cargo a cura d'almas,
« para que tudo o que nelle se acha prescripto se observe in-
« violavelmente em todas as minhas conquistas, e muito parti-
« cularmente no Estado da India com os missionarios das Ordens
« Regulares.= »

Em carta do secretario d'Estado Martinho de Mello de Castro ao referido bispo, datada de 6 de março de 1779 (*Doc.* n.° 44) achamos ainda: « = Pelo que respeita ao artigo das missões, devo
« dizer a V. Ex.ª que ainda que ellas se acham confiadas ás Or-
« dens Regulares de S. Domingos, da Graça, de S. Francisco, e
« de S. Felippe Nery, e que os Augustos Monarchas predecesso-
« res da Rainha nossa senhora descançassem sobre o zelo e cui-
« dado das mesmas Ordens para conservar, augmentar, e promo-
« ver a nossa santa fé catholica nas referidas missões por meio
« de religiosos missionarios, ornados de letras e virtudes, e de
« hum espirito verdadeiramente apostolico, que mandassem a el-
« las; huma triste e fatal experiencia tem mostrado tudo o con-
« trario = »

E mais adiante:

« = Todo o cuidado das referidas Ordens se dirige a conser-
« var cada huma das missões, que lhe estam incumbidas, não
« permittindo que outro algum religioso, ou ecclesiastico secular
« se intrometta nellas: a obrigação porém de mandarem para as
« ditas missões religiosos habeis, e exemplares, que edifiquem
« em lugar de escandalisar, que apascentem as ovelhas em lugar
« de lhe tirar a lãa, que sejam emfim verdadeiros pastores, e não
« lobos vorazes; isto infelizmente tem devido até agora muito
« pouco cuidado aos prelados das referidas religiões; e as rela-
« ções e documentos, que se acham nesta secretaria d'Estado, são
« provas constantes da situação deploravel, em que as ditas mis-
« sões se acham, e do quanto ellas são dignos objectos do vigi-
« lante, e pastoral cuidado de V. Ex.ª = ».

Datava de longe a perdição dos frades. Já quarenta e cinco annos antes escrevia o Vice-Rei Conde de Sandomil a Sua Magestade a carta seguinte:

« = Senhor. Sendo muitos os religiosos nesta cidade, e vindo

« todos desse reino com o titulo de missionarios, ainda não ouvi
« vozes de missão nella, nem o máo exemplo, que a maior parte
« delles costuma dar com as suas acções, daria lugar a que fi-
« zessem fruto as suas palavras; e como a largueza de conscien-
« cia, com que nesta terra se vive, necessita muito de ministros
« evangelicos, que com spirito, e exemplo reprehendão os vicios,
« e para este ministerio costumão ser mais a proposito aquelles
« de quem são desconhecidos os peccadores, parece-me muito
« necessario que V. Magestade se sirva de mandar alguns missio-
« narios de Varatojo, ou Brancanes, e que depois de trabalharem
« dous ou tres annos neste Estado, voltem para o Reino, e ve-
« nhão outros em seu lugar. Deos guarde a muito alta e muito
« poderosa pessoa de V. Magestade felices annos. Goa 19 de ja-
« neiro de 1734.— Rubrica do V. Rey = ». (Livro das *Mon-
ções*, n.° 102, fl. 697.)

Varatojo e Brancanes eram tentativas de reforma, que constituiam um pregão permanente, e um publico protesto de alguns frades honestos contra a devassidão geral de seus consocios. Esta reforma das reformas significava que nenhuma das antecedentes havia produzido o desejado effeito, nem tão pouco ella o produziu. E tão persuadido se achava o Conde de Sandomil da inutilidade do exemplo, e de que os proprios ascetas de Varatojo e Brancanes se desmoralisarião com o contacto dos outros frades, que propunha se não dilatassem entre elles por mais tempo que dous, ou tres annos, findos os quaes fossem rendidos por outros novos. Varatojo era filiação da provincia Franciscana Observante dos Algarves, e Brancanes parece-nos que o era da provincia Franciscana Capucha da Arrabida. Foram sempre cazas isoladas, e como excepção á regra geral.

Por cima do que dizia o Conde de Sandomil dos frades da communidade, vejamos o que em tempos mais antigos pensava o Vice Rey Vasco Fernandes Cezar de Menezes dos que eram feitos bispos, cargos para que se escolhiam os de melhor nota. Escrevendo a S. M. em 10 de janeiro de 1714 dando conta da morte do arcebispo D. Fr. Agostinho da Annunciação, accrescentava:
« = A experiencia, Senhor, tem mostrado que os bispos, que
« neste seculo tem passado á Asia, eram bons homens em quanto
« religiosos, mas depois de bispos muito máos prelados, porque
« cega e desordenadamente intentão e procurão entrar em o go-
« verno politico e militar deste Estado, e se o não conseguem,

« buscão parcialidades para o perturbar = » (Livro das *Monções*, n.º 79, fl. 111.)

E em outra carta de 11 de janeiro de 1716, dizia ainda:

« = E na mesma occasião (em que dava conta da morte do « arcebispo) propunha quanto era acertado que este provimento « se não fizesse em frades, os quaes pela educação que tem de « fomentarem entre si parcialidades, não despem estes habitos « depois de assumptos, antes os exercitão mais, porque tem mais « poder, ou por serem os negocios da India alheos dos claustros, « nunca os que nelles se crião sem verem mais terra que a dos « dormitorios, satisfazem como devem ás pensões desta primazia, « a que muitas vezes se vincula o governo secular, e pede mais « noticias que aquellas que se aprendem no choro, e por esta « razão torno a repetir o que então julguei, que he não convir « de nenhuma sorte que frades se nomeem para este arcebispado, « onde concorrem as circunstancias que ficão apontadas.= » (c) (Livro das *Monções*, n.º 81, fl. 224.)

Mas tornando ás instrucções dadas ao bispo de Cochim; em outra carta da mesma data de 6 de março de 1779 (*Doc.* n.º 45) lhe escreve ainda o referido secretario d'Estado:

« = nem ellas (as missões) podem jamais estabelecer-se, nem « conseguir-se os fins, que S. Magestade tanto deseja, sem que

(c) Quem quizer inteirar-se do que eram os frades Franciscanos, veja o nosso *Ensaio Historico de Lingua Concani*; quanto aos Agostinhos Portuguezes e Capuchinhos Francezes, veja *A Jurisdição Diocesana do Bispado de S. Thomé de Meliapôr nas possessões Inglezas e Francezas*; e sobre todos os frades indistinctamente, veja *O Manifesto preventivo dos Propagandistas da India contra a Concordata, apostillado pelo auctor das Reflexões sobre o Padroado Portuguez no Oriente*, e o *Chronista de Tissuary* em varios lugares, especialmente no n.º 3, de março de 1866, onde se acha a mui notavel carta do V. Rey D. Jeronimo de Azevedo á S. M. datada de 24 de dezembro de 1613, provando com mui efficazes razões que os frades eram nocivos á republica, e ás missões, e não prestavam para bispos; carta sobre a qual recaio o Alvará de S. M. de 25 de fevereiro de 1615, que manda se não dêm na India ordinarias de novo aos mosteiros, e a Provisão de 2 de março do mesmo anno para se não edificarem na India mosteiros sem expressa ordem sua, como já estava ordenado em Portugal: documentos que estam ora publicados no *Archivo da Relação de Goa* do senhor José Ignacio de Abranches Garcia, n.º 212, 213; e confira o *Archivo Portuguez-Oriental*, 6.º *Fasciculo*, n.ºˢ 107 e 399: tudo isto alem de milhares e milhares de outros documentos authenticos, que jazem nos archivos de Portugal, da India, e das mais Provincias Ultramarinas.

« os prelados maiores entrem muito seriamente nesta importante
« obra, e que V. Ex.ª lhes faça ver bem claramente que a re-
« ligiosa piedade da Rainha Nossa Senhora quando determinou
« nas cartas expedidas por esta secretaria d'Estado em 20 de
« abril de 1777 que as Ordens Religiosas fossem conservadas nas
« missões, que precedentemente lhes haviam sido incumbidas, não
« foi para que ellas ficassem na grande relaxação, em que pre-
« sentemente se acham, mas para que os mesmos prelados con-
« corressem efficazmente com V. Ex.ª para tudo aquillo que pos-
« sa contribuir a desterrar os vicios, estabelecer as virtudes, e
« propagar as santas doutrinas do Evangelho, não só com a pré-
« dica, mas tambem com a pureza dos costumes, e com os exem-
« plos dos ministros delle.== »

E ainda outra carta do mesmo secretario d'Estado, e da mesma data começa assim (*Doc.* n.º 46.):

« == Achando-se V. Ex.ª não só encarregado pela indispen-
« savel obrigação do seu pastoral ministerio, mas muito particu-
« larmente incumbido pela religiosa piedade da Rainha Nossa Se-
« nhora de trabalhar quanto lhe for possivel, e de não ommittir
« diligencia alguma para que nas missões da Asia floreçam as vir-
« tudes, e se desterrem os vicios; se faz muito preciso não oc-
« cultar a V. Ex.ª alguns, que pela sua gravidade se fazem dig-
« nos de huma particular attenção.

« Consta nesta secretaria d'Estado por varias cartas, queixas,
« e representações acompanhadas de muitos documentos e provas,
« que geralmente em todas as missões confiadas ás Ordens Re-
« gulares se pratica sem algum rebuço pelos mesmos Regulares
« missionarios hum trafico, e commercio semelhante ao que se faz
« nas cazas dos negociantes seculares; e sendo esta relaxação
« tão publica, como geral, e não a tendo cohibido os prelados
« maiores, a quem ella pela sua publicidade, alem de outras ra-
« zões, não pode ser occulta, he evidente que se pratica, e pro-
« segue nas referidas missões com consentimento, ou pelo menos
« com tolerancia dos ditos prelados maiores; e nesta certeza, que
« fructos espirituaes se podem esperar de huns missionarios, os
« quaes em lugar de se empregarem todos no serviço da Igreja,
« e bem das almas, misturam este ministerio sagrado com inte-
« resses profanos? E se he hum principio, e doutrina de eterna
« verdade, que ninguem pode ao mesmo tempo servir a Deos e
« ás riquezas, como podem os ditos missionarios ser juntamente

« ministros do mesmo Deos, e homens de negocio? ou que fruc-
« tos se podem esperar de se incumbir, e confiar a Ley evange-
« lica, e doutrina de Christo para se ensinar aos povos, daquel-
« les mercadores, que ignominiosamente foram lançados fora do
« templo como profanadores da caza de Deos? he por consequen-
« cia evidente que em quanto os prelados das Ordens Regulares
« não cohibirem os seus subditos por hum modo efficaz, e não
« apparente, de sordidas negociações, e que sinceramente se não
« unirem a V. Ex.ª para as desterrar, não espere V. Ex.ª mais
« que abrolhos e espinhos do seu trabalho e fadiga. = »

O que porém causará grande maravilha he que o ministro que escrevia tudo isto na monção de 1779, era o mesmo que dous annos antes, na de 1777, havia expedido á India formal preceito ao arcebispo para que restituisse aos frades as missões, que lhes havia tirado, e pozesse as cousas no mesmo estado, em que se achavam no tempo, em que elle chegára a Goa; e que outrosim declarasse a ordem que trouxera para tirar as referidas missões ás communidades Regulares, havendo muitos motivos para crer o zelo com que estas em geral se empregavam na propagação do Evangelho, e em conservar illesa a fé e a religião, que professamos: ordem, que o arcebispo cumpriu, declarando comtudo que quando passára a reger esta metropole, tanto nas Instrucções que S. Magestade, então reinante, lhe mandára dar em 1774, como no Alvará de 7 de abril do mesmo anno se achava decretado que todas as igrejas, e ainda aquellas, que antes se chamavam missões, sendo na realidade parochias, deviam ser providas por elle arcebispo no real nome do mesmo Senhor em clerigos seculares, que houvessem de ser collados, removendo-se os frades. (*Doc.* n.º 47). Declaração, que devia abrir os olhos do esquecido ministro, e promoveu as ordens atraz referidas de 1779, que são um solemne acto de contricção, com que o governo provou o arrependimento que sentia de ter cedido no primeiro momento do reinado de D. Maria 1.ª ao apaixonado systema de reagir contra tudo o que era obra do Marquez de Pombal.

Quanto ao 2.º ponto, o dos clerigos; do que o bispo governador disse na sua primeira informação de 1780, e com elle os padres de S. Vicente de Paulo, restam-nos esclarecimentos curiosos n'uma carta do secretario d'Estado Martinho de Mello e Castro ao governador D. Federico Guilherme de Sousa, datada de 19 de março de 1781. (Livro das *Monções*, n.º 162, fl. 85), na qual se lê:

« = O mesmo bispo governador continua dizendo que vendo
« huma grande necessidade de instrucção nos ministros da igre-
« ja, estava de accordo a mandar para Chorão, em quanto se não
« acabavão as obras, e se não punha em ordem o seminario, até
« vinte clerigos dos que achasse de melhor capacidade, para se
« instruirem na moral, e cerimonias, e tê-los promptos para so-
« correr as missões. » =

....

« = Tratando o dito prelado da ignorancia, em que se achára
« os ecclesiasticos, diz: que no palacio de Santa Ignez se haviam
« feito muitos exames de clerigos, em quanto alli estiverão os pa-
« dres de S. Vicente de Paulo, e que por elles se vira a grande
« necessidade que havia de ministros idoneos, ou ao menos de
« huma mediana sufficiencia: que pelas noticias que tinha das
« conquistas, havia por lá huma inteira ignorancia, não porque
« muitos fossem faltos de capacidade, mas sim por falta de ins-
« trucção: que da moral se não sabia cousa alguma; que de ou-
« tras faculdades alguns mestres havia; mas que ás aulas não acu-
« dião estudantes, ou por temor das doenças da cidade, ou por
« falta de meios para subsistir; e que havia mestres que susten-
« tavam á sua custa alguns estudantes só para fazerem bons os
« salarios, que S. Magestade lhes dava: que em fim as mesmas
« religiões lhe tinhão confessado a grande falta de mestres, que
« havia entre elles, e a muita ignorancia, que conhecião entre os
« seus mesmos religiosos: que elle bispo estava receando entrar
« neste exame, porque se veria obrigado, ainda contentando-se
« de huma mediana sufficiencia, a fechar muitas igrejas. = »

E continúa:

« = Os padres missionarios de S. Vicente de Paulo tambem
« informão: que a empreza, que a Rainha Nossa Senhora confiou
« de sua diligencia, cuidado, e zelo, debaixo da direcção do go-
« vernador do arcebispado de Goa, era a mais necessaria, pelo
« que respeitava ao espiritual, que tinha o Estado, que com ra-
« zão se podia affirmar que a sua necessidade era extrema, por-
« que em quanto o clero não estivesse ornado das qualidades re-
« quisitas de virtude e sciencia, os povos não podião ser instrui-
« dos do que necessitavão para alcançar a sua eterna felicidade,
« e muito menos ainda sem serem animados do bom exemplo
« para vencer os obstaculos, que a natureza corrompida oppunha.
« *Qual seja o estado, em que se acha este clero*, diz hum dos pa-

« dres; *se o heide julgar pelo que eu, e o meu companheiro te-*
« *mos observado, e nos tem passado pelas mãos, sou obrigado a*
« *dizer que está sepultado e submergido nas densas trevas da*
« *ignorancia; pois examinando-se os clerigos, que nos manda o*
« *prelado deste arcebispado, se achão tão pobres de instrucção,*
« *que sou obrigado a formar este conceito. Não duvido que haja*
« *alguns ecclesiasticos com instrucção soffrivel, e ainda com al-*
« *guma cousa mais; como v. g. o que actualmente serve de vi-*
« *gario geral, que tem instrucção; mas comparados estes com os*
« *ignorantes, são em numero muito diminuto. O meio que a*
« *Rainha Nossa Senhora tomou da criação do seminario, he o*
« *mais apto para obviar a esta necessidade. No tempo em que*
« *o nosso santo fundador S. Vicente de Paulo vivia, o clero de*
« *França estava reduzido á maior miseria, o vicio e a ignoran-*
« *cia fazião o seu caracter; os bispos de França querendo re-*
« *mediar tão grandes males, consultavão a S. Vicente; o santo*
« *lhes respondia, dos velhos não ha que esperar, criar gente no-*
« *va, e por isso os seminarios se fazem precisos: pôz-se em*
« *execução este projecto; os admiraveis effeitos, que delle se se-*
« *guirão, bem patentes são ao mundo: assim devo eu dizer; dos*
« *velhos não ha que esperar, criar gente nova no seminario he*
« *o unico meio; e elles naturalmente tem bom engenho, capaci-*
« *dade, e penetração de juizo; mas falta-lhe a instrucção, e por*
« *isso não deve causar admiração o que digo. Se a Rainha Nossa*
« *Senhora mandar applicar rendas sufficientes para hum grande*
« *numero de sugeitos, dentro de pouco tempo se hade conhecer o*
« *fructo.*

« == Isto he substancialmente o que o prelado dessa metropole,
« e os dous padres missionarios informão, e representão sobre os
« importantissimos pontos da profunda e crassissima ignorancia,
« a que se achão reduzidos os ministros da igreja desse Estado,
« e sobre o unico meio para os instruir, qual he o de seminarios,
« e nesta intelligencia Sua Magestade approva tudo quanto V. S.ª
« mandou praticar na entrega que se fez aos padres de S. Vi-
« cente de Paulo do collegio de Chorão com todos os seus ren-
« dimentos e alfaias. == »

Se estes padres, que vieram com o bispo governador para dirigir a educação e instrucção do clero, acharam os frades incapazes e indignos, como nos assevera o padre Caetano Victorino, e os documentos abundantemente demonstram; vê-se pela propria relação dos mesmos padres, devolvida á India pelo secretario d'Estado, que o clero secular, senão nos costumes, ao menos na profunda e crassissima ignorancia, andava a par dos frades. Ora se os padres de S. Vicente eram, na opinião do padre Caetano Victorino, bons juizes dos frades, não se lhes pode negar para com os clerigos a mesma competencia, por serem tambem seus examinadores.

Este estado do clero secular não devia causar novidade ao ministerio, que já antes do bispo sair de Lisboa, lhe dizia que elle acharia em Goa muitos, ou talvez a maior parte dos ecclesiasticos seculares inhabeis para se lhes conferir beneficios de qualquer qualidade que fossem (*Doc.* n.° 44). De tudo isto se infere quanto desconto se deve dar ás apaixonadas *glosas*, com que o padre Caetano Victorino commentou a informação do bispo governador; e se explica o porque o ministerio não dava peso a suas opiniões, sem embargo do ar sentencioso e altivo, em que as expendia, illudido talvez pelo favor de cortezãos, que suppunha mais poderosos do que na realidade eram. Accresce em confirmação que ainda annos depois o secretario d'Estado lhe chamava com ironia e desdêm o *celebre* padre Caetano Victorino, como quem o havia em pouca conta.

Em Lisboa melhorou o padre de meios de fortuna, ou fosse por industria propria, ou pela munificencia dos Soberanos, D. José, D. Maria 1.ª e D. Pedro 3.° que o amparavam e favoreciam.

Quando chegou a Lisboa, escrevia na monção de 1772 ao seu amigo Antonio João Pinto, de Candolim := « A pobreza com que « venho me não permitte a maior demonstração, que huma coroa « de cordão azul com huma cruz sestavada, pobre offerta de hum « pobre sacerdote, mas com grande affecto, e confiança filial, e « leva sua indulgencia plenaria para a hora da morte junto com « sua veronica. = » Em 1788 por occasião da noticia da conjuração, e dos cumplices que em Lisboa havia, respondeu o secretario d'Estado que mandando fazer diligencia por esses cumplices soube que José Antonio Pinto, Joaquim Antonio Vicente, e com elles hum clerigo chamado José, filho do *celebre* padre Caetano Victorino de Faria, eram saidos de Lisboa, soccorridos pelo mesmo padre Caetano, dirigindo sua jornada a França, para dalli passarem á India.

Foi preso nessa mesma occasião no convento dos Paulistas, onde assistia, como atraz fica referido; e se ignora por quanto tempo esteve preso; occultando-se todas as noticias delle até ao anno de 1799, no qual com data de Lisboa de 4 de abril achamos uma carta sua escripta a um gentio de Goa por nome Rama Custan Naique (*Doc.* n.° 48). Nesta carta tratando de negocios e contas de dinheiro que entre ambos havia, depois de referir ao gentio que lhe salvára certa quantia em Lisboa acceitando uma transacção de fazendas; continua dizendo: « = V. m.ce me diz « na sua que não me dera commissão para fazer-lhe este bene- « ficio, e acho-lhes muita disculpa para assim o dizerem, porque « V. m.ces não professão aquella ley tão santa e verdadeira, e « unica de Jesus Christo, que he a que nos abre os olhos para « ver e conhecer a verdadeira estrada da nossa felicidade, cujo « fundamento he a caridade, que consiste, amar a Deos mais que « tudo, e ao proximo como a si mesmo por amor de Deos, nosso « creador e redemptor. Esta santa ley tenho a fortuna de pro- « fessar por infinita misericordia do Creador, e sem eu merecer, « e esta ley não somente nos dá commissão para soccorrer ao « proximo, como eu fiz a V. m.ces mas nos manda que o faça- « mos do mesmo modo que o desejamos para nós. Se V. m.ces « fizessem o mesmo por mim, como eu tenho feito por V. m.ces « não somente os não condemnaria pelo terem feito, mas sim « lhes ficaria summamente agradecido pelo beneficio, que nisso « recebia, e pelo amor, e interesse, que tomava sem ter outra « obrigação particular, nem interesse algum, senão pelo affecto « de patricio. = »

Estamos capacitados que nem Rama Custam Naique, nem seus socios achariam nesta apostrophe do padre christão provas de grande beneficio, nem de vivo affecto de patricio, e preferirião contas mais direitas a estas religiosas maximas. Pode-se porém julgar quão aturdido ficaria Rama Custam Naique, e os mais gentios com a continuação da mesma carta, que proseguia desta maneira:

« = Pois agora lhes asseguro com pureza de coração que não « me contento somente com assegurar-lhes essa quantia a V. m.ces « que em nada reputo, pois está segurissima, ainda que não ti- « vessem em seu poder os livros para a assegura-la, mas sim « lhes quero, e espero assegura-la outra felicidade muito maior, « e sem comparação alguma, pela qual estou contendendo já ha « vinte e dous e mais annos com esta Europa toda, que se glo- « ría da disgraça de V. m.ces e fazem nella a sua felicidade pro-

« pria com verem a lamentavel ruina de V. m.ces que eu como
« bom, e verdadeiro patricio solicito, sem que V. m.ces me tenhão
« dado commissão para o procurar, e o faço apezar de arriscar
« a minha propria vida, somente para que meus patricios sejão
« verdadeiramente felizes, já que o nosso Creador me fez conhe-
« cer a desgraça da patria, que está precipitada em huma cegueira
« ra digna de compaixão, e esta não se acha na Europa.

« Eu tenho trabalhado para tirar das mãos dos Europeus o nos-
« so arcebispado de Goa e India, que o Nosso Creador e Redem-
« ptor nos deu ha mil e outocentos annos pelo seu Apostolo S.
« Thomé, e a Europa nos roubou ha trezentos annos para seus
« proprios interesses temporaes, em prejuizo das nossas almas, e
« da nossa salvação. Eu tiro agora bem contra vontade de toda
« a Europa, e desta corte, não com minhas forças, mas sim com
« omnipotente braço do Nosso Creador e Redemptor, e pelo pa-
« trocinio da Santissima e Immaculada May do Redemptor, que he
« nossa advogada, protectora, Rainha, e May, e o levo para fazer
« V. m.ces felizes verdadeiramente, como eu desejo, e a infinita
« bondade e misericordia do Redemptor quer-nos fazer restituir,
« já compadecido da nossa desgraça e desemparo.

« Eu vou baptizar todos os gentios, não somente de Goa, mas
« de toda India, e a dar a minha vida por elles, para que sejão
« felizes eternamente. = »

Se não viramos esta serie de disparates escripta pela propria letra do padre Caetano Victorino, julgariamos que algum inimigo do seu nome, e da sua memoria a havia forjado; mas não podemos resistir á evidencia; parecendo-nos todavia que a idade lhe havia abalado e perturbado as faculdades mentaes, que se em outro tempo não eram de extremado apuro, chegavam ao menos á altura do senso commum.

Segundo a historia ecclesiastica, que o desvairado padre Caetano Victorino aprehendia, os bispados da India havia 1800 annos que tinham sido dados por Jesus Christo aos indigenas na pessoa do Apostolo S. Thomé. O padre escrevia no anno de 1799; mas concedamos-lhe mais o anno que precisa para arredondar a sua conta. Assim achamos a novidade de serem os bispados creados no proprio anno do nascimento de Jesus Christo. Achamos tambem que S. Thomé era indiano; outra novidade, que os historiadores não haviam descoberto. Sobre a tradicção de que o christianismo fora introduzido na India por aquelle Apostolo, não queremos levantar questão. O que a historia porém nos diz, desde que a ha authentica, he que para a pequena igreja malabarica, unica que na India havia até á chegada de Vasco da Gama, e dissidente da Romana, vinham os bispos da Syria, ou da Mesopotamia, regiões que ainda até agora os geographos não metteram na India. Tão estrangeiros eram pois para a India os Syrios e os Chaldeos, como o foram depois os Europeos, aos quaes os ascendentes e compatriotas do padre Caetano Victorino deveram o lume da fé, e que não roubaram bispados a ninguem pela simples razão de os não haver, antes serem por elles creados muitos annos depois da sua entrada. Com taes argumentos não admira que o padre Caetano Victorino trabalhasse em vão por vinte e tantos annos para tirar das mãos dos Europeos os bispados da India.

Não pelos meios ordinarios, mas pela sobrenatural influencia do omnipotente braço do nosso Creador e Redemptor, e pelo patrocinio de sua Santissima e Immaculada Mây, he que o padre Caetano Victorino diz achar-se investido contra vontade de toda a Europa, e da corte de Portugal, da jurisdicção, não sabemos bem se de arcebispo, se de patriarcha, se de Papa da India, para onde está de partida, resoluto a baptizar todos os gentios della, para que sejam felizes eternamente, ainda que lhe custe a elle a propria vida, que nessa obra sempre lhe parece que correria algum risco.

Já não era pouco escrever isto, e o mais que na carta se lê, a qualquer seu correligionario; mas prégar tão extemporanea e desentoada missão a um gentio, devia fazer receiar que se achasse varrido de juizo; e talvez que para evitar que esta opinião prevalecesse em discredito do seu velho amigo, he que os Pintos apanharam a carta, e a guardaram entre os papeis de sua propria caza, onde ainda se acha.

He porém certo que o padre Caetano Victorino não chegou a voltar á India; e como a carta de 1799 he a ultima noticia que delle nos resta, não sabemos se depois de a escrever viveu muito ou pouco tempo, nem do mais que lhe aconteceu.

VIII

O PADRE JOSÉ CUSTODIO DE FARIA.

Filho de Caetano Victorino de Faria, que depois foi padre, e de Rosa Maria de Sousa, que depois foi freira em St.ª Monica de Goa, nasceu na aldea de Candolim a 31 de maio de 1756, e foi baptizado na igreja de Nossa Senhora da Esperança, parochial da mesma aldea, a 7 de junho do referido anno (*Doc.* n.º 49). Completava a idade de 15 annos quando com seu pai passou a Europa, chegando a Lisboa a 23 de novembro de 1771, e partindo pouco depois com elle para Roma, parece que ahi ficou seguindo seus estudos, até que no anno de 1780 se doutorou no collegio da Propaganda, como dão testimunho as theses theologicas, que por essa occasião defendeu, e tem por titulo:

Theologicae Propositiones De Existentia Dei, Deo Uno, Et Divina Revelatione:

e contém *De Existentia Dei* *Theses* XX.
De Deo Uno *Theses* XX.
De Divina Revelatione *Theses* XXII (*Doc.* n.º 50).

Na dedicatoria á Rainha D. Maria 1.ª e Rey D. Pedro III diz que a El-Rey D. José deve o ter seguido os cursos do collegio da Propaganda, e em agradecimento determinava na conclusão de seus estudos dedicar-lhe o fructo delles. Mas impedido de cumprir esta obrigação pelo fallecimento do mesmo Monarcha, he a sua herdeira e filha juntamente com o real esposo que vem render aquella homenagem em agradecimento dos immortaes beneficios a elle e a seu pai conferidos por tão munificentissimos patronos.

Depois de doutorado cremos que veio viver para Lisboa em companhia de seu pai, a quem sempre tratou por tal, e delle foi tratado por filho, nem havia razão para que um ou outro negasse, ou renegasse estas naturaes relações, como pareceu ao senhor Genezano Antonio João de Sousa, seu parente, n'um artigo que saiu no *Ultramar* de 18 de maio de 1865. Não sabemos se foi prégador regio, nem ficamos por fiadores da authenticidade do caso que o dito senhor Genezano conta nesta forma. Prégava José Custodio pela primeira vez na capella real, e vendo ahi os principaes personagens, e capacidades do reino, perturbou-se; ao que o pai, que o fora ouvir occulto debaixo do pulpito, acudiu em voz que elle ouvisse, dizendo-lhe em lingua de Goa — tudo isto he *palha* (*bagí*), — com que o prégador ficou tão animado, que ganhou o desembaraço necessario, e foi applaudido o sermão. Procuravam depois os circunstantes saber o que lhe dissera o pai, mas não o poderam descobrir.

Como foi para a Europa muito moço, pouco se correspondia com seus parentes da India. Diz o senhor Genezano que uma só vez escreveu a Antonio João de Sousa Cancró, que julgamos ser seu primo, e foi bisavô do mesmo senhor Genezano. Nessa carta recommendava José Custodio a seu primo tivesse cuidado, e protegesse a sua companheira da infancia, e filha adoptiva de sua mãi, por nome Catharina, que depois da ausencia de seus patronos para a Europa viveu com a familia do mesmo Antonio João; e nesta occasião lhe offertava um crucifixo dourado, que tem indulgencia, uma campainha de trovões, e um bello pequeno oratorio, que continha as imagens do Menino Jesus no presepio com varias figuras, de Maria Santissima, de Santa Anna, S. José, todas de marfim, com coroas de ouro, bem como um Espirito Santo no sobrecéo do oratorio, tambem de marfim, e uma medida de Nosso Salvador, que tudo trouxera de Roma. As imagens ainda existem, posto que o oratorio esteja muito deteriorado.

As cazas em que nasceu José Custodio passaram a ser habitação da familia Concró, e ainda duram, um pouco reformadas; as de Colluale, onde nasceu Caetano Victorino, estam demolidas, e somente existe a capella.

Quando chegou a Lisboa no anno de 1788 a nova da conjuração, já José Custodio havia ido para França, donde não tornou a sair. O mais que delle sabemos he o que nos diz o *Diccionario Bibliographico* do senhor Innocencio Francisco da Silva, referindo-se ás noticias, que lhe communicou o senhor Dr. Levi Maria Jordão, depois Visconde de Paiva Manso; e he o seguinte.

« = José Custodio de Faria, conhecido em França por *L'Abbé* « *Faria*, nasceu em Goa em 1755 (a), e morreu em Paris a « 20 de setembro de 1819, como consta dos registros dos obi- « tos do segundo bairro daquella capital. A sua vida foi a de um « perfeito aventureiro. Filho d'um gentio da casta brahamane, « veio muito moço para Lisboa, onde recebeu os primeiros ele- « mentos da educação e instrucção; e partindo depois para Ro- « ma, ali recebeu as ordens sacras, inclusive a de presbytero (b).

(a) A verdadeira data do seu nascimento fica atraz apontada.

(b) O pai era um bramane, mas já christão de geração. Foi para Lisboa tendo completado 15 annos, e já instruido pelo menos nas primeiras letras, por quanto seu pai nos diz em uma das suas cartas que a relação das missões, que deu pouco depois da sua chegada ao Nuncio, era escripta por letra de seu filho, com que o Nuncio folgou muito.

« Rebentando em França a revolução de 1789, partiu immedia-
« tamente para este paiz (c), e tomou nos acontecimentos da
« epocha uma parte importante, marchando contra a Convenção
« em 10 *Vindimaire* á frente d'um troço de amotinados. Dei-
« xando dahi a tempos a capital, professou a philosophia nos ly-
« ceus de Marselha, Nimes, e de outras cidades de provincia.
« Voltando de novo a Paris, começou a adquirir certa reputação
« como magnetisador e illuminador, chegando a ser posto em
« scena no *Magnetismo—manie, Vaudeville* representado no thea-
« tro das Variedades. Morreu a final de apoplexia fulminante.
« No mesmo anno do fallecimento se publicou posthuma, uma
« obra sua, cujo titulo he:
« *De la cause du sommeil lucide, ou étude de nature de l'hom-*
« *me par l'abbé Faria, brahimine, docteur en theologie.* Paris,
« 1819, 8.° ».

« Só se publicou o primeiro tomo, ficando ineditos o segundo,
« e o terceiro.

« Chateaubriand nas *Memoires d'outre-tombe*, e Alexandre Du-
« mas no romance *Mont-Christ* fallam do Abbade Faria, o pri-
« meiro fazendo-o representar um papel extravagante, e o se-
« gundo de um modo completamente romantico.

« Tambem podem ver-se a seu respeito o *Moniteur* de 1 e 5
« de outubro de 1819; o jornal *L'Ordre* de 3 de dezembro de
« 1851; *Les Archives du magnetisme animal* por H. de Cuvillers,
« tom. 1.° pag. 134; Hoffman, *Œuvres complets*, 1828, tom.
« 4.° pag. 384; Burdin e Ribois, *Hist. acad. du magnetisme*,
« Paris, 1841; e o artigo de Louis Lateur na *Nouvelle Biogra-*
« *phie générale*, etc. etc. = »

A sua obra *De la cause du sommeil lucide* ganhou celebridade, e era citada pelos que se presavam de andar correntes no progresso das sciencias. Em Goa mereceu ella, e seu auctor uma honrosa menção em lugar onde menos se podia esperar. N'um papel satirico, que as paixões politicas inspiraram ao redactor da *Gazeta de Goa*, Luis Prates, em junho de 1822, intitulado *A Carapuçada*, e que talvez foi o primeiro escripto avulso, que sa-

indo para Roma com o pai em 1772, parece-nos que lá ficou estudando até se doutorar em 1780, como está referido.

(c) Foi para França em 1788; achando-se lá quando rebentou a revolução de 1789, a qual, seja permittido observar, não annunciou logo o que viria a ser algum tempo depois.

hiu na imprensa de Goa então novamente estabelecida, lê-se = « O padre Faria, apostolo do somnambulismo, em que fez guapa « figura litteraria em Paris, nasceu, e foi educado no Malabar=». A educação foi na Europa, mas o auctor não era de Goa, nem averiguava miudamente estes pontos historicos, e por isso se lhe pode desculpar uma tal ou qual inexactidão n'um dito incidental ao seu discurso. Prova porém a referencia quão conhecido era naquelle tempo o nome do padre Faria.

IX

PONDERAÇÕES SOBRE A CONJURAÇÃO.

Que houve conjuração, cujo fim era a expulsão dos Portuguezes da India, he ponto que não pode admittir a menor duvida á vista das confissões dos réos, entre as quaes foi a mais copiosa a do cabeça padre Caetano Francisco do Couto, a quem nada era occulto, e que não perdoou a si, seus irmãos, e parentes, alem das mais provas colligidas e apreciadas conforme a jurisprudencia e as leis ordenavam, e por juizes pela maior parte recem-chegados á India, sem suspeita de parcialidade.

Quaes eram porém os meios, com que os conjurados contavam para levar avante tão arrojada empresa? Aqui he que começam as nossas duvidas. Que se fiassem só n'um movimento interior, era verdadeiramente impossivel. Havia em Goa no anno de 1787, com exclusão das guarnições das praças do Norte, a seguinte força armada.

		Praças	
1.º Regimento		1022	
2.º Regimento		1022	
Artilharia		546	2590
Legião de Pondá	Infantaria	1120	
	Cavallaria	87	
Legião de Bardez		1120	2327
			4917
Corpos de Sipaes		2223	
	Total		7140

Destes 7140 homens, os 2 regimentos e a artilharia, em numero de 2590, compostos de praças europeas com officiaes e inferiores europeos e descendentes, eram fieis. As Legiões posto que compostas em grande maioria de soldados naturaes, sendo commandadas por officiaes europeos, e servindo nellas grande numero de outros assim europeos como descendentes, não he de crer que se levantassem todas á voz de quatro tenentes naturaes. Os sipaes em numero de 2223 praças, gentios das Novas Conquistas, costumados a obedecer a seus cabos tambem gentios, e estes ao Sarcar, ou Dominante do paiz, não podiam ser suspeitos de se bandear com a sublevação dirigida por clerigos naturaes. Não fallamos da milicia dos Auxiliares, porque essa não existia senão nas patentes de seus officiaes. Seriam pois mentecaptos os conjurados, se com quatro tenentes, dous de cada Legião, alguns sargentos, uns poucos de cabos, um capitão de Auxiliares, e talvez varios paizanos capitaneados por clerigos, julgassem seguro o tentamen, tendo contra si o grosso das tropas, que correriam logo a suffocar o movimento, ainda que para isso fosse mister afrouxar por algum tempo a guerra com o Bounsuló, com o qual aliás no anno de 1787 havia suspensão de armas.

Ninguem melhor que os mesmos conjurados sabia que as classes ou castas nobres da população christã da India Portugueza haviam por mais de uma vez declarado solemnemente perante o soberano, e perante todo o mundo o horror que tinham a menear as armas, e a sua inhabilidade para se oppôr a qualquer inimigo, que estivesse disposto a combater. Não bastou aquella monumental objurgatoria, que o Marquez de Pombal lhes enderessou em 28 de fevereiro de 1776 (*Doc.* n.º 51), quando com tanto espanto seu lhe foi presente a manifestação de tão anti-varonis sentimentos, dizendo-lhes: = « Foi presente a El-Rey, meu senhor, a supplica, que lhe fez essa camara (geral de Salcete) « com data do 1.º de março do anno proximo passado de 1775, « nella viu o mesmo Senhor pela primeira vez que huma Nação « se fizesse a si propria na presença do seu soberano injurias tão « grandes, como são: primeira; confessar fraqueza commua do « corpo e do espirito, para annichilar-se a si mesma na estimação universal das gentes: segunda; a de mostrar que ignora, ou « quer subterfugir os primeiros principios da união, e da sociedade civil, que obriga os vassalos a exporem a vida pela defesa de seu Rei, de sua propria patria, e das vidas e fazendas

« dos seus compatriotas: terceira; a de renunciarem assim os
« adiantamentos de nobreza, e de cabedal, a que sobem aquelles
« que na profissão militar tem feito os seus nomes tão distinctos,
« e as suas familias tão illustres na estimação commua dos seus
« respectivos monarchas, unindo-os ás classes, de que se compõe
« a nobreza do Reino: quarta; a de mostrarem que ignoram que
« a profissão militar não absorve em si todas as outras profissões;
« porque em todas as monarchias, em que ha, e não pode deixar
« de haver soldados, ha huma numerosa corte, que assiste ao So-
« berano, hum grande numero de tribunaes politicos, e magis-
« trados civis, hum grande numero de homens de negocio, que
« enchem as praças deste Reino (a), hum infinito numero de
« lavradores, agricultores, e trabalhadores, que cultivão as terras,
« outro grande numero de artifices de todos os officios mecha-
« nicos, outro grande numero de criados aprendizes que servem;
« sendo tudo isto muito compativel com o serviço das tropas,
« porque ha regras certas, e impreteriveis para se fazerem as
« recrutas, e alistarem os soldados com huma tal moderação, que
« comparando-se o pequeno numero dos que sahem dos povos
« com outro incomparavel dos que nelles ficão, vem a ser insigni-
« ficante o primeiro á vista do segundo = »: nem tão pouco bastou ler-se na mesma carta = « espera Sua Magestade que lo-
« go que essa camara abrir os olhos para conhecer a deformida-
« de dos absurdos, em que incorre, será a mesma que levante os
« seus espiritos do grande abatimento em que se acham = » não bastou finalmente concluir a carta com estas lisongeiras expressões: = « não podendo o mesmo Senhor persuadir-se a que
« os Portuguezes tenhão maior espirito, e sejão mais capazes de
« estimulos de honra do que os Indianos = »: para que logo em seguida, e pouco antes de tramada a conjuração, não ratificassem e confirmassem em mais emphatico e prolixo arrasoado, e com acintoso despejo, a sua incapacidade para as acções militares, a *sua summa cobardia e fraqueza* (palavras textuaes) para

(a) Perdôe-nos a memoria do Marquez de Pombal fazermos aqui reparo em certo descuido de redacção neste seu documento. Se analysarmos grammaticalmente o discurso, parecerá que elle affirma que — em todas as monarchias ha hum grande numero de homens de negocio, que enchem as praças deste Reino — embora nelle haja respectivamente o que se acha nas demais monarchias ou nações. Não prejudica porem este descuido o pensamento principal, como a qualquer leitor he manifesto.

se opporem a qualquer inimigo, especificando com sensivel satisfação as occasiões, em que haviam sido desbaratados; concluindo contradictoriamente por uma pretendida refutação da carta do Marquez de Pombal, e reiterando o pedido de isenção do serviço militar (*Doc.* n.° 52). O governo porém desta vez despresou peremptoriamente a instancia (*Doc.* n.° 53); persistindo no systema de se animarem os Naturaes do Estado a entrar no serviço militar, adiantando em postos os que disso se fizessem dignos pelo seu merecimento. A demais população indiana christã, que aliás se não avantaja ás classes referidas em animo bellicoso, presentindo que o triumpho dos conjurados era o triumpho da casta bramane, seria disposta a morrer para levar ao poder aquella casta? julga-la-hia menos oppressora que os actuaes dominantes? Os gentios, entre os quaes ha castas menos imbelles, deixariam os seus chefes naturaes, regulos e dessaes, para seguir a voz de alguns padres christãos? A todas estas perguntas dará resposta negativa quem conhecer a India. E a experiencia mostrou que o unico dessai preso no primeiro momento, foi julgado sem culpa, e posto em liberdade. Dos musulmanos não he mister fallar, porque nas Velhas Conquistas não os ha, e nas Novas são tão poucos, e de tão pouca importancia, que para qualquer das partes, a que na refrega se encostassem, não farião pendor na balança; supondo mesmo que estes povos permaneciam na sua recente, e ainda fragil união com as outras provincias do Estado.

Por tanto impossivel era que os conjurados contassem só com o movimento interno.

Logo que se descobriu a conjuração, a primeira cousa que naturalmente occorreu em Goa e em Lisboa, foi que os conjurados obravam de concerto com alguma potencia estrangeira, especialmente com Tipú Sultão. Mas no decurso do processo parece que se foram atenuando essas suspeitas, e finalmente a sentença diz que os dous cabeças padres José Antonio Gonçalves, e Caetano Francisco do Couto = « fingirão soccorro de potencia estrangei-
« ra, e terem já muitas mil armas, e grossas quantias de dinhei-
« ro; verificando-se pelo contrario que nada tinhão, e que foi
« um estratagema, com que aquelles dous sediciosos clerigos, e
« os seus socios pretenderam enganar aos que convidavam, e at-
« trahiram ao seu partido = ». Que não tivessem essas tantas mil armas, nem essas grossas quantia de dinheiro, que assoalhavam, parece-nos certo: mas que não tivessem promessa alguma

de soccorro estrangeiro, ou esperança de o obter, excede toda a credibilidade.

A sentença cingindo-se, como era obrigação dos juizes, ás provas dos autos, e não achando nelles a desse auxilio, ou intelligencia de potencia estrangeira, não podia asseverar que o houvesse; e com quanto se achasse nas respostas de alguns réos aquella referencia, como apparecia destituida de provas acceitaveis, concluiu que era fingimento, e estratagema; conclusão que em certo modo não deixaria de ser corroborada pela attitude de alguns réos ignorantes dos segredos vitaes da conjuração. Os cabeças, e os seus principaes socios tinham todo o interesse em occultar taes intelligencias; e limitando-se ellas ao conhecimento de poucos, parece não haver repugnancia entre a sua existencia, e o silencio dos réos. Não he forçada conjectura suppôr que os que sabiam do segredo o guardaram, e só tocaram o ponto aquelles que vaga e duvidosamente haviam ouvido boquejar nelle.

Seguindo por tanto as conclusões da sentença escrevia o governador ao secretario d'Estado em carta de 18 de março de 1789: = « ficam cessando todas as verosimeis conjecturas, que havia « de que estes sediciosos terião buscado o patrocinio ou de Tipú, « ou dos Maratas, ou que ao menos quizessem buscar o Bounsuló, ou a representação real que achavam no Rei de Sunda, o « que he muito provavel fizessem conhecendo-se fracos, e fraquissimos para executar o seu pernicioso intento, se a isto se « não oppuzessem os fins, com que os cabeças desta rebellião a « intentavam, que eram de se fazerem bispos não sei por que « modo, criarem universidades, formarem um parlamento, e ou« tras loucuras semelhantes, que V. Ex.ª terá visto, e verá pelos « depoimentos das testemunhas, e confissões dos réos, admirando-se de haver cabeças, em que coubessem semelhantes disparates. = »

A historia porém, a que he licito desprender-se um pouco dos *allegata et probata* dos autos, interrogar todos os indicios, perscrutar todos os pensamentos, confrontar todas as circunstancias, que autenthicamente constarem dos testemunhos contemporaneos, embora extra judiciaes, pode hoje variar da opinião do governador, dominado pelo respeito do caso julgado, e por certos preconceitos do momento, e insistir nas verosimeis conjecturas que elle despresou.

As promessas das universidades eram velhas no gremio bramane. Já desde o anno de 1772 escrevia de Lisboa o padre Caetano Victorino de Faria ao padre Pascoal Pinto, de Candolim; = « Os padres Neris me fizerão grande obsequio offerecendo-se « para tudo que eu necessitasse, mas não houve precisão de cou- « sa alguma. Creio firmemente que se erigirão nessa cidade e « as provincias tres Universidades, assim das lingoas latina, gre- « ga, franceza, e hebraica, como as sciencias, philosophia, theo- « logia, thé o canonico, para se doutorarem nellas, pelo que lhe « offereço huma Arte Franceza do autor Lima...... Seria de « muita utilidade na conjuncção presente remetter a obra dos se- « nhores Luis Caetano de Lima, e Menezes, a imprimir, dirigidas « ao dito Rm.°, e offerecidas ao ministerio, pois já lhe tenho in- « formado nesta materia = » (*Doc.* n.° 32).

O parlamento era accrescentamento moderno, para com uma e outra cousa poderem attrahir adeptos ao plano da conjuração.

Quanto aos fins, que os cabeças della intentavam de se fazerem bispos, e ainda os officiaes militares indigenas ganharem postos buscando o patrocinio de um Dominante Asiatico, não occorria ao governador explicação plausivel, mas veremos que de feito a havia. Os officiaes indigenas julgavam-se talvez menos adiantados em postos pelo governo portuguez do que era devido a seus merecimentos. Dahi veio dirigirem á corte requerimentos pedindo accrescentamento nos ditos postos, e entre os requerentes era o primeiro Manuel Caetano Pinto, depois um dos conjurados. Mandou a Rainha na monção de 1782 em carta de Martinho de Mello ao governador D. Federico Guilherme de Sousa, de 9 de fevereiro daquelle anno, que informasse com o seu parecer do prestimo e merecimento de cada um dos ditos officiaes, e no caso de os achar dignos de serem attendidos, elle governador os promovesse aos postos a que estivessem a caber, sem precisar novas ordens da mesma Senhora; tendo porém attenção a que em consequencia do sistema adoptado pela corte de se animarem os Naturaes do Estado a entrar no Rèal serviço, não deviam elles esquecer, sempre que o merecimento os fizesse dignos de serem adiantados, o que de nenhuma sorte se devia praticar com os que não fossem dignos delles (Livro das *Monções*, n.° 169, fl. 639). Regra justissima, mas que não contentaria a todos, e os faria desejar outro dominante menos escrupuloso em seu sistema; desejo de que parece devia estar isento Manoel Caetano Pinto, que tendo nascido em 21 de outubro de 1758, assentou praça antes dos 17 annos em o 1.º de março de 1775 no regimento do brigadeiro general Henrique Carlos Henriques; passou logo a Porta Bandeira em 25 de março do mesmo anno de 1775, a alferes na Legião de voluntarios reaes em o 1.º de abril de 1777, e já era tenente em 1780 ou 1781 quando com os mais dirigiu a S. M. o requerimento atraz referido.

O descobrimento da conjuração não fez mudar a corte de Lisboa do systema de considerar os Naturaes da India em igualdade com os Portuguezes da Europa no accesso aos postos militares, pois que tendo o Alvará de 28 de abril de 1773, que criou o regimento de artilharia em Goa, determinado que nenhuma das praças de officiaes e soldados das tres companhias de bombeiros, mineiros, e artifices poderia ser provida em pessoas, que não fossem nascidas nos Reinos de Portugal e do Algarve, debaixo de mui graves penas; a Rainha attendendo ao que lhe representou o governador Francisco da Cunha e Menezes, por carta regia de 5 de outubro de 1792 querendo remover a favor dos naturaes deste Estado este obstaculo ao progresso dos seus estudos e applicações, foi servida annullar e abolir inteiramente aquella clausula (*Doc.* n.º 54).

Consideremos agora as circunstancias dos regulos vizinhos, e vejamos qual delles poderia favorecer os intentos dos conjurados de Goa. O moço rei de Sunda, filho do que fora desapossado de seus estados, e recolhido ao abrigo da protecção portugueza, não era por certo, apezar de sua representação real, pessoa que servisse de apoio a planos tão arriscados.

O Bounsuló, com quanto inimigo perpetuo do Estado Portuguez, agora refreado por elle, ameaçado, e até invadido pelo Rajá de Colapur, tão fraco se sentia, que para receber o nosso soccorro contra aquelle vizinho, teve de assignar á pressa o tratado de 29 de janeiro de 1788, confirmando-nos a posse das provincias de Bicholim e Sanquelim, de parte da de Pernem, e cedendo o resto desta, que ainda não possuiamos. Não podia portanto tambem este regulo offerecer aos conjurados maiores seguranças que o Sunda.

O Marata, como mais poderoso, se se visse desapressado da guerra de Tipú Sultão, e de outras difficuldades, poderia, querendo, entrar no empenho de aggredir-nos, e dar as mãos aos que cá de dentro lhe promettessem concurso. He certo que quando foi descoberta a conjuração, correu voz de se achar em Punem gente de armas, ou já aparelhada, ou ao menos convidada para para se aggregar aos rebeldes. Soube-se porém logo depois que não havia tal; mas apenas que um clerigo de Goa, chamado o padre José Ribeiro, assistente em Punem, era sabedor do que se tramava em Goa, e com elle um irmão seu, que militava nos exercitos maratas, e servia de soldado na companhia de D. Manoel de Noronha, então em Quitur; assim como outro goano, que tambem alli servia, chamado Lazaro de Sousa, homem esperto, muito ligado com o padre. Estes, e talvez mais algum natural de Goa, que por lá andasse, deviam ter noticia do caso, e pode haver-se por certo que com suas pessoas ajudarião o movimento em occasião opportuna. Offerecia-se o nosso emissario em Punem para obter faculdade de dar busca nos papeis do padre José Ribeiro; mas o governador não consentiu, por não ser conveniente fazer motim na corte de Punem por uma cousa que dizia estar inteiramente conhecida em Goa. De D. Manoel de Noronha, fidalgo portuguez de Goa, então capitão nos exercitos maratas, depois general delles, e mui valido de Peixuá Bagi Ráo, não nos parece que possa haver suspeita de connivencia com os conjurados, attenta a classe, a que pertencia. Não era por tanto de Punem que tão pouco havia de vir áquelles o adjutorio.

Restava Tipú Sultão, e aqui nos parece que batia o ponto. Estudemos os documentos, que chegaram até nós, e formemos depois o jûiso que nos parecer mais seguro.

Tipú Sultão alargava cada dia suas conquistas na India meridional. Absorvera o reino do Canará, tomára as provincias do Sunda até entestar com as que ficaram em nosso poder, e sendo assim vizinho chegado, cada dia ameaçava de invadir o Estado. A guerra que se travou entre elle e o Marata deu algum respiro ao governo de Goa; mas quando se julgava que aquella guerra seria de longa duração, recebe o nosso governador uma carta de Monsieur de Montigni, residente na corte de Punem por S. M. Christianissima, datada de 25 de fevereiro de 1787, na qual este lhe dá parte de estar concluida a paz entre o Dominante de Punem e o Nababo Tipú Sultão, e por outras varias noticias se confirmou aquella nova, do que dando o governador conta á corte em carta de 14 de março do dito anno, se exprime assim: =
« Fico por tanto naquelles mesmos cuidados, em que estava esta
« corte, e o meu predecessor antes do rompimento das guerras
« destas ditas potencias, porque a aversão que nos tem o Naba-

« bo he manifesta, nem elle trata de a occultar; as suas forças
« são desigualissimas em numero, e as faculdades deste Estado
« não chegão nem para a subsistencia delle na paz; pelo que ro-
« go a V. Ex.ª queira pôr esta grave materia na real presença
« de S. Magestade, para que a mesma senhora seja servida de
« dar as providencias que achar serem mais do seu serviço. = »

Esta noticia, e a justa admiração que causou a todos semelhante paz, tão dispendiosa a Tipú Sultão, que deu ao Marata grande quantidade de laques de rupias, e á qual se não sujeitaria sem fins occultos, visto não haver razão alguma publica, que a isso o constrangesse, fizeram ao governador expedir para Punem o nosso emissario Narana Sinay Dumó, que era vindo a Goa, e levou agora entre as suas instrucções, dadas em 5 de abril de 1787, os dous capitulos seguintes.

« = Deveis muito particularmente informar-me com a maior
« brevidade possivel sobre a paz que se dá por certa entre o Do-
« minante de Punem e Tipú Sultan, remettendo-me o Tratado ce-
« lebrado entre ambos, se já estiver publico, ou participar-me o
« que achardes de mais certo a este respeito. Deveis indagar
« cuidadosamente qual he a verdadeira causa desta paz, e que
« razão teve Tipú Sultan para a pedir, segundo dizem, e a ajus-
« tar com grande dispendio de laques de rupias, e de restituição
« de terras conquistadas. Deveis saber se Tipú Sultan, e o Do-
« minante de Punem tem já dividido as suas tropas, e desfeito os
« seus exercitos, e para que parte fazem marchar os corpos que
« separam. A mesma informação deveis tirar a respeito de Niza-
« maly, e saber de mais a mais se elle entra tambem na conven-
« ção da paz, ou se se oppõe a ella, e a contraria, e quaes são
« as forças de cada huma das tres potencias. Como he certo que
« não podereis adquirir juntas todas estas informações, não de-
« morareis humas por falta de outras, e me hireis logo partici-
« pando aquellas que tiveres sabido.

« Tereis toda a vigilancia para saberes o que se trata no Sar-
« car de Punem respectivo aos Inglezes e Francezes, e muito prin-
« cipalmente ao mesmo Tipú Sultan = ».

O emissario satisfez a estes capitulos em carta de 8 de junho de 1787, e quanto ás forças de Tipú Sultão informa que exceptuando a guarnição de suas terras e fortalezas, pode pôr em campo 80$ homens d'armas de fogo, 20 até 25$ cavallos, e 125 peças de artilharia. Com estas informações e outras que por varias vias obteve, torna o governador a escrever á corte em 18 de junho de 1787 persistindo nas mesmas ou maiores aprehensões sobre os intentos de Tipú.

Em 15 de outubro de 1787 escreve o emissario: = « Naná « Fodnis (primeiro ministro da corte de Punem) me disse que « elle tinha por noticia certa que Tipú tinha mandado mais quin« ze mil homens, alguma cavallaria, e artilharia, e já passado « para cá o rio Tuncabadra, e que era contra os dominios de « Goa, e disse que o dizia com certeza, recommendando-me para « eu o participar logo, a fim de haver tempo de se prevenir, e « acautellar = »

Apezar destas demonstrações de amizade receiou o nosso governador que se tramasse alguma alliança entre o Marata e Tipú em nosso damno, supposta a paz ajustada entre ambos, e a tomada de Quitur, que Tipú executará depois daquella paz, achandose a fortaleza guarnecida de tropa marata, sem a corte de Punem se mostrar sentida ou escandalisada desta acção. Por isso recommendou o governador ao emissario em Punem por carta de 20 de outubro de 1787 que vigiasse muito attentamente os movimentos daquella corte, e tratasse por todos os meios de a desviar da alliança de Tipú; alliança que todavia não chegou a ter effeito.

Maior cuidado deu a alliança de Tipú com os Francezes, que ainda a esse tempo forcejavam por sustentar o seu poder na India. O nosso emissario em Punem Narana Sinay Dumó em carta de 30 de setembro de 1787 ao secretario do Estado, avisou que entre os Francezes e Tipú estava formado pacto para a conquista de Goa. Chegára este segredo ao seu conhecimento por um frade chamado Fr. Joaquim de St.° Antonio, que fora de Chaul a Punem, e referira que estando elle em caza do Francez *Mutró* (assim escreve o emissario) que servia ao Marata, e achandose ahi outro Francez, chamado Ferrat, que pouco havia chegara de Goa, estando conversando na sublevação descoberta, disseram que entre os Francezes e Tipú estava ajustado uns por mar, e outro por terra, conquistar os dominios portuguezes, com condição de entregar Goa aos Francezes; que isto havia de ser executado ha tempo, porém ficou suspenso com a guerra do Marata. Perguntando o emissario ao dito frade como conversaram em sua presença, disse se achavam alegres, e com tudo se arrependeram, e mudaram de conversa. Na mesma carta avisa o emissario que por pessoas da corte de Punem soubera ter Tipú mandado seu embaixador a França.

Em carta de 15 de outubro accrescenta que tambem lhe disse uma pessoa ordinaria, que assistia em caza do enviado Francez Montigni, que este recebera carta de Quitur, escripta por Lally, general francez, dizendo que elle tinha ordem de Tipú para depois de conquistar Quitur, mandar para as partes de Goa, para o que vinha mais exercito. Esta confidencia de uma pessoa ordinaria, simples, e desinteressada nos planos politicos e militares, parece-nos de mui subido valor, e digna de todo o credito.

Recommendára o secretario do Estado de Goa ao emissario Dumó que averiguasse bem a materia da pratica que dizia tiveram os Francezes na presença de Fr. Joaquim de St.º Antonio, porque nenhuma cousa destas se devia ter á primeira vista por indigna de attenção; em cuja execução respondeu em 20 de janeiro de 1788 que por suas averiguações alcançara mais neste particular que o proprio Montigni disséra que na conferencia havida entre o governador de Pondichery e Tipú Sultão, entre outros capitulos, um delles da parte de Tipú Sultão era de darem os Francezes 25 mil homens brancos ao serviço delle, mas que os Francezes acceitaram dar somente doze mil homens; e uma das condições da parte dos Francezes era Tipú Sultão conquistar Goa, e entrega-la a elles; o que com effeito acceitou o dito Tipú Sultão, com declaração de os Francezes o ajudarem na dita conquista, e della só entregar aos mesmos Francezes o porto, e ficar com as mais jurisdições portuguezas elle dito Tipú Sultão. O porto de Goa aqui manifestamente significa as provincias antigas portuguezas, Ilhas, Salcete e Bardez, cujas extremidades formam o porto.

Continua o emissario dizendo que o referido ajuste havido entre Tipú Sultão e o governador de Pondichery fora para confirmar a França, onde o dito Tipú tinha enviado tres embaixadores, para um supprir a falta do outro, tendo o dito governador de Pondichery antes de partirem aquelles embaixadores dado parte á sua corte de todo o referido. Diz mais que a conquista de Quitur fora emprehendida por Tipú para disfarçar a pretenção que tinha então de descer para baixo, o que não poude executar por causa do descobrimento da sublevação, que perturbou o plano do conluio: que as tropas que tinham vindo a Quitur, não eram ainda recolhidas a Seringapatão, capital do Tipú, e estavam dividididas por quatro partes, a saber, Copol, Jazendragoddo, Badarbandda, e Daruár, o que era tambem para disfarçar, por não haver desistido da pretenção: que Tipú se achava em Seringapatão com suas tropas alojadas alli, e nas visinhanças. Dá a entender o emissario que tudo isto sabe pela mesma pessoa referida na outra carta, o que presta a estas noticias o mesmo gráo de plausibilidade que ás antecedentes.

Escrevendo á corte o governador Francisco da Cunha e Menezes no 1.º de fevereiro de 1788 mostra-se tranquillo, e dá graças á divina providencia de se não verificarem as suas conjecturas de invasão do Tipú, as quaes até eram augmentadas por um aviso que recebeu do nosso agente em Bombaim; mas agora sabia que Tipú Sultão, depois de haver tomado Quitur e sua jurisdição, e de haver arrasado aquella praça, não chegára a marchar sobre Belgão, conforme se dizia que intentava; e Mr. Montigni lhe avisava que tinha a maior parte das suas forças nos Gates sobre Madrasta, um menor corpo em Adoni, e outro mais pequeno nas visinhanças de Tamandará: parecendo ao nosso governador que a causa desta posição das tropas do dito Nababo nascia do receio que tinha dos consideraveis armamentos e grande exercito, que formavam os Inglezes em Madrasta, como por carta de 21 de junho do anno passado lhe referia Jose Ribeiro de Macedo, negociante portuguez intelligente, residente naquella cidade, socio de cazas principaes de negocio em Bombaim; que Tipú suspeitava que os Inglezes tinham contra elle alguns projectos, e se preparavam de antemão para o atacarem antes de ser soccorrido pelos Francezes, com quem o dito Tipú estreitava cada vez mais a sua amizade, usando para com El Rey de França de uma generosidade bem impropria dos costumes asiaticos, como não querer receber pagamento dos supprimentos, que fizera á nação franceza na India por espaço de toda a guerra, que diziam montavam em dous milhões de rupias. Confirma o governador nesta sua carta ter Tipú mandado tres embaixadores a França.

Se comtudo os receios de governador se haviam moderado com estas novas, não se haviam de todo dissipado, por quanto ainda em 11 de fevereiro de 1788 mandou recolher as nossas tropas, que tinham saido para fora do Estado em soccorro do Bounsuló contra o Rajá de Colapur, lembrando-se de que não obstante os armamentos dos Inglezes, e a estada de Tipú em Patane, poderia este talvez querer-se aproveitar da opportunidade do tempo, para intentar alguma usurpação nas nossas provincias, principalmente na de Pondá.

O secretario d'Estado Martinho de Mello e Castro achou justificados os receios do governador, e respondendo á carta deste do 1.° de fevereiro de 1788 em outra de 28 de janeiro de 1789 diz = « As noticias que V. S. dá na sua carta do 1.° de feve-
« reiro do anno passado dos passos e movimentos de Tipú Sultão,
« e muito particularmente o que consta da carta escrita de Pu-
« nem ao desembargador secretario do Estado nos devem fazer
« recear que effectivamente haja entre aquelle regulo e os Fran-
« cezes alguns projectos que se dirijão contra nós. Os embaixa-
« dores que Tipú Sultão mandou a Paris, a boa recepção que
« alli tiverão, e a novidade de semelhante embaixada indicão al-
« gum negocio importante, e augmentão a nossa suspeita. O uni-
« co meio que temos de evitar o perigo que nos ameaça, he pôr
« esses dominios no melhor estado de defensa, quanto o permit-
« tem as possibilidades da real fazenda. Com este fim depois da
« expedição do navio de viagem do anno passado se remetteu a
« V. S. hum bom socorro de gente e officiaes pelo navio *Cam-*
« *pelos*, que partiu daqui em julho passado, e presentemente em-
« barcão neste navio de viagem os que constão da relação, que
« remetterei a V. S. em outra carta, e se for possivel expedir-
« se este anno outro navio, por elle hirá a mais gente que se
« puder ajuntar. = »

Não eram porém os limitados socorros enviados de Portugal que nos haviam pôr a salvo de qualquer invasão de Tipú, ou só, ou acompanhado dos Francezes.

No desejo de nos certificar-mos do que haveria de verdade nestes boatos de alliança de Tipú com os Francezes para o fim da conquista de Goa, recorremos ao conservador da bibliotheca publica de Pondichery, á qual estam annexos os archivos antigos do governo francez na India; e quiz a nossa dita que fossemos achar naquelle posto a Mr. de Gacon, já nosso conhecido aqui em Goa, onde estivera no anno de 1862, o qual nos fez a fineza de transmittir mui curiosos apontamentos relativos ás negociações daquelle tempo. Verdade he que Mr. de Gacon, dando-se, por nos servir, ao trabalho de consultar a correspondencia official da epocha entre o governo francez da India, e a corte de Versailles, não achou menção alguma escripta de concerto entre Tipú e os Francezes tocante ás possessões portuguezas; mas achou um projecto de Tratado de commercio formado no mesmo anno de 1787 com Tipú; projecto que sem duvida ministrou o pretexto, com que foram a França os embaixadores de Tipú: e não sendo crivel que um simples tratado de commercio obrigasse aquelle Nababo a tão extraordinario apparato diplomatico; devia sem duvida haver outras proposições, que não convinha lançar em escripto, e que aquelles embaixadores fossem tratar em pessoa. Que taes proposições fossem relativas á conquista de Goa, parece evidente, por serem as que se divulgaram, e os Francezes dispersos na India, e os de Pondichery annunciavam nas suas palestras.

Nem o tratado de commercio chegou a ter effeito, nem tão pouco receberam assentimento de Versailles quaesquer proposições sobre a conquista de Goa; mas informa-nos o mesmo Mr. de Gacon, que ha uma mui extensa instrucção do marechal de Castries a Mr. de Souiilac, governador de Pondichery, do mesmo anno de 1787, na qual o ministro estabelece qual deva ser o procedimento do governo de Pondichery para com os princepes Indianos, e especialmente para com Tipú, que recommenda se trate com deferencia, e o entretenham com projectos vagos, sem em cousa alguma se comprometterem com elle. Ajusta-se com esta instrucção a consideração de que era a conquista de Goa, por que tanto anhelavam os Francezes da India, um desses projectos vagos, que não convinha contradizer a Tipú, e que para evitar comprommettimento não foi reduzido a escripto.

Se a conquista de Goa não entrou seriamente nos pensamentos do governo de Versailles, entrou desde Dupleix nos do governo de Pondichery, e se perpetuou como gloriosa aspiração entre os Francezes aventureiros na India, e entre os proprios governantes de Pondichery. He curiosa a citação, que Mr. de Gacon nos transmitte de um passo da *Histoire de l'Inde ancienne et moderne* por Collin de Bar, que diz assim: = « Il est vrai que la Com-
« pagnie ne devait jouir des quatre Circars qu'autant qu'elle en-
« tretiendrait au service du Souba un nombre de troupes déter-
« miné, mais un tel engagement ne pouvait borner l'ambition
« de Dupleix, ni arrêter l'éxecution de ses vastes projets de con-
« quête; il meditait de se faire céder Goa, capitale des posses-
« sions portugaises, et de s'emparer ensuite de cet immense
« triangle qui est entre cette ville, Muzilapatan et le Cap Como-
« rin; mais ce n'était là que de brillantes chimères: le cabinet
« de Versailles et la Direction de la Compagnie n'étaient pas ca-

« pables d'adopter de si grands vues, ni de suivre une détermi-
« nation ferme et invariable. La cour de France d'abord char-
« mée des succès de Dupleix l'avait recompensé et encouragé en
« le créant Marquis, et en le décorant du cordon rouge, mais
« elle fut effrayée ensuite des vastes projets de ce gouverneur
« général d'l'Inde, elle le laissa incertain, elle ne lui envoya au-
« cun nouveau secours, elle lui prescrit même de renoncer à la
« nababie du Carnatic. — »

Com razão pois se temia o governo de Goa dos planos dos Francezes, que sendo notorios, serviam tambem aos conjurados para regular certas eventualidades dos seus. Seria bastante para despersuadir o governador de Goa destes temores a cordial correspondencia, que ao tempo que se tramava a conjuração corria entre elle e o enviado de França em Punem, chegando até este a dar ao governador os parabens de haver descoberto a tempo a conjuração? (*Doc.* n.° 55). Não nos parece que fosse seguro. A diplomacia obriga ás vezes a semelhantes disfarces. Por outra parte ignorava tambem o nosso governador o que hoje he manifesto pelos documentos de Pondichery, e Mr. de Gacon nos communica, isto he, que a correspondencia de 1786 e 1787 entre o governo de Versailles e o de Pondichery falla de frequentes contrariedades, que Tipú suscitava secretamente aos Francezes nas suas operações commerciaes, e que nella toda transpira acrimonia entre Tipú e o gabinete de Versailles.

Mas a falta de cooperação dos Francezes não era bastante para Tipú desistir da invasão e conquista de Goa; foi uma nova disposição dos negocios da India que o obrigou a procurar a conservação do seu poder em regiões remotas dos nossos dominios, o distrahiu por então, e impediu no futuro de volver ao pensamento de conquista-los.

Os Inglezes haviam tratado com o pequeno Rajá de Cherika, na costa de Malabar, tributario de Tipú Sultão, tomar-lhe de arrendamento os direitos da alfandega de Talicheira, porto dos estados do dito Rajá. Por effeito deste contrato, e de varios emprestimos e subsidios, que os Inglezes haviam conferido ao Rajá, levantou-se entre este e aquelles uma embrulhada questão de contas; e tendo os Inglezes recorrido a Tipú para obrigar o seu vassalo a ajusta-las, o Nababo, ou por não poder, ou por não querer, não resolvia o negocio, que ficou por algum tempo suspenso. Estando as cousas assim, Tipú nos primeiros mezes de 1788 desceu os Gates á frente de um exercito, com o pretexto de visitar os seus dominios na costa do Malabar.

Antes de marchar de Calicut para Palacatcherry, aos 8 de maio, dirigiu uma carta ao commandante inglez de Talicheira, declarando que o Rajá de Cherika já pagara toda a divida, e ao mesmo tempo escrevia o dito Rajá que os Inglezes lhe eram ainda devedores de um laque de rupias.

O Rajá de Travancor ficou tambem cheio de susto pela descida de Tipú com o exercito, pois era este Rajá o unico potentado visinho dos dominios de Tipú, que desta banda dos Gates havia até então escapado de ser absorvido e devorado por elle, e unico que se interpunha e obstava a que os seus dominios se extendessem sem interrupção entre a fronteira Marata e o Cabo Camorim, e ficassem em contacto com Tinevelly, parte a mais distante e mais mal defendida das possessões inglezas em Coromandel.

Nos mesmos perigos de Travancor, ou ainda maiores se achava o Rajá de Cochim, posto que prestasse a Tipú preito de vassalo; mas por em quanto, no anno de 1788 não houve rompimento de hostilidades. (Vid. *The History of British India* by James Mill, vol. V. pag. 230 e seguintes).

De tudo isto andava bem informado o nosso governador, que escrevendo á corte em 28 de novembro de 1788, dizia; = « Ti-
« pú Sultan pelo mez de maio pouco mais ou menos deceu a Ca-
« licut, visitou as suas terras de beiramar, e intentou fazer guerra
« ao Rey de Travancor, donde se retirou, e dizem que com per-
« ca: conserva-se em Patane, e tem presentemente junto algu-
« ma gente em Quitur. Os Inglezes recearão-se bem de que o
« Tipú atacasse Talacheira, quando visitou os seus portos, e pu-
« zerão por essa causa a dita praça em bom estado de defensa,
« mas o dito Nababo se retirou sem lhe fazer hostilidade algu-
« ma, = »

No anno seguinte de 1789 Tipú Sultão não se conteve que não invadisse o territorio de Cochim e Travancor, e não sitiasse Talicheira, e em 1790 houve formal rompimento de guerra entre elle e os Inglezes, que durou até 1792 (Vid. Mill, *loc. cit.*) Foi desde então que cessou entre nós o receio da invasão de Tipú, que de mais a mais já não podia contar com o auxilio de França, a que a nova revolução não permittia distrahir o seu poder para empresas tão longinquas.

Mas com a França, ou sem ella, não fica menos verdadeiro

que a conquista de Goa entrasse por esse tempo nos planos de Tipú, e que os conjurados tratassem de os aproveitar para o fim de expellir os Portuguezes, ou coadjuvando-o na invasão, que se julgava proxima e imminente, ou rompendo o primeiro grito por acto proprio, e chamando Tipú em seu auxilio. Parece ter sido esta ultima resolução, posto que mais arriscada, a preferida pelos conjurados em certo momento, pois que do processo consta que para aquelle rompimento fora assignalado o dia 10 de agosto. O maior risco ficaria assim compensado com a esperança de tratarem a Tipú mais como auxiliar e alliado, que como dominante e conquistador. Não se pode porém suppôr que em tão vã esperança livrassem os conjurados o seu futuro. Por qualquer modo que Tipú entrasse, era forçoso reconhecer nelle o arbitro supremo.

Tudo conspira a reforçar o pensamento da infallivel intervenção de Tipú. Alem das noticias que vieram de Punem, por varias vias, e de Bombaim sobre os seus planos de conquista, recordemo-nos das que vieram de Lisboa acerca de Joaquim Antonio Vicente, que iniciado na conjuração tinha pressa de regressar á India para entrar no serviço de Tipú, e se deliberára a passar por França para praticar com cs embaixadores do mesmo Tipú, que então alli se achavam; recordemo-nos que o mesmo Joaquim Antonio Vicente vivia em Lisboa em caza de Eloy José Correa Peixoto, que na India servira a Aidar Ali Kan, pai de Tipú, e como tal devia tratar com os cabos e magnatas deste Nababo, aos quaes recommendasse o dito Joaquim Antonio; recordemo-nos de que o padre Caetano Francisco do Couto, um dos cabeças da conjuração, fora governador do bispado de Cochim, e nessa qualidade tivera occasião de crear intelligencias entre os mesmos cabos e magnatas de Tipú; recordemo-nos de que o padre José Antonio Gonçalves, outro cabeça da conjuração, ficára em Ceilão quando vinha de Lisboa para Goa, e que de Ceilão a Goa facilmente passaria ao recolher pelo Malabar no mesmo intento de intelligencias com Tipú; e para que lhe serviria o annel episcopal, que em Ponta de Galle tomou ao arcebispo de Cranganor, senão para dar mais realce a sua pessoa na communicação, que por ventura tivesse com os Malabares distinctos? em Goa por certo a ninguem enganaria; consideremos que em tempos posteriores o bispo de Cochim D. Fr. José da Soledade affirmava que o arcebispo de Cranganor D. José Cariate (já então defuncto), e o padre seu companheiro Thomaz Periamakel a esse tempo governador daquelle arcebispado, e manifesto adversario dos Portuguezes, haviam sido na viagem, que fizeram com os cabeças da conjuração, sabedores della; e como naturaes do Malabar, deviam ser bons auxiliares para as mesmas intelligencias com Tipú. A este seria tambem grato achar dentro do Estado uma parcialidade, que lhe favorecesse os intentos de conquista; se bem que não foi o descobrimento da conjuração, e a consequente impotencia, a que aquella parcialidade ficou reduzida para lhe prestar o esperado auxilio, que o demoveu de taes intentos; foi sim, como está dito, a necessidade de acudir á conservação do já ganhado, e a variedade de successos, que se foram encadeando com o andar do tempo.

O dominio de Tipú, do Marata, ou de qualquer potentado indiano não repugnava aos indigenas christãos de Goa, mórmente aos da casta bramane; não sendo até raro que no serviço desses potentados se vissem Portuguezes de Europa, ou nascidos na India. Se Tipú incorporasse nas suas conquistas o Estado Portuguez, os officiaes militares indigenas, então ao nosso serviço, passariam logo ao daquelle novo dominante com esperança de postos e augmentos, á semelhança de outros seus compatriotas, que já lá se achavam. Dos Goanos que serviam o Marata, já ficam atraz alguns mencionados; e de uma Nota, que nos offereceu o senhor Luis Xavier Correa da Graça, se verifica que poucos annos depois da epocha, de que tratamos, isto he nos ultimos de seculo XVIII serviam o Marata como officiaes os seguintes:

Joaquim Luis Antonio Vas, general, natural de S. Mathias das Ilhas de Goa, gancar da aldea Navelim, da Piedade. Cazou com uma irmã dos Pintos de Candolim.

José Antonio Pinto, major, Francisco Caetano Pinto, major, ambos de Candolim, e irmãos dos Pintos implicados na conjuração.

José Joaquim Pinto, seu primo.

Antonio Filippe Gomes, de S. Mathias, cunhado de José Antonio Pinto.

Marcos Antonio Gonçalves, capitão, sobrinho do padre Dr. José Antonio Gonçalves.

Marinonio Gonçalves, seu irmão; falleceu de bexigas a 28 de julho de 1799.

Vicente Felippe de Frias, tenente, de Arporá, irmão de Lourenço Lino de Frias, cunhado dos Pintos.

Antonio Vicente Cabral, tenente, da Piedade, primo de Caetano Antonio Mathias Cabral, cunhado dos Pintos. Falleceu em maio de 1828 na Piedade.

Francisco Luis Vaz, sobrinho do general Vaz, de S. Mathias.

Cosme Damião de Noronha, filho de José Felippe Fernandes de Noronha, capitão e auditor do 2.º regimento de infantaria; de S. Mathias. Falleceu de bexigas em 1795.

Gilvito Felippe de Sá, da Piedade, irmão do advogado Marcos Ignacio de Sá.

Com razão adverte o senhor Correa da Graça que todos estes Goanos, officiaes do Marata, eram ligados entre si com relações tão proximas, que constituiam uma familia; o que novamente prova que a propensão para a vida militar era limitada a um pequeno circulo.

Quanto aos clerigos, mais difficil parecerá explicar em que achariam vantajoso o dominio de Tipú; mas sendo por este regulo tolerada a religião christã, permaneceriam na anterior situação os que regiam as parochias, ou missões; ao mesmo tempo que os cabeças, que aspiravam ás mitras, fariam valer em Roma as suas qualidades, e receberiam titulos de bispos e vigarios apostolicos em districtos novamente creados. Supposta agora a precaria, e mui arriscada conservação dos bispos portuguezes na India, a nomeação de vigarios apostolicos indigenas seria para Roma expediente muito mais comezinho, do que o fora em tempos anteriores, á face de nossos bispos, defendidos e sustentados ao abrigo da protecção portugueza; tempos, nos quaes todavia dera Roma disso numerosos exemplos.

Suppondo por outra parte que a conquista de Goa se repartia entre Francezes e Tipú, na fórma apontada de Punem, passaria para a coroa de França o padroado, de que a de Portugal se veria privada, e não seria aquella coroa tão ingrata que não impetrasse a dignidade episcopal para os padres, que lhe preparassem o caminho da conquista, ou lhe offerecessem os seus serviços; ao menos he isto o que devemos suppôr que elles esperassem, não contando, como ninguem contava, com a revolução franceza tanto á porta.

E assim finalmente podemos dar por assentado que era Tipú o eixo, sobre que giravam os planos dos conjurados; eixo tão fragil como a experiencia mostrou, e o discurso, se fora liberto de paixão, devera mostrar de antemão áquelles homens, que inconsiderada e levianamente architectaram empresa, que só por um conjuncto de milagrosas contingencias poderia surtir o desejado effeito.

X

EXAME DO QUE SE TEM ESCRIPTO ACERCA DA CONJURAÇÃO.

Por meio seculo se transmittiu á puridade entre as familias indigenas de Goa a tradicção dos successos da conjuração, não se atrevendo entre ellas ninguem a trazer a publico negocio tão melindroso de confessar-se, como de negar-se.

Mas no cabo daquelle periodo veio a liberdade de imprensa, que facultou a todos exprimir desafogadamente suas opiniões, ou sinceras, ou affectadas; e de então para cá notam-se entre os filhos da India dous systemas historicos quanto á referida conjuração.

Uns negam com fundamentos menos solidos a existencia della, dão por calumniosa a accusação, por tyrannia os castigos e prisões, e por innocentes, e *martyres do despotismo* os condemnados, e encarcerados.

Outros, sem saber porque, dão com ufania por provada a conjuração; inventa-la-hião até, se fosse necessario, e applaudindo a lembrança de sacudir o jugo do dominante intruso, canonisam os condemnados por *martyres da liberdade*.

O 1.º systema, segundo podemos alcançar, estreou-se em letra redonda na *Refutação Analytica do Manifesto do Governo Provisional*, impressa em Bombaim no anno de 1835. Este escripto foi ordenado por Antonio Simeão Pereira, natural de S. Pedro de Panelim, redactor do *Pregoeiro da Liberdade* (em Bombaim), coadjuvado algum tanto por Luis Caetano de Menezes, natural da Ilha de Divar, ou Piedade, redactor que foi depois da *Abelha de Bombaim*. E ainda que o juiz de direito José Joaquim Durães, n'uma correspondencia publicada no *Boletim do Governo do Estado da India*, n.º 21, de 12 de abril de 1839, tire toda a paternidade ao redactor do *Pregoeiro* para a dar a Luis Caetano de Menezes, foi sem duvida o desejo de deprimir aquelle redactor, e a paixão que contra elle sentia, quem lhe poz na penna estas palavras:

« == Dizem alguns que (a *Refutação Analytica*) he obra do

« Pregoeiro; custa-me porém a acreditar que d'hum tal bestunto « sahisse semelhante producção; inclinando-me antes á opinião « de outros que dizem ser obra do senhor Luis Caetano de Me- « nezes, a quem acho com capacidade para tanto, e para muito « mais, em quanto que o Pregoeiro he zero ao pé deste senhor.═»

Seja porém quem quer que for o auctor da *Refutação Analytica*, ahi no § VIII, fallando-se da sentença de 9 de dezembro de 1788, ha uma *Nota*, que diz:

« ═ Tão conhecida foi na corte a paixão, o rancor, e o odio, « que dictaram esta sentença, que não só foi por isso asperamen- « te reprehendido por um decreto o governador, que havia con- « sentido no processo daquelles innocentes justiçados; mas até o « arcebispo, que por julgar comprehendidos na tal imaginaria su- « blevação alguns ecclesiasticos, de accordo com o mesmo go- « vernador, os fez embarcar para Lisboa, a fim de serem punidos: « elles porém voltaram victoriosos, e com as mais positivas re- « commendações para se lhes conferirem os melhores beneficios, « e empregos que vagassem; alem de terem sido gratificados com « pensões vitalicias, como se póde ver da portaria, que se segue, « em que vem citado o aviso expedido a favor do presbytero Ma- « noel da Expectação, que todos sabem foi do numero dos ec- « clesiasticos acima referidos ═ » (A portaria he a que vai no *Doc.* n.º 9).

O leitor está agora habilitado para conhecer quão inexactas eram as informações, e conclusões do auctor da *Nota* antecedente. O governador não foi reprehendido por haver consentido no processo daquelles innocentes justiçados; e ainda que houvesse sido reprehendido, o não seria por um *Decreto*, mas por officio ou aviso do ministro em nome do imperante. O governador tendo multiplicadas denuncias da conspiração, cumpriu com sua obrigação de mandar prender os conspiradores, e entrega-los logo, como entregou, aos tribunaes a que tocava conhecer da innocencia ou culpa dos accusados. Outro dever lhe restava, que elle igualmente cumpriu, e era dar conta á corte do acontecido, e para melhor informação enviou na primeira monção a devassa no estado em que se achava; o que sendo visto, veio na volta das náos ordem de S. M. para serem os processados sentenciados, e punidos neste Estado segundo a formalidade e disposições das leis. Fez mais o governo de Lisboa; mandou esclarecimentos que mostravam haver suspeitos de ser o pensamento da conspiração já antigo, e não totalmente estranho a alguns filhos da India, estantes em Lisboa, os quaes tratou de prender, e por se acharem já ausentes os mais, só foi preso o padre Caetano Victorino de Faria.

Quanto ao arcebispo, este sendo o que recebeu a primeira denuncia, cumpriu tambem com sua obrigação reduzindo-a a auto, e enviando-a ao governador. Nada mais fez. Os ecclesiasticos presos não lhe foram entregues, não só por assim se resolver em assento da Relação, mas por virem ordens da corte para serem a ella enviados com as culpas que tivessem. Estas ordens eram dirigidas ao governador; o arcebispo não foi chamado a concorrer, nem podia oppôr-se ao cumprimento dellas. Nem foi reprehendido, nem se descobre o mais leve pretexto para ser estranhado no que obrou.

Os juizes que dictaram a sentença não podiam ser na corte suspeitos, nem tão pouco convencidos de paixão, rancor, nem odio contra os accusados, pois eram quasi todos recem-chegados á India; e he notavel que dando o auctor da *Nota* por provado que na corte se conheceu serem os taes juizes dominados de todos aquelles affectos, e os justiçados innocentes, admitta que ficassem totalmente impunes, nem ao menos fossem reprehendidos, e só viesse reprehensão, e aspera, ao governador que havia consentido no processo, que não podia impedir, e ao arcebispo que recebeu a primeira denuncia, que não podia occultar. Se os innocentes foram justiçados, a culpa toda era só dos juizes, e não do governador, não obstante ser este pelo seu cargo de regedor das justiças obrigado a assistir na Relação no acto do julgamento. Mandar instaurar processo he dever impreterivel do governo, quando perante elle apparecem accusações, ainda de muito menor gravidade.

Que diremos da segurança, com que o auctor da *Nota* nos affirma que os ecclesiasticos, que foram presos para Lisboa, voltaram victoriosos, e com as mais positivas recommendações para se lhes conferirem os melhores beneficios, e empregos, que vagassem? Os documentos, que atraz ficam, provam quão triste victoria alcançaram os pobres padres, implorando e recebendo humildes o perdão das penas, em que podessem ter incorrido. Do caso singular do padre Manoel da Expectação, que julgado innocente pelas informações desse mesmo arcebispo accusado de tiranno, ou de auxiliar da tirannia, foi mandado para a sua patria cinco annos antes dos outros padres, com a mesma pensão de

400 reis diarios, com que S. M. já em Lisboa lhe acudia; faz com notavel descuido o auctor da *Nota* uma regra geral; sendo que nem a este mesmo padre se mandaram conferir os melhores beneficios e empregos, que vagassem, por quanto só foi recommendado ao arcebispo que o fizesse restituir aos empregos, que elle tinha antes da sua prisão, ou o empregasse no serviço da igreja segundo o seu merecimento e aptidão. A declaração da innocencia do padre Manoel da Expectação, não a havendo a favor de outro algum, seria por si bastante para provar que os outros estavam em condição menos favoravel, ainda que não apparecessem os documentos, pelos quaes se lhes perdoa qualquer pena, em que podessem estar incursos; que he mui differente cousa de serem havidos por innocentes, e sairem victoriosos.

Esta *Nota* da *Refutação Analytica* foi acceita por verdade sabida, sem consideração a suas implicancias; e serviu de thema para sobre elle se comporem variações cada vez mais dissonantes do testemunho dos documentos, e da exegese natural dos factos.

Na *Noticia*, que o senhor Genezano Antonio João de Sousa, de Candolim, publicou no *Ultramar* de 18 de maio de 1865 sobre o padre Caetano Victorino de Faria, e seu filho o *Abbade Faria*, lê-se acerca do primeiro que a Rainha D. Maria 1.ª lhe dispensou uma protecção cega, fazendo-o seu confessor, e conselheiro privado; que favorecido com esta protecção voltou seu coração para Goa sua patria; que alcançou dentro em pouco tempo a demissão do governador, chamado Dom Francisco, por perseguir atrozmente os Pintos de Candolim por uma imaginada sedição; que protegeu a muitos filhos de Goa, que foram mandados á metropole para ahi serem castigados como cumplices naquella sedição; e finalmente que mandou alguns breves e indulgencias para Goa, ainda em opposição a um certo arcebispo, cujo nome o senhor Genezano não poude descobrir.

Pareceu ao senhor Genezano que era em louvor, e não em desdouro da Rainha affirmar que ella dispensava uma *protecção cega* a alguma pessoa, embora fosse o seu supposto confessor, e conselheiro privado; e houve que era pouco uma reprehensão ao governador, não se contentando com menos que dá-lo por demittido dentro em breve tempo a instancias do padre Caetano Victorino de Faria, que coitado! mal lhe chegaria o seu poder para cuidar de se libertar a si proprio do carcere dos Paulistas. Não admira porém que o senhor Genezano se persuadisse de tão estranho caso, pois como não está bem certo do nome do governador, facilmente deu assentimento á primeira falsa informação, ou tradicção que ouviu.

Era governador, como todos sabem, Francisco da Cunha e Menezes, que tomando posse a 3 de novembro de 1786, governou até 22 de maio de 1794, quasi oito annos, sendo aliás o termo ordinario do governo da India o de tres annos. E como a conjuração foi descuberta no primeiro anno do seu governo, bem manifesto fica que o que obrou acerca della lhe não abreviou o tempo, antes parece lho dilatou. Começou elle em carta ao secretario d'Estado de 15 de fevereiro de 1788 a pedir successor, allegando as continuadas indisposições, que tinha padecido depois que chegára a esta terra, com cujo ardente clima de maneira alguma se conformava a sua natureza, e declarava adiantar-se já a fazer este pedido, a fim de ser rendido logo que findasse os tres annos da sua mercê. Em 5 de março de 1789 torna a rogar se lhe mande successor, por se lhe terem aggravado com maior excesso as suas molestias neste clima. Foi depois desta instancia que o secretario d'Estado Martinho de Mello e Castro lhe respondeu em carta de 8 de maio de 1790, que presentemente não fora possivel tomar-se alguma resolução a este respeito, e Sua Magestade ficava na intelligencia do que elle governador lhe representava: ao que este replica em 5 de abril de 1791 instando por successor por a debilidade de sua saude ser cada vez mais desproporcionada ao grave peso deste governo. Respondeu o mesmo secretario d'Estado em 26 de fevereiro de 1792 que lhe participaria as reaes ordens pelo outro navio de viagem, que havia de partir para este Estado no mez de julho ou agosto desse proprio anno: ordens, que se limitaram a referir o mesmo secretario d'Estado em carta do 1.º de outubro de 1792 que alguns embaraços, que occorreram, faziam indispensavel differir este negocio para a monção de fevereiro do anno futuro, mas que ficava ao seu cuidado applicar todos os meios para que se não demorasse por mais tempo a dita nomeação.

Antes destas cartas chegarem duas novas instancias fez o governador para obter successor, a 16 de março, e 28 de setembro de 1792; sendo somente a 24 de agosto de 1793 que foi lavrada a carta regia, que encarregou da governança do Estado o tenente general Francisco Antonio da Veiga Cabral, então commandante das tropas do mesmo Estado, a quem Francisco da Cunha e

Menezes finalmente a entregou aos 22 de maio de 1794: ficando-lhe os Naturaes da India devedores de se verem equiparados aos Europeus na admissão ás companhias graduadas do regimento de artilharia, como fica indicado, e consta do *Doc.* n.° 54.

N'uma introducção, que o senhor Jacinto Caetano Barreto e Miranda faz á *Noticia* do senhor Genezano (dito n.° do *Ultramar*), acceitando por verdade o que achou na *Nota* da *Refutação Analytica*, hesita um pouco em crer nos milagres, que o senhor Genezano refere do padre Caetano Victorino de Faria a favor dos implicados na sedição de 1787: com tudo arrastado pela opinião corrente desde a *Refutação Analytica*, mas já um pouco romanceada, porque a *fama*, como diz Virgilio, *crescit eundo*; mostra-se persuadido de que os padres enviados a Lisboa para serem castigados como réos da conjuração, receberam alli optimo gasalhado, que foi triumphal sua volta a Goa, que vieram recommendações ao governo da India para serem conferidos áquelles padrés beneficios e empregos; que cairam no desagrado da metropole o governador Francisco da Cunha e Menezes, e o arcebispo D. Fr. Manoel de Santa Catharina, e ambos foram severamente reprehendidos, o primeiro por haver consentido no processo dos infelizes justiçados, e o segundo por haver concorrido para que fosse avante uma perseguição nefanda, que verteu o sangue da innocencia. Tudo isto está atraz demonstrado que passou por mui diverso modo.

O regresso victorioso dos padres, e a reprehensão ao governador e arcebispo, são igualmente affirmados n'um artigo do senhor C. R. Ernesto Alvares, que sahiu no *Almanack Popular* do senhor José Pedro da Silva Campos e Oliveira, para o anno de 1867, dando noticia do padre José Antonio Gonçalves. Em outros varios lugares se terá sem duvida repetido o mesmo sem mais fundamento que a pouca auctoridade da *Nota* da *Refutação Analytiea*, e a facilidade, com que nas cousas historicas se vão ordinariamente copiando uns escriptores aos outros.

O 2.° systema he mais moderno. Foi inventado como alavanca eleitoral, e consiste, como dissemos, em dar por provada a conspiração de 1787, e tirar della vangloria para excitar quando convem o pseudo-patriotismo das turbas rudes, já se sabe, contra o governo, mormente nas occasiões de eleições. Anda por ahi disfarçado, ou descoberto em discursos, e em artigos de periodicos, de que bastará apontar dous exemplos.

Tratava-se no anno de 1861 na provincia de Bardez de uma eleição contra o governo. Congregou-se em Guirim a 7 de junho um conclave eleitoral, em que foi orador o vigario de Parrá, que entre outras cousas disse = « E vós illustres cavalheiros descen-« dentes dos briosos, e sempre honrados Bardezanos, se quizer-« des por um pouco revolver os annaes d'antiguidade, achareis « que vossos antepassados vos legarão o brazão da honra nos « feitos das antigas camaras; recordareis que elles forão marty-« res da liberdade, suspendendo-se uns nos patibulos, outros co-« mendo o pão d'angustias nas masmorras e praças de primeira « linha; outros deportando-se para paizes estrangeiros; e outros « finalmente arcabuzados (a), cedendo as suas cabeças a serem « asteadas nas aldeas; e dizei-me depois disto a qual das comar-« cas coube esta honra e heroismo? Não he á nossa de Bardez? « Pois sendo mais que vergonhoso que no tempo presente d'illus-« tração só vivamos, e existamos para deslustrar esse grande re-« nome, ganhado por elles a troco do seu sangue, me resôlvi a « chamar-vos etc. = » Saiu o discurso nos periodicos do tempo.

N'um artigo biographico de Francisco Luis Gomes, alludindo a ter sido a sua candidatura rejeitada em certa occasião em Salcete, circulo da sua naturalidade, e ser bem acolhida em Bardez, lê-se. = « Bardez porém, liberal e patriotica; a comarca de Bardez, « donde tem sahido cardume de heroes, permitta-se-nos a ex-« pressão, para a salva-guarda dos legitimos direitos, e honra do « paiz em varias crises; Bardez, que provas sobejas tem dado da « sua dedicação civica; que tanto luctou por plantar a sagrada « arvore da liberdade, e neste intuito teve de regal-a ainda com « o sangue de seus queridos filhos; Bardez sempre temivel quan-« do se levanta, pois que quando se levanta, he como um só ho-« mem, uma só vontade, um só pensamento, uma só força; sentiu, « patriotica, a ingratidão de sua irmã de Salcete, e não podia « deixar de repara-la, de lavar a mancha, que as gerações vindou-« ras lhe exprobrariam por ventura com desdem, e eis que accor-« re, enthusiastica e pundonorosa, a salvar a honra nacional. = » (*Album Litterario*, n.º 1.º 1875). Em pouco se cifra a honra nacional na opinião do *Album*. (b)

(a) *Arcabusados*, he imaginação do orador.

(b) Entre os Charadós ha uma variante no modo de apreciar a acção dos conjurados. Se contrapoem o povo da India á classe europea, discorrem como os Redactores do *Album*; mas se pugnam pelas

Um e outro systema, ao parecer tão encontrados, procedem do mesmo principio, isto he, de um exagerado, e por consequencia fallaz amor da patria. Os auctores do primeiro fundando-se na legitimidade do poder dominante, querem salvar do labéo de traidores e rebeldes a conterraneos seus, parecendo-lhes que aquelle labéo reflectiria de algum modo sobre elles proprios, não se lembrando que o crime, ou erro de alguns não infama um povo inteiro. Os auctores do segundo partindo da legitimidade da resistencia á occupação do paiz por uma raça estrangeira, acham gloriosa e heroica a tentativa de rebellião, posto que mallograda, esquecendo-se de que não ha heroicidade nenhuma em tropeçar de illusão em illusão, em não saber proporcionar os meios aos fins, em desconhecer que quando muito sorrisse a fortuna no primeiro momento á phantasiada republica goana, ou á invasão do Tipú, quer só, quer associado aos Francezes, já então mui decaidos na India, não tardaria muito tempo a reacção dos Portuguezes, empenhados assim n'uma lucta de vida ou de morte; e se estes não podessem restituir-se do perdido, lá estava a Inglaterra, ardendo em desejos de alargar os seus dominios indianos, que não deixaria perder o lance para se apoderar do tão apetecido porto de Goa.

Mas considerados bem nas suas origens, e nos seus effeitos os dous systemas oppostos, deixa-se ver que são opiniões puramente especulativas, proprias a ministrar patheticas figuras de rhetorica para captar os applausos das multidões em occasiões opportunas, sem que por isso seus auctores, ou os que os applaudem deixem de ser depois destes desafogos tão bons cidadãos portuguezes, como de antes erão.

excellencias da sua casta sobre a dos Bramanes, então a sublevação dos Pintos he odiosa, e os Bramanes foram justamente decapitados por infieis á coroa Portugueza, conclusão que involve o protesto de fidelidade da parte dos Charadós. [Vid. *Noção originaria da India* por Mariano Mont'Alegre, papel impresso em Bombaim em 1852, a pag. 19.)

ADDITAMENTO AO CAP. VII.

Sabendo pelo *Catalogo dos Manuscriptos* da Bibliotheca publica Eborense que havia alli duas cartas do padre Caetano Victorino de Faria a D. Fr. Manoel do Cenaculo, bispo de Beja, depois arcebispo de Evora, e fundador daquella bibliotheca, procuramos haver copia dellas para ver se nos davam alguma noticia de approveitar nesta nossa *Memoria*. O bibliothecario, nosso sobrinho e amigo, Dr. Thomaz Fiel Gomes Ramalho, obtidas as licenças necessarias, promptamente nos enviou as copias pedidas, que todavia só chegaram depois de impresso o texto no lugar competente, e assim só aqui podemos dar conta do que nellas se contém.

A primeira das ditas cartas (*Doc.* n.º 56) começa por nos informar que o padre Dr. José Antonio Gonçalves, regressando de Roma a Lisboa, passára por Beja, e fora hospede do bispo, de quem recebera o agazalho e mimos, com que o insigne prelado tratava a todos, mormente aos que se applicavam ás letras.

Tomando pretexto de agradecer ao bispo aquelle favor prestado ao seu patricio e amigo, enceta o padre Caetano Victorino com elle correspondencia, cujo objecto principal era torna-lo favoravel ao plano de subtrahir as freiras de Santa Clara de Beja da obediencia do Provincial Franciscano dos Algarves, e transferi-las á jurisdicção ordinaria delle bispo. E para que este lhe não estranhasse metter-se em semelhante negocio, previne-se dizendo que lhe fora encarregado pela marqueza de Angeja em beneficio da paz e socego das ditas freiras. Como objecto secundario roga ao bispo se empenhe com certo sujeito de Beja, que denunciara por vagas á coroa duas capellas (vinculos) administradas pelas freiras, para que desistisse do pleito. O sabio prelado respondeu (Dito *Doc.* n.º 56.) quanto á mudança de jurisdição das freiras, que só deveria nessa materia dar dictame, sendo legitimamente perguntado, e que quando os superiores do mundo tomassem accordo, deveria então obrar segundo as circunstancias o pedissem, pois sabia cumprir as obrigações do seu officio. Quanto ás capellas foi mais docil; fallou a quem convinha que o fizesse; mas não lhe achando o animo disposto a renunciar ao interesse, que dos procedimentos legaes lhe podiam provir, respeitou a liberdade alheia, e deixou o negocio aos tribunaes.

Não tem data esta carta do padre Caetano Victorino, e o borrão da resposta do bispo, a ella junto, traz claro o dia e o mez, mas inintellegivel o numero do anno. Como porém sabemos que o pedre Dr. José Antonio Gonçalves saiu de Roma para Lisboa em outubro de 1782 (pag. 57), e a resposta he escripta a 27 de dezembro, podemos dar por certo que a esse mesmo anno pertence uma e outra.

Se fosse necessaria a contra-prova desta conta, diriamos que a segunda carta do padre ao bispo (Dito *Doc. n.º* 56) foi escripta muito tempo depois da primeira, não só por ser essa a significação do seu preambulo, mas porque entre ambas medeiou o espaço necessario para se requerer em Roma Breve para a isenção das freiras, ter chegado esse Breve, e queixar-se o padre Caetano Victorino da morosidade do ministerio em lhe conceder o beneplacito; que tudo se não podia accommodar em menos tempo do que todo o anno de 1783 até 3 de agosto de 1784, data da segunda carta.

Nella dá conta o padre Caetano Victorino do que tem feito na pretenção das freiras, da sanha dos frades, seus enredos e intrigas para impedir a transferencia de jurisdição, enredos e intrigas, a que o padre correspondia com as que estavam a seu alcance, resoluto a acompanhar a afflicta abbadeça até ao Calvario, não tendo duvida de morrer com ella e por ella, porque conhecia que era querida do Senhor: sem embargo do que, vendo o negocio mal seguro, envia um papel por elle composto ao bispo, para que merecendo a sua approvação, o mandasse assignar pela abbadeça, e lho fizesse remetter no correio correspondente, sem duvida, (queria dizer *sem falta*). Parece-nos que não causaria pequeno enfado ao prelado o teor desta carta, mas como abalisado mestre em pontos de methodo, e de estilo, não deixaria de surrir-se ao ler o papel da lavra do padre, e perder de todo a seriedade quando chegasse áquella recommendação da carta para que a abbadeça não mandasse papel para a Rainha, que não fosse visto pelo mesmo padre, porque os dous que foram, eram contrarios ao seu systema.

Não se descobriu resposta a esta segunda carta, com quanto devesse tê-la; e a julgarmos pela primeira, e pela notoria sizudez do bispo, devia ser tal que deixasse ao padre Caetano Victorino bem persuadido que o prelado de Beja occupava o seu grande espirito, e alto engenho com outros cuidados mui diversos dos das luctas estereis, e pouco edificantes de frades e freiras.

Poderá causar alguma admiração não conhecer o padre Caetano Victorino pessoalmente ao bispo de Beja, que sendo mestre do Principe D. José, e presidente da Mesa Censoria, só no anno de 1777 (ou talvez 1778) depois da morte d'El-Rey D. José, e demissão do marquez de Pombal, foi para o seu bispado. Considerando porém que o padre Caetano Victorino partiu para Roma em 1772 pouco depois de chegar a Lisboa, e em Roma se doutorou, necessariamente se havia de dilatar alli alguns annos; e ou recolheu a Lisboa depois da saida do bispo para Beja, ou pouco antes della, de forma que não chegou a ter occasião de travar com elle trato pessoal.

DOCUMENTOS.

DOCUMENTO N.º 1.º

Carta do Governador ao Desembargador Chanceller do Estado José Joaquim de Sequeira Magalhães e Lançóes.

Por quanto no dia 5 do presente mez pela manhã me veio denunciar Antonio Eugenio Toscano, escrivão de Aldoná, que o padre doutor José Antonio Gonçalves, ou José Felippe Gonçalves, e o padre Caetano da Silva, vigario de S. Lourenço de Linhares, tinham urdido huma sublevação no Estado para delle expulsarem os Brancos, o que mais se confirmou sendo-me trazido no mesmo dia á noute pelo coronel e governador da praça de Alorna Manoel Godinho de Mira o tenente da legião de Bardez por nome Nicoláo Luiz da Costa, que prestou no dia 6 pela manhã perante o desembargador secretario do Estado o depoimento incluso, vindo a patentear-se tudo inteiramente com os juramentos de tres clerigos, que no dito dia 6 pela manhã me foram dirigidos pelo Exm.º e Rm.º arcebispo primaz, os quaes tambem remetto a V. S.ª: por tanto attendendo a ser o caso da maior gravidade, por conter em si huma formal rebellião, e consequentemente o atroz crime de lesa magestade de primeira cabeça, tenho por ora mandado prender as pessoas que nelle se acham iniciadas, ou de que parece se pode tirar algum conhecimento, cujos nomes constam da relação inclusa, e feito aprehender todos os papeis que se lhes acharam, e vão com esta a V. S.ª; ordeno que proceda a devassa sobre este caso, servindo de escrivão della o desembargador Sebastião José Ferreira Barroco, noticiando-me aquelles réos, que se forem descobrindo, para que estes temerarios, que tão loucamente abusam das honras e mercês, com que S. Magestade os tem condecorado, recebam o devido castigo.

Deos guarde a V. S.ª. Pangim 9 de agosto de 1787.— *Francisco da Cunha e Menezes.*

Livro de Portarias, ou cartas e ordens, fl. 21.

DOCUMENTO N.º 2.

Carta do Governador D. José Pedro da Camara ao Secretario d'Estado Martinho de Mello e Castro.

Illm.º e Exm.º Senhor. Vai na náo *Madre de Deos* para essa côrte, retirando-se do serviço deste Estado Eloy José Peixoto, aquelle official, que havendo servido muitos annos ao Nababo Aydar Aly, e ao rei de Tanjeaur, e voltando a este Estado no anno de 76, eu havia empregado com o posto de capitão da legião de voluntarios reaes, como participei a V. Ex.ª na monção daquelle anno. Eu creio que se bem diga que vai descançar na sua caza em Azeitão dos incommodos que tem sentido em tanto tempo das continuas peregrinações, que tem feito na Asia, não he possivel que se accommode com o modo de vida, que acha na sua patria, muito diverso a aquelle em que está inveterado, bastantemente libertino; e nesta intelligencia me persuado que voltará logo a busca-lo, como deseja efficazmente. Aqui me consta que vai na idea a propôr a V. Ex.ª grandes projectos, compostos com apparencias vantajosas aos estabelecimentos e dominios de S. Magestade, e sei que hade figura-los com os encarecimentos mais expressivos, mas com os fundamentos pouco solidos, que logo se lhe percebem: eu só devo dizer a V. Ex.ª pelo que tenho alcançado das condições deste official, que a sua inconstancia lhe fez perder as fortunas mais interessantes que conseguiu, sem outro merecimento proprio mais que o de ser europeu e portuguez; que para o nosso serviço tem pouquissimo geito, e nenhuma sujeição; e que o seu espirito he bastantemente desinquieto.

Deos guarde a V. Ex.ª Goa 29 de dezembro de 1778.

Rubrica do governador.

Livro das *Monções*, n.º 160, fl. 65.

DOCUMENTO N.º 3.

Sentença.

Gaspar Elpideo Soares da Torre, escrivão do tribunal da 2.ª instancia desta provincia dos Estados da India etc. Certifico, que pelo guarda-mór do referido tribunal me foram apresentados huns autos com seus appensos, relativos ao procedimento, que em 1787 houve contra os europeus, residentes nestes Estados, e cujos autos pelo lapso do tempo, que tem decorrido, apresentam algumas das suas folhas em bastante ruina; e deste indicado processo, em observancia da portaria do governo provisional dos Estados da India, em nome da Rainha, e que por copia vai no fim desta certidão, extrahi a mesma na forma nella exigida, conforme ao que se pode alcançar do seu contexto, ainda que com algumas palavras consumidas pelo tempo, e debaixo desta declaração he a mesma sentença do theor seguinte:

— Acordão a fol. 195 até fol. 207 v. —

Acordão em Relação etc. Que vistos estes autos, que com o parecer do seu regedor se fizeram summarios aos réos declarados no acordão fol. 151, artigos, e razões por elles offerecidas, e culpa junta.

Mostra-se, haver-se maquinado nas ilhas, e provincias de Goa o abominavel delicto de rebellião, e alta traição, e que os réos summariados, e outros ecclesiasticos, que constam da devassa, e auto de perguntas, intentaram subtrahir todo este Estado da sujeição, obediencia, e governo da dita Senhora, destruir a forma deste, e formar huma nova republica, em que os chamados Naturaes por hum conselho de camara geral governassem, e usassem da soberania, e de todo o mero, e mixto imperio: maquinação esta, posto que por si mesma insubsistente, e incapaz de produzir pleno effeito, segundo o mesmo plano conferido, constante dos autos, com tudo sempre capaz de causar pessimas, e perniciosas consequencias, e quando neste execrando delicto verificasse réo de Lésa Magestade qualquer, que concebendo em seu entendimento ....

....

até ao presente felicissimo governo da dita Senhora os maiores, e mais benignos effeitos do paternal amor, com que os reis de Portugal sempre governaram os seus povos, e vassallos, não fazendo differença dos nascidos dentro do reino de Portugal aos das suas conquistas: mas antes especializando, e preferindo a estes nas igrejas, beneficios, e dignidades, officios, honras, e outros empregos publicos nas provincias, e terras das suas naturalidades, como se verifica de tantas, e tão repetidas reaes ordens, que se acham registadas nos archivos deste mesmo Estado, e de outros tantos factos notorios de uteis, e honradas occupações antigas, e proximamente dadas a muitos Naturaes.

Mostra-se tambem, que partindo de Lisboa no anno de 1785 os dous clerigos padre *José Antonio Gonçalves*, e padre *Caetano Francisco do Couto*, desgostosos por não haverem conseguido a alta dignidade de bispo, de que não eram dignos, por faltar-lhes as qualidades de virtude, e sciencia..................

....

povonções de todas as nações, porque sem embargo das providencias dadas por muitas leis contra os malfeitores, e os continuados castigos, com que são estes punidos pelos seus excessos, nunca deixa de haver em toda a parte hum grande numero destes perversos homens, que inquietam o socego publico, e particular de cada hum, que vive defendido á sombra da auctoridade dos seus respectivos monarchas, seus lugares-tenentes, e magistrados.

Mostrando-se especialmente a respeito deste Estado, que alguns destes malfeitores tem sido Naturaes, e que nem estes, nem os chamados Portuguezes tem deixado de ser punidos com condignas penas nos seus delictos, e provas, referindo esses factos desfigurados, e maliciosamente accrescentados pelo odio, e espirito de rebellião, de que se achavam possuidos para seduzir a outros Naturaes, amigos, e conhecidos, e faze-los entrar no mesmo. . .

Participaram primeiro o objecto da rebellião aos seus semelhantes na profissão de ecclesiastico, e pertenderam pôr de sua mão, e partido a estes, e aos vigarios, para que, como parochos, com a boa doutrina fossem misturando o veneno do desgosto, e sedição, formaram-se para esse effeito conventiculos em caza do cabeça dito padre Couto, e em outras de alguns . . . .

. . . .

ecclesiasticos, para que cada hum novamente congraçado ao partido da rebellião tratasse este negocio, como cousa commua, e propria, seduzindo outros da sua amizade, e conhecimento, e conseguiram até attrahir ao sedicioso partido alguns officiaes militares naturaes, para por elles corromper as tropas da dita Senhora.

Proferiram nestas persuasões as mais horrorosas mentiras, e temerarias proposições, affirmando não ser peccado a mesma rebellião: —que era vontade de Deos: — e que havia dispensa do Summo Pontifice com hum preceito expresso, e directamente prohibido pelo mesmo Deos; fingiram soccorro de potencia estrangeira, e terem já muitas mil armas, e grossas quantias de dinheiro, verificando-se pelo contrario que nada tinham, e que foi hum estratagema, com que aquelles dous sediciosos clerigos, e os seus socios pertenderam enganar aos que convidavam, e attrahiram ao seu partido, servindo-se até da rusticidade de alguns, para lhes introduzir estas, e outras patranhas.

Mostra-se igualmente, que esta rebellião, e alta traição não parava já em vagos, e geraes discursos, e pensamentos indeterminados, verificando-se mas antes que os principaes cabeças com os alliados, e socios haviam determinado a forma, e modo da execução, distribuindo os corpos dos rebeldes.................

....

-diam surprender as pessoas de maior auctoridade, e respeito, e os sinaes, com que ao mesmo tempo em differentes lugares havia de ser acclamada a chamada liberdade, assentando matar toda a pessoa, que não seguisse a rebellião: e destinando para a sua execução o dia 10 do mez de agosto do anno preterito, e no caso de embaraço outro algum, antes da chegada da náo de viagem, que annualmente de ordem da dita Senhora costuma vir de Lisboa para este Estado.

Estando já nestas adiantadas circumstancias, foi descoberta a rebellião, e presos os traidores na madrugada do dia 7 do mesmo mez de agosto do anno preterito. Todos estes factos, e outros muitos, que aggravam este horroroso delicto, plenamente se provam por 41 testemunhas da devassa, denuncias, e confissões, especialmente a fol. 5, e de fol. 8 até fol. 16 v., fol. 30, fol. 34, fol. 41, fol. 44 v., fol 52, e fol. 55 da devassa, fol. 27 v. fol. 40, fol. 52, fol. 61 v., e de fol. 81 até fol. 160 do 1.º appenso...

Desta rebellião, e alta traição mostra-se serem socios com qualidade de agentes, e seductores *Pedro Luiz Gonzaga, e Manoel Caetano Pinto*, e que, sendo-lhes communicada pelos ditos cabeças associaram-se ao partido, e encarregaram-se...... Legião de Pondá, em que eram..........................
Francisco Pereira, ajudante de cirurgia, como confessam estes a fol. 81, fol. 85, fol. 88, e fol. 40 do 1.º appenso, a fol. 37 v. da devassa, e finalmente por suas proprias confissões a fol. 103, e fol. 110 do 3.º appenso, ratificadas a fol. 107, e fol. 185 do mesmo appenso: procedendo estes réos na sua commissão, como outros cabeças, pelo que tocava á sua legião, da qual affirmavam ter quasi toda a seu partido, communicando aos cabeças o augmento do rebellioso partido por emissarios da mesma facção; passando o réo *Pedro Luiz Gonzaga* á aldea de Mandur a tratar com *Ignacio Caetano Lopes*, que já era do mesmo partido, a prisão de *Sebastião Dias,* cabo da sua companhia, por conhecer nelle fidelidade, e capacidade, para oppor-se á rebellião, e a conferir com o mesmo *Ignacio Caetano Lopes* o soccorro da sua companhia de Auxiliares, de que era capitão, para com ella, e os

mais corrompidos da sua legião atacarem algumas fortalezas, como confessa este co-réo a fol. 137 do 1.º appenso, e o dito *Gonzaga* a fol. 115 do 3.º appenso, e pelo que este réo mais trabalhava, nestas rebelliosas diligencias, que o seu companheiro *Pinto* verifica-se pelas confissões de ambos, serem igualmente socios nesta commissão, e ajustarem de mão commum o corromper a dita legião.

No mesmo...

Manoel Ferrão, João Vaz, David Francisco Viegas, Francisco Pereira, e *Antonio Fernandes,* cabo, porque, sendo scientes da conjuração, e para ella convidados pelos ditos tenentes, e *David Francisco Viegas,* e devendo sem perda do tempo denunciar, não só omittiram esta precisissima obrigação, inherente á qualidade de vassallo, e mais adstricta aos réos pela honrosa profissão da milicia, e religião do juramento, que prestaram de defender as bandeiras da dita Senhora, mais ainda passaram a consentir, e aceitaram o partido da rebellião, como prova-se pelas suas confissões a fol. 81, fol. 85, fol. 88, fol. 40, fol. 109 v. do 1.º appenso, que ratificaram a fol. 34, fol. 36 v., fol. 45 v., fol. 55, e fol. 38 do 3.º appenso, e das confissões dos ditos seductores a fol. 110 v, e fol. 103 do 3.º appenso.

E posto que o réo *Francisco Pereira,* ajudante de cirurgia, lembrou-se da referida obrigação, hindo no mesmo dia aconselhar-se com o padre *Francisco José de Jesus Maria,* capellão que havia sido da dita legião, como confessa este a fol. 3 da devassa: esta irregular diligencia o não escusa da culpa, por ser este crime de tal quali- ....pode entrar em duvida, nem ....
competente.

Nem tambem pode escusar ao réo *David Francisco Viegas* a sua pertinaz negativa, a fol. 117 do 1.º appenso, a fol. 12, e fol. 117 do 3.º appenso, porque, alem das provas, que resultam das confissões dos réos *Antonio Fernandes* a fol. 88, sustentadas a fol. 161 do 1.º appenso, e a fol. 56 v. do 3.º appenso nas acareações feitas com o mesmo réo, e de *Pedro Luiz Gonzaga* a fol. 110, ratificada a fol. 185 do 3.º appenso, e igualmente sustentada da 3.ª acareação a fol. 120 do 3.º appenso, tambem foi convencido, emmudecendo por algum tempo, tendo ouvido as circumstancias, e sinaes apontados pelo dito *Gonzaga* nas duas conversações, que com o réo tivera, dizendo este ultimamente, que não conservava lembrança de cousa alguma do que dizia o dito *Gonzaga*, de que elle mesmo se admirava, e que, se havia tido com elle aquellas praticas, não lembrava-se: respostas, que foram dadas antes dos tormentos, a que foi mettido, depois da referida acareação, e das quaes resulta plena prova, presuppostas as confissões dos ditos dous réos, a declaração a fol. 63 do cabeça padre *Couto*, e o depoimento do réo a fol. 37 v. da devassa, em que confessa o convite, que o dito *Gonzaga* lhes fizera, para hirem

....

Noronha a fol. 103 da devassa, pela qual se verificou haver o réo mandado dizer ao cabo *Antonio Fernandes*, que não dissesse a pessoa alguma aquella cousa, como sustenta o mesmo cabo, sem que lhe possa servir de escusa o estranho negocio, a que applica aquelle recado, e o haver sustentado nos tormentos a sua negação, que lhe foram dados sem prejuizo das provas, como consta do protesto fol. 110 do 3.° appenso.

Semelhantemente foram convidados, e abraçaram o partido de rebellião *Caetano Xavier da Costa*, cabo de esquadra, seu irmão *Miguel Antonio da Costa*, e *Sebastião Paulo de Noronha*; este réo, tendo recebido dos dous cabeças a noticia do intento da rebellião, associou-se tanto deveras, que fazendo o negocio seu, não o tratou com menos cuidado, diligencias, e actividade do que faziam os ditos cabeças: encarregando-se de fazer gente de armas, que encommendou a hum mouro, e segurou ter prompto hum partido de 100 homens, como confessa a fol. 67 do 1.° appenso, o mesmo confessa o padre *Couto*; attrahindo ao partido da rebellião outras pessoas, hi[illegible] o a Pondá, a fim de saber do dito tenente o adiantamento da rebellião daquella legião, como se. . . .

....

a fol. 159, de *Miguel Antonio da Costa*, e finalmente da sua propria confissão a fol. 122 v. do 1.° appenso, ratificada a fol. 30 v. do 3.° appenso, que posto conheça-se diminuta, e cheia de outras negativas, a fim de fazer a sua culpa menos aggravante (o que encontra-se em quasi todas as confissões destes réos), com tudo mostra-se ter este réo prestado quantos officios, e diligencias podiam caber nas forças de hum homem de tão baixa fortuna: e confesssa o cabeça padre *Couto* fol. 63. fol. 64, fol. 67, fol. 68 v. do 1. appenso: confissão esta, que tem toda a presumpção de sincera, e verdadeira assim pelo seu contexto, e narração, como porque se tem verificado certo pelas proprias confissões de quasi todos os réos, o que este cabeça de cada hum delles disse, e que foi feita em tempo, em que nenhum defeito padecia no juizo.

Quanto ao réo *Miguel Antonio da Costa*, prova-se não só pela sua confissão fol. 150 do 1.º appenso, que ratificou a fol 41 do 3.º appenso, mas tambem pela do cabeça padre *Couto* a fol. 64 do 1.º appenso, e de *Sebastião Paulo de Noronha*, seu companheiro, a fol. 122 v., que teve toda a sciencia da conjuração, associando-se a seu partido, e prestou o facto de conduzir a caza do cabeça padre *Couto*, para . . . .

. . . .

contra quem prova-se tambem a sciencia, e approvação da rebellião, como confessa a fol. 155, e ratifica a fol. 68 do 1.º e 3.º appenso, e das confissões dos réos *Sebastião Paulo de Noronha* a fol. 122 do 1.º appenso, e do tenente *Gonzaga* a fol. 110 do 3.º appenso, e do padre *Couto* a fol. 64 do 1.º appenso, onde assevera haver hido a sua caza este réo, acompanhado do dito irmão, já scientes da mesma conjuração, e que, conferindo-se entre todos, mostrou o réo grande gosto de entrar no partido, aceitando o convite de segurar a pessoa do marechal de campo, promettendo fazer o que podesse: e foi o correio, por quem o tenente *Gonzaga* avisou aos cabeças pela interposta pessoa do *Sebastião Paulo de Noronha*, de que a encommenda estava muito cara, como se verifica de suas confissões, a fol. 110.

Sendo de presumir affectação nas declarações do réo, e do dito *Gonzaga*. . . . .

. . . .

e *Salvador Alvares da Costa;* pois mostra-se que o dito *Ignacio Caetano Lopes*, sendo convidado pelo cabeça padre *Couto*, e por outro irmão deste, aceitou o partido da rebellião, e chegou a prometter o auxilio da sua companhia de Auxiliares, para atacar as fortalezas da dita Senhora, e recolher em sua caza preso o cabo *Sebastião Dias*, de quem o tenente *Gonzaga* temia-se; consta tudo da propria confissão do réo a fol. 137 do 1.º appenso, repetida a fol. 70 do 3.º appenso, e das confissões do dito *Gonzaga* a fol. 110 do 3.º appenso, e padre *Couto* a fol. 68 do 1.º appenso.

De *Bernardo de Mesquita* consta que, sendo convidado por *Sebastião Paulo de Noronha*, abraçou o partido da rebellião, e foi dar-se a conhecer, e tratar da mesma com o cabeça, dito padre *Couto* . . . . a sua caza duas vezes, como declara a fol. 68 v. do 1.º appenso, e confessa o dito *Sebastião Paulo* a fol. 122 do 1.º appenso, que conferem com a confissão do mesmo réo a fol. 133 v. do 1.º appenso, ratificada a fol. 57 do 3.º appenso.

De *José Monteiro* mostra-se, que sendo convidado pelo cabeça, o padre *José Antonio* . . . .

. . . .

Couto, e confessa este a fol. 68 do 1.º appenso, e o mesmo réo a fol. 130, que ratifica a fol. 60 do 3.º appenso. E contra *Salvador Alvares da Costa* prova-se, ser convidado para a rebellião no mez de maio de dito anno pelos cabeças, e associando-se ao partido da rebellião, deu aos ditos cabeças noticia do numero dos soldados portuguezes, que haviam no 1.º regimento, em que tivera praça de soldado, e deu informações do estado, e fortificação da praça de Rachol, como verifica-se da sua confissão fol. 101 do 1.º appenso, que ratificou a fol 40 do 3.º appenso, e confere com a do cabeça padre *Couto* a fol. 63 v. do 1.º appenso: e estava tão possuido do espirito da rebellião, que na occasião, em que por elle foi preso, arrojou-se a dizer perante o tenente, e soldado, que lhe atava as mãos, que elle soldado lhe fazia o que elles lhe haviam fazer: o que repetiu segunda vez, como consta dos seus depoimentos, a fol. 60, fol. 70 v. da devassa.

Igualmente estão comprehendidos no abominavel crime da rebellião, e alta traição, *Nicoláo Luiz da Costa*, e *Ignacio Caetano Toscano*, que sendo convidados para . . . .

. . . .

partido da rebellião, e prometteram as suas diligencias em attrahir os amigos, e conhecidos: sendo de presumir que a elles fosse comettido o corromper a legião de Bardez, em que eram tenentes, porque contando os cabeças, e seus socios com a rebellião desta legião assim como contavam com a de Pondá, por serem ambas quasi formadas de soldados naturaes, e não se mostrando que a corrupção desta legião fosse encarregada a outro algum socio do partido, he de crer que a estes réos, como officiaes della, foi commettido o corrompe-la, e attrahir ao partido da rebellião, como foi a de Pondá aos dous tenentes *Gonzaga* e *Pinto*. E por que confessão que eram perguntados por outros socios da conjuração, que gente já haviam adquirido ao seu partido, como tudo plenamente se prova pelas confissões destes réos a fol. 52, e fol. 28 do 1.º appenso, que ratificaram a fol. 66, e fol. 68 do

3.° appenso, e pelas testemunhas de vista fol. 44 v., fol. 52, e fol. 50 v. da devassa, e pela confissão do padre *Couto* a fol. 67 v. do 1.° appenso, onde declara o extravagante, e cruel meio, que proposeram estes réos de viciar-se com veneno o pão, com que havia-se municiar a tropa... ....

....

ser util a denuncia, que prestou o réo *Nicoláo Luiz da Costa*, a fol. 5, e o réo *Ignacio Caetano* pela interposta pessoa de seu irmão, *Antonio Eugenio Toscano* a fol. 34 da devassa: porque tendo elles de muito tempo plena sciencia da conjuração, circumstancias, e augmento della, fizeram suas denuncias nos dias 5, e 6 do mez de agosto do dito anno, quando já a esse tempo a mesma rebellião achava-se, não só em ordem para descobrir-se, mas tambem descoberta, e provada por hum summario de testemunhas, perguntadas no dia 3 de agosto do mesmo anno pelo vigario geral deste arcebispado, de ordem do reverendo arcebispo primaz, a quem no dia 31 de julho do dito anno foi denunciada pelo padre *Pedro Caetano José Lobo,* então vigario de Tivim: aquelle que contrariou o pensamento do cabeça padre *Gonçalves*, e dissuadiu a estes réos da rebelliosa maquinação, como verifica-se de fol. até fol. da devassa, e da attendivel attestação do reverendo arcebispo primaz, fol. 1 do 6.° appenso, que capacitado pelo dito sum.....da verdade da rebellião, e quanto esta já grassav.... zelo proprio de fiel vassallo, e pessoa...........do.......dita Senhora.......dirigiu .... deste horroroso delicto *José Luiz Guinete*, natural de Milão, *Sebastião de Noronha*, cabo das praias de Bardez, e *Manoel Luiz*, de Candolim; a respeito do réo *José Luiz* confessa o cabeça padre *Couto* a fol. 66 do 1.° appenso, que o intento desta rebellião fora-lhe communicado na mesma viagem, em que vinham todos de Lisboa para este Estado; e mostra-se mais que este réo, conhecendo em Goa o arcebispo de Cranganor, de quem era creado, pouco depois associou-se aos cabeças, e mais especialmente ao padre *José Antonio Gonçalves*, a quem acompanhava, e seguia em quasi todas as suas jornadas, assembleas, e funcções: e posto que tenha negado até nos tormentos a fol. 100 a perfeita sciencia da conspiração intentada, não he de presumir que contando os cabeças com este réo, para no tempo de sua chamada felicidade servirem-se de seus prestimos no conhecimento, que tem da agricultura, e de fazer vidros, e papel, deixassem de lhe communicar

individualmente a rebellião, confessando o réo que perante elle declamavam contra os portuguezes, e manifestavam o desgosto, em que viviam, na sujeição, e obediencia deste Esta......abrando-se da rebellião dos.......invejando a sua sorte, e proferir ....sediciosas proposições...........................
....
appenso, onde assevera que por ellas chegou a persuadir-se que os cabeças intentavam alguma cousa, e tinham algum projecto, ainda que nunca podesse verdadeiramente saber, se era para buscarem o auxilio deste, ou aquelle potentado, para moverem alguma sublevação, ou se era para passarem para as terras dos ditos potentados.

Concluindo-se desta sua confissão que tinha todo, e perfeito conhecimento da inimizade, má vontade, e perversa intenção, que os ditos cabeças tinham de offender ao Estado por qualquer modo: e residindo, e vivendo o réo nelle, devia, ainda que estrangeiro, guardar aquella fidelidade, que até o direito natural ensina, e dicta a todo o homem, que habita ainda de passagem, e como hospede, em qualquer caza á sombra da protecção, e beneficio do senhor della: fidelidade, que impõe obrigação de revelar, e descobrir-lhe qualquer mal, e damno, que souber, ou perceber, quando se lhe maquina pelas pessoas da sua familia: e obrigação, que a respeito dos Monarchas he tanto maior, quanto são mais sagrados estes Soberanos . . . dos pais de familias.

Accrescendo mais o que declara o dito cabeça a fol. 62, e repete a fol. do 1.º appenso, o depoimento do padre *Pedro Caetano* a fol...................................
coberta a conjuração, que este réo era hum dos conjurados, concorrendo mais o indicio de andar fugitivo, logo que foram executadas as prisões dos outros réos.

Contra *Sebastião de Noronha*, cabo de Praias, prova-se por sua confissão fol. 108, que ratificou a fol. 116 do 3.º appenso, e pela confissão de tenente *Toscano* a fol. 28, ratificada a fol. 62, e sustentada na acareação fol. 88 do 3.º appenso, que tudo confere com o que declara o tenente *Nicoláo Luiz da Costa*, numero 14, artigo (a) da sua chamada denuncia, fol. 5 da devassa, e fol. 52 do 1.º appenso, que este réo foi sciente da conjuração

[a] Assim se lê no impresso tanto no *Manifesto*, como na *Refutação Analytica;* mas bem se vê ser erro de copia, e que se deve ler —*no 14.º artigo.*—

antes do dia 26 de julho do dito anno, e que deixou de denuncia-la; e posto que pertenda escusar-se com a razão de não haver percebido como era a conspiração, nem della capacitar-se em termos de poder denunciar; diligencia, que fez, no empenho, que mostrou de que o dito *Toscano* lhe referisse o modo, e circumstancias da conjuração, que não conseguiu, promettendo-lhe de o fazer em outra occasião, que estivesse com mais vagar, como confessa o mesmo *Toscano*, torna-se já tambem certo que não foi communicada . . . . e modo de o convidar, e attrahir ao partido da rebellião, com tudo por sua mesma confissão verifica-se que teve noticia bastante para entender que se tratava de rebelliāo contra o Estado, e esta mesma simples noticia pelo modo, e circumstancias, que devia . . . . declarar, e denunciar ao lu . . . .

. . . .

conforme a melhor, e verdadeira opinião, desterrada como sediciosa, temeraria, e erronea a contraria; que não distinguindo o caso de denuncia judicial em forma de accusação do caso de simples manifestação em forma de aviso, pertende desobrigar o que não pode provar: obrigação, de que nem as leis dos Romanos ousam dispensar nem aos filhos, e servos a respeito dos pais e senhores, nem em outros crimes menos horrorosos, e de menos consequencias.

Quanto a *Manoel Luiz*, posto que se não prova a sciencia da conjuração, senão pela confissão fol. 62 do cabeça padre *Couto*, que segundo o direito, sendo unica, não faz prova; com tudo as circumstancias, que concorrem em abonação da verdade, com que falla o dito cabeça, como fica ponderado, e a de ser o réo seu cunhado, entre os quaes não haviam discordias, resulta prova sufficiente em delicto desta natureza, para ser o réo condemnado, ainda que tenha nas perguntas fol. 113 do 1.º appenso, a fol. 17, e fol. 102 do 3.º appenso sustentado a sua negativa.

Mostram-se finalmente comprehendidos no horrendo delicto de lesa-magestade, *Vicente de Abreu*, *Lourenço Fernandes*, vargeiros, *Felippe Fernandes*, *Victorino Vaz*, *Vicente Gomes* . . . . .

. . . .

testemunhas fol. 74, fol. 75 v., fol. 77, e fol. 78, e pelas confissões fol. 70, fol. 143, fol. 144 v., fol. 146, e fol. 150 do 1.º appenso, que o padre *José Antonio Gonçalves*, cabeça desta rebellião, na occasião, que fugia da prisão, que receava, vendo já presos os seus confederados, e até seus irmãos, fora recolhido, e escondido por diligencias do padre *Mathias Bernardo da Fonseca* em casa deste réo, onde estivera occulto 3 dias; e confessando o réo este facto na confissão fol. 1 do 1.º appenso, que ratificou a fol. 43 do 3.º appenso, he inverosimil que deixasse de saber o motivo da fugida, e occultação, tendo causado neste Estado admiração grande as muitas prisões, que com a melhor direcção foram mandadas executar ao mesmo tempo em differentes lugares: sendo ao mesmo passo impedidas as estradas, e caminhos para fóra do Estado: movimentos, que não foram occultos ao réo, como nem as prisões até dos irmãos do dito cabeça, como igualmente confessa o réo: sendo a maior parte destas prisões feitas. . . . . em que . . . . fóra do Estado.

Accresce em culpa ao mesmo réo as diligencias, e officios, que prestou a favor desta causa, convidando os begarins, que acompanharam para fóra do Estado o dito cabeça, e obri . . . . provada pelas confissões dos tres begarins fol. 143, fol. 116 v., e fol. 150, do 1.º appenso, e sustentadas na acareação fol. 44 v. do 3.º appenso: e não pode escusar ao réo da pena, haver vencido na tortura executada sem prejuizo das provas, como consta a fol. 123 do 3.º appenso.

Contra o réo *Lourenço Fernandes*, servente do dito padre *Mathias Bernardo da Fonseca*, prova-se por sua confissão fol. 144 v. do 1.º appenso, que ratificou a fol. 52 do 3.º appenso, e pelas confissões fol. 71, e fol. 1 do 1.º appenso, que por mandato do dito padre fora chamar ao réo *Vicente de Abreu* á casa vasia immediata á sua, em que na primeira noute do dia 7 dormiu o cabeça fugitivo, acompanhando-o este réo até a dita casa, em que soube esteve demorado até o dia 11, em que fugiu para fora do Estado: e não podendo ignorar o réo a este tempo a causa da fugida do dito padre *Gonçalves*, e que era o cabeça da rebellião já então publica, e notoria a todos, como mais se prova fol. 86, e fol. da devassa.

Esta mesma. . . . . . . .se presume, terem os tres réos *Filippe Fernandes*, e. . . . . 1.º appenso, que ratificaram a fol. 49, fol. 47 v., fol. 51 do 3.º appenso, que conduziram o dito cabeça da rebellião, sahindo alta noite da ilha de Chorão para Mahem, e passando para Azerem, do dominio da côrte de Punem, por caminhos fóra das métas; bastava este modo occulto, receoso, e fugitivo, para conhecerem que aquelle padre era hum dos traidores, que intentavam contra o Estado a rebellião já publica, e notoria no dia 11, como fica ponderado: como tambem os muitos clerigos, e seculares já então presos.

Sendo certo que não podiam, nem deviam ignorar que obravam hum facto prohibido, e criminoso, só por auxiliarem, e conduzirem para fora do Estado qualquer pessoa fugitiva, devendo por tudo ser punidos.

Igual presumpção resulta contra o réo *Michael Silvestre*, estudante, pela companhia, que fez ao dito cabeça do lugar de Guirim até a ilha de Chorão no dito dia 7 de agosto, quando já vinha fugitivo, e receoso, affastando-se dos caminhos, e em habitos seculares: modos estes, que logo fazem capacitar que he criminoso, e mais porque confessa o réo que só sabia que era o dito padre procurado para ser preso pelo que lhe disse este, e pelo mesmo que presenciou, ou fez publico na freguezia de Pilerne; e sabendo que esta diligencia era........ não podia capacitar-se de que a prisão........ ordem do seu prelado; accrescendo o que . . . . . . confessa que nos dias 8, e 9 fôra a caza . . . . . .
. . . .
e que o dito padre era o principal cabeça, sem que o possa escusar da pena a simplicidade, que mostra na occasião das perguntas, porque por suas respostas conhece-se que tem entendimento necessario para comprehender, e discorrer sobre a gravidade de hum tão execrando delicto: prova-se tudo por sua confissão fol. 79, ratificada a fol, 92, e dos réos fol. 70, fol. 1, e fol. 144 v. do 1.º e 4.º appenso.

Quanto a *João de Sousa* de Onor, como o réo *Sebastião Paulo de Noronha*, que confessa haver-lhe encommendado 25, ou 50 marinheiros, declara haver-lhe dito que eram estes para suas embarcações, do que este réo justamente podia capacitar-se, por ter o dito *Sebastião* esse trafico, como prova-se a fol. 2 do 4.º appenso, fica não resultando contra o mesmo réo prova alguma, de que fosse sciente da conjuração.

O que tudo visto, e o mais dos autos, condemnão aos réos *Pedro Luiz Gonzaga*, e *Manoel Caetano Pinto*, a que com baraço, e pregão sejam levados arrastados a caudas de cavallos pelas ruas publicas desta cidade até o lugar das forcas, que serão levantadas, e a que nellas morram morte natural para sempre, e que em vida lhes sejam decepadas ambas as mãos, e depois de mortos as cabeças em cada...........................

....

consuma, e que seus corpos sejam feitos em quartos, e pendentes em outros altos postes fiquem expostos até que tambem o tempo os consuma pelos lugares publicos das ilhas de Goa, e provincias de Salcete, e Bardez; e assignam especialmente as aldeas de Candolim, Nerul, donde são naturaes, as aldeas de Pilerne, Piedade, Mandur, e Nagoá.

Aos réos *Nicoláo Luiz da Costa, Ignacio Caetano Toscano, Salvador Alvares da Costa, Ignacio Caetano Lopes, Bernardo de Mesquita, José Monteiro, Balthazar Caeiro, Manoel Ferrão, Antonio Fernandes, João Vaz, Miguel Antonio da Costa, Caetano Xavier da Costa*, e *David Francisco Viegas*, condemnam a que com baraço, e pregão sejam levados ao lugar das mesmas forcas, em que morrerão morte natural para sempre; e cortadas as cabeças depois de mortos, sejam estas pregadas em postes levantados pelos lugares, donde são naturaes; e que aos dous réos *David Francisco Viegas*, e *Caetano Xavier da Costa*, sejam em vida decepadas as mãos, e pregadas nos mesmos postes, em que forem as suas cabeças, até que o tempo consuma a todas.

E condemnam mais a todos os réos em confiscação de todos os seus bens para...............................
cabeça, e por infames para sempre sua memoria, seus filhos, e netos.

Ao réo *José Luiz Guineti*, natural de Milão, condemnam a que com baraço, e pregão seja açoutado pelas ruas publicas desta cidade, e vá degradado para servir nas galés de Angola por toda a vida.

Ao réo *Sebastião de Noronha*, condemnam a que com baraço, e pregão seja açoutado pelas ruas desta cidade, e vá degradado por toda a vida para Benguela.

Nas mesmas penas de açoutes com baraço e pregão pelas ruas, e degredo por 10 annos, condemnam aos réos *Vicente de Abreu*, para os Rios de Sena, e *Francisco Pereira* para Moçambique.

E a todos os sobreditos réos degradados condemnam mais no perdimento de todos os seus bens para o fisco, e camara real: e lhes será intimada comminação de morte natural, se tornarem a ser vistos em qualquer praça, ilha, provincia, ou lugar do Estado, e capitania geral de Goa, de que assignarão termo.

Aos réos *Felippe Fernandes, Victorino Vaz*, e . . . . . condemnam tambem. . . . . baraço, e pregão pelas ruas . . . . degredo por . . . . galés de Goa; e nas mesmas penas . . . . .prisão, e galés . , ... *Lourenço Fernandes*, e a cada hum destes . . . . . . .centos xerafins para as despesas da . . . . da Relação.

Ao réo *João de Sousa*, de Onor, o absolvem da culpa, por que foi accusado; e paguem os condemnados as custas.

E quanto ao réo *Sebastião Paulo de Noronha*, fallecido na prisão, depois de lhe ser feito summario, e dado lugar para por seu defensor dizer da sua defesa de facto, e de direito, o declaram traidor, incurso no crime de lesa-magestade da primeira cabeça; e por isso infames para sempre a sua memoria, seus filhos, e netos, e perdidos todos os seus bens para o fisco, e camara real.

E mandam que os réos, que não vão condemnados em morte natural, sejam tambem levados ao lugar das forcas, e cadafalso, onde estarão presentes até o fim da execução.

E pelo que respeita ao réo fallecido na prisão, e aos ausentes, mandam se proceda na forma de direito. Goa 9 de dezembro de 1788 annos—Com huma rubrica.—*Rocha—Amaral—Tavares—Teixeira*.—Fui presente, *Barroco*.

Não se continha mais em a dita sentença, que fielmente aqui copiei, á excepção do que não pude colligir, em razão de estarem de todo consumidas as letras, e outras rasgadas, o que vai notado com pontinhos; de que dou minha fé, e ao mesmo processo me reporto, sendo necessario. Pangim 10 de abril de 1835.—Dito escrivão a fiz, e assignei.—*Gaspar Elpidio Soares da Torre.*

N.° 90—Sendo necessaria a este governo copia authentica da sentença, proferida sobre os acontecimentos contra os Europeus em 1787, espera o mesmo governo que V. S.ª mandando-a extrahir por duas vias, lha remetta com a possivel brevidade. Deos guarde a V. S.ª Palacio do governo 31 de março de 1835.—*João Casimiro Pereira da Rocha de Vasconcellos*, presidente—*Manoel José Ribeiro.—Fr. Constantino de Santa Rita.*—Illm.° Sr. *Manoel Filicissimo Louzada de Araujo de Azevedo*, presidente da Relação deste Estado.

O cumpra-se.

O guarda-mór faça immediatamente extrahir a certidão aqui ordenada.—Ribandar 31 de março de 1835.=*Louzada de Araujo.* Está conforme: Pangim 31 de março de 1835.—*Antonio Feliciano de Faria Picão.*

N. B.

A sentença fallando de *Sebastião de Noronha* (pag. 12), chama-lhe— cabo das praias de Bardez — mas na ordem que o governador dirigiu em 7 de agosto de 1787 ao marechal de campo Francisco Antonio da Veiga Cabral, commandante da provincia de Salcete, he diz: « = como entre os iniciados do dito de-
« licto he hum delles *Sebastião de Noronha,* cazado, e morador
« na aldea de Nagoá, que partiu para essa provincia hontem, ou
« antes de hontem; ordeno a V. S.ª que com a maior presteza
« o mande prender, logo que receber esta, ou na dita aldea, ou
« nessa praça, conforme a informação que tiver da sua existen-
« cia etc.= »: pelo que dissemos no texto ser Sebastião de Noronha—cabo das praias de Salcete—. Resta-nos todavia alguma duvida á vista de outros documentos sobre se este homem de Salcete era *Sebastião de Noronha*, ou *Sebastião Paulo de Noronha*, que a sentença distingue na culpa e na pena. Se ha engano ou confusão sobre as qualidades dos dous *Noronhas*, pouco importante he para a historia da conjuração.

DOCUMENTO N.º 4.

Conta do Governador Francisco da Cunha e Menezes a Sua Magestade.

Senhora. Ponho na real presença de V. Magestade as memorias annuaes dos factos e casos mais notaveis e dignos de historia, que os Senados das camaras desta cidade, e da provincia de Bardez me apresentaram na conformidade da ordem de V. Magestade de 20 de julho de 1782.

A muito alta e muito poderosa real pessoa de V. Magestade guarde Deos felicissimos annos. Goa 24 de março de 1789.

Livro das *Monções*, n.º 170, fl. 21.

Assento e memoria do Senado da camara de Goa.

Aos 28 de fevereiro de 1789 sendo juntos em mesa o presidente, vereadores, e mais officiaes, comigo José Pereira de Macedo, escrivão da camara, foi proposta pelo dito presidente a memoria do facto e caso como notavel, e digno de historia, e he a que declara o papel incluso, o qual sendo lido e examinado em mesa, se assentou uniformemente que se conformava com a respectiva sentença, e que como tal se registasse ao pé deste, dando-se-lhe inteira fé e credito; de que se fez este assento, em que se assinaram. José Pereira de Macedo, escrivão do senado da camara, o fiz escrever—O presidente *Vasco Luis Carneiro de Sousa e Faro—José da Costa de Attaide Teive— Cypriano José de Mattos e Goes—Pedro de Moraes Correa—Miguel Caetano Nunes de Mello—José Agostinho de Baamonde—Felicio José Monroe—Manoel de Mesquita—Filippe Caetano Pereira.*

« Maquinou-se nas ilhas e provincias deste Estado de Goa, e no anno de 1786 o horrendissimo e abominavel delicto de rebellião, e alta traição, intentando alguns naturaes do mesmo Estado subtrahi-lo da justa sugeição, obediencia, e governo de Sua Magestade Fidelissima, destruir a forma delle, e formar huma nova republica, em que os mesmos Naturaes por hum conselho ou camara geral se regessem, e usassem da soberania de todo mero e mixto imperio.

Os principaes chefes deste execrando delicto foram os dous clerigos José Antonio Gonçalves, e Caetano Francisco Couto, que no anno de 1785 voltando de Lisboa, aonde tinham estado alguns annos, tendo chegado hum delles, o dito padre José Antonio Gonçalves, a formar-se doutor na universidade do collegio de Propaganda, desgostosos por não haverem conseguido a sua pretenção da alta dignidade de bispos, a que não foram attendidos, por lhes faltarem as precisas qualidades necessarias para tão sublime estado, foram estes os primeiros que conceberam esta rebelliosa ideia, e conferindo-a entre si na sua viagem, principiaram a semear o veneno desta sua displicencia, declamando contra o máo tratamento, que os Portuguezes davam aos Naturaes, e a differença com que eram vistos estes por aquelles, em ordem a que com esta invenção, e de outros factos maliciosamente desfigurados pelo seu odio, e espirito de rebellião, de que se achavam possuidos, pudessem seduzir outros Naturaes seus amigos e parentes, e faze-los precipitar no mesmo horrivel e execrando delicto, como de facto os seduziram, alliciando a seu rebellioso partido alguns parochos, clerigos, quatro tenentes das duas legiões dos voluntarios reaes da provincia de Pondá e de Bardez.

Sendo certo que esta rebellião, e alta traição, que os ditos dous sediciosos chefes, e outros seus socios e sequazes intentaram, só não consistiu em vagos e geraes discursos, e pensamentos indeterminados, antes constou dos autos da respectiva devassa que os mesmos cabeças, e seus alliados haviam entre si assentado a forma e modo da execução desta rebellião, distribuindo os corpos dos rebeldes que haviam de atacar as praças, lugares, guarda, e cazas mais importantes, e o invectivo modo, com que pertendiam surprender as pessoas de maior autoridade e respeito, tendo sido conferido nos seus conventiculos os sinaes com que ao mesmo passo em differentes lugares havia de ser acclamada a chamada liberdade, projectando-se matar a todo aquelle individuo, que não seguisse o seu pessimo espirito; destinando-se para esta nefanda execução o dia dez do mez de agosto do anno de 1787.

Nestes termos sendo descoberta a mesma traição por outro clerigo, que tinha sido convidado para colligar-se com elles, e havia resistido á sua deploravel associação, por ordem do Illm.º e Exm.º senhor governador e capitão general deste Estado, na madrugada do dia 7 do dito mez de agosto foram presos hum dos ditos chefes Francisco Caetano Couto, outros alguns vigarios, clerigos, os ditos quatro tenentes, e outros muitos seculares, menos o outro chefe o dito padre José Antonio Gonçalves, que se ausentou para as terras do Marata, e não foi possivel conduzir-se, não obstante as mais exactas diligentes providencias, que por diversas partes, e pessoas foi servido applicar o mesmo Illm.º e Exm.º senhor governador e capitão general, e conta-se que o mesmo cabeça ausente passara de presente para as terras do Nababo Tipú Sultan.

Dos seculares, que tinham sido presos, por sentença da Relação proferida a 9 de dezembro de 1788 foram justiçados a 13 do mesmo, quinze com ultima pena de morte nas forcas, que se levantaram de novo duas, além de huma antiga no campo do Mandovim desta cidade, comprehendendo-se neste numero os ditos quatro tenentes de duas legiões, e hum capitão do terço dos Auxiliares, tendo sido dous dos mesmos tenentes, como agentes e seductores, levados pelas ruas a rastos té o dito lugar das forcas, e nove dos mesmos tendo sido açoutados, alem de outras penas pecuniarias, estão para cumprir o seu degredo de diversas partes, em que se acham condemnados: oito foram soltos e livres, por não se acharem incursos no dito delicto, entrando neste numero dous congregados do Oratorio de Santa Cruz dos Milagres, hum parocho, e outro clerigo, conservando-se outros ecclesiasticos presos nos carceres, e reclusões, que de novo se fizeram, para estes e outros que foram réos deste horroroso crime de rebellião, e alta traição. O fiz escrever, e me assignei.—*José Pereira de Macedo.* »

Conforma-se esta copia com a que se acha a fl. 2 do livro destinado para o registo das memorias, que serve neste senado, a que me reporto. Goa 4 de março de 1789. O fiz escrever, e me assignei.—*José Pereira de Macedo.*

Livro das *Monções* n.° 170, fl. 23.

Memoria do Senado de Bardez.

Aos 29 de dezembro de 1788 em meza da vereação do Senado da camara da provincia de Bardez, sendo presente a Relação, que apresentou o segundo vereador Filipe Nery Pinto dos factos mais notaveis dignos da historia, que tem succedido na mesma provincia desde o mez de janeiro thé o presente do dito anno, e sendo conferida a dita Relação na forma da carta do Illm.° e Exm.° Sr. governador e capitão general deste Estado Francisco da Cunha e Menezes da data de 25 de outubro de 1788, e examinada a dita Relação em mesa pelos officiaes della, e portando por fé o successo, que nelle constava, mandaram escrever neste livro dos annaes para lembrança e memoria, cujo theor he o seguinte.

« Item. Governando este Estado o Illm.° e Exm.° senhor governador e capitão general delle Francisco da Cunha e Menezes, e sendo secretario do Estado o desembargador da caza da supplicação de Lisboa e dos aggravos da Relação de Goa, Sebastião José Ferreira Barroco, em o primeiro de fevereiro do anno de 1788 havendo o Rajá Quema Saunto Bounsuló celebrado hum tratado com o magestoso Estado, pelo qual cedia e cedeu para sempre a S. Magestade Fidelissima a provincia de Pernem, marchou para a dita provincia no referido dia o ajudante general e coronel da legião de Bardez Joaquim Vicente Godinho de Mira com a legião do seu commando, oito peças de artilharia, á qual se ajuntaram trezentos homens da legião de Ponda commandados pelo tenente coronel da dita legião Manoel Freitas, novecentos sipaes commandados pelo tenente coronel commandante delles Rodrigo Homem de Quadros, duas companhias de cavallaria, commandadas, huma pelo sargento mór Henrique Claudio de Tonnelet, e outra pelo capitão ajudante das ordens do Illm.º e Exm.º senhor governador e capitão general José Joaquim da Costa, tudo á ordem do mesmo coronel e ajudante general, encarregado de tomar a posse, e receber a entrega que fez o dito Rajá Quema Saunto Bounsulú da referida provincia de Pernem ao magestoso Estado, cuja entrega e posse se celebrou nas mãos do dito coronel e ajudante general com assistencia da referida tropa, e pessoas competentes da mesma provincia em o pagode mesmo de Pernem em o dia 4 de fevereiro anniversario da rota, que as tropas portuguezas tinham tido na mesma provincia de Pernem, e no mesmo lugar do pagode de Pernem no anno de 1759, governando este Estado o Illm.º e Exm.º senhor conde da Ega, V. Rey, e capitão general.

Depois da dita entrega e posse celebrada, passou á referida provincia de Pernem por ordem do Illm.º e Exm.º senhor governador e capitão general deste Estado o marechal de campo, e commandante das tropas delle Francisco Antonio da Veiga Cabral da Camara com o primeiro regimento de infantaria de Goa do seu commando, oito peças de artilharia; o brigadeiro chefe da legião de Pondá Antonio de Assa Castel Branco com a legião do seu commando, oito peças de artelharia, e a segunda companhia de cavallaria da dita legião, commandada pelo sargento mór o Illm.º Miguel Carlos da Cunha, filho legitimo dos condes de S. Vicente.

Em o dia 7 do dito mez por ordem do referido marechal de campo commandante marchou o coronel ajudante general com o referido corpo do seu commando, menos o corpo da legião de Pondá, para a provincia de S. Torda (*sic*) thé o sitio de Aquerim para proteger as terras do dito Rajá Quema Sauto Bounsuló, as quaes queria invadir o Rajá de Colapur, passando ao mesmo tempo o dito marechal de campo commandante com a referida tropa á mesma provincia ao sitio de Mandrem para o mesmo effeito da protecção, e dar calor ao nosso corpo, que se achava avançado no dito sitio de Aquerim, aonde se conservaram thé 27 de abril, que se retiraram as nossas tropas aos seus quarteis, havendo o dito Rajá de Colapur desistido do seu intento, e retirado as suas tropas das fronteiras do Rajá Quema Saunto Bounsuló, tendo-se encarregado a corte de Punem de compôr as differenças, que havia entre o dito Rajá de Colapur e o Rajá Quema Saunto Bounsuló, sobre este poder ou não usar do titulo de Rajá, que lhe fora dado pela corte de Dely, como tambem poder ou não usar do distinctivo de dous marchaes, assim como usava de toda antiguidade o dito Rajá de Colapur, motivos estes da referida guerra entre os ditos Rajás.

Item. Aos 13 de dezembro de 1788 governando este Estado o Illm.° e Exm.° senhor Francisco da Cunha e Menezes foram justiçados com supplicio da pena de forca, Pedro Luis Gonzaga, Manoel Caetano Pinto, David Francisco Viegas, Caetano Xavier da Costa, Ignacio Caetano Toscano, Nicoláo Luis da Costa, Ignacio Caetano Lopes, Salvador Alves da Costa, Balthazar Caeiro, Manoel Ferrão, Antonio Fernandes, João Vaz, José Monteiro, Miguel Antonio da Costa, Bernardo Mesquita, naturaes e moradores nesta provincia de Bardez, Salcete e Ilhas de Goa; e foram degradados José Luis, Vicente de Abreu, Sebastião de Noronha, Francisco Pereira, Filippe Fernandes, Vitorino Vaz, Vicente Gomes, Lourenço Fernandes, Micael Silvestre, Manoel Luis, tambem moradores nas referidas provincias e ilhas; sendo solto e livre João de Sousa, natural das terras do Canará; em execução da sentença que proferiu o supremo senado da Relação da cidade de Goa, Estado da India, por ser comprehendidos do horrendo crime de conjuração, e alta traição contra a coroa de S. Magestade Fidelissima, que Deos guarde, como consta nos autos delles, sendo este supplicio de maior satisfação e applauso do mais povo, nobreza, e deste senado da camara desta provincia de Bardez, a qual no referido dia se ajuntou com seus officiaes, e mais nobreza na caza da camara junto com as tropas da dita provincia, que se achavam formadas ante a dita caza da camara em quanto se faz a dita execução no lugar do supplicio em Goa.

Item. Em os 17 de dezembro do dito anno, dia do nascimento da Rainha nossa Senhora, sahiram soltos da prisão por innocentes, Manoel Pinto, de Saligão, da provincia de Bardez, Manoel Francisco Gonçalves, da Piedade, Narba Naique, Dessay de Pondá, Thomaz do Rosario, guarda de alfandega de Goa, o revd.° vigario da aldea de Moirá da provincia de Bardez, os reverendos padres mestres Pedro Delgado, e Sebastião Bauptista, da congregação do oratorio de Goa.

E por esta forma se concluiu de escrever a dita relação neste livro dos annaes do mesmo senado, de que se fez este termo, em que se assinaram os ditos vereadores e procurador, portando por fé comigo escrivão que sob-escrevi, e me assignei.—*Thomaz*

Felippe Ribeiro—De Tonnelet—Pinto—Noronha—Cardoso.»

A qual copia se conforma com o proprio termo, que se acha escrito as fl. do livro dos annaes do senado da camara da provincia de Bardez, a que me reporto. Hoje 14 de março de 1789. —*Thomaz Felippe Ribeiro.*

Dito Livro fl. 25.

DOCUMENTO N.º 5.

Assento da Relação.

Aos 15 dias do mez de dezembro de 1788 em Relação da cidade de Goa, sendo presente o Illm.º e Exm.º senhor Francisco da Cunha e Menezes, governador e capitão general da India, regedor, pelo chanceller José da Rocha Dantas e Mendonça, juiz da devassa e processo da rebellião e alta traição maquinada contra o Estado, foi proposto se deviam ser soltos os ecclesiasticos que na occasião, em que foi descuberta a rebellião, e nos primeiros procedimentos foram presos por provas e indicios leves, contra os quaes pela continuação e conclusão da devassa, perguntas, e outros exames não accresceu mais prova. Porque estando concluidos os mesmos exames com os ulteriores procedimentos das acariações, e perguntas feitas em tormentos, e tendo havido sentença final, e execução contra os réos seculares, não era já de esperar augmento de prova, e passaria a injusta retenção a mesma prisão, no seu principio justa e necessaria, o que parece se encontra até com o espirito, em que foi concebido o assento tomado nesta mesa a 20 de julho deste anno, que só manda conservar nas prisões em que se acham as pessoas ecclesiasticas verdadeiramente comprehendidas no dito crime, o que se não verifica especialmente a respeito dos padres Pedro Delgado, Sebastião Bautista, Congregados, e Antonio Felipe Vaz, vigario de Moirá, por não ser contra este bastante indicio para ser considerado comprehendido no dito crime, haver hospedado em sua caza hum dos cabeças, e outro seu socio da conjuração antes de ser esta descoberta, e terem elles nesta occasião tratado com os tenentes da legião de Bardez sobre a mesma rebellião, não se verificando por testemunha alguma que o dito vigario entrasse, ou fosse sciente della, e do que se tratou entre os ditos tenentes, mas antes confessando estes nas suas denuncias, e perguntas que este padre nem assistira, nem soubera do assumpto da conversação; e tambem porque o outro cabeça padre Caetano Francisco Couto não declara ser elle socio ou sciente da conjuração, não perdoando a si, seus irmãos, e parentes.

Nem tambem he bastante prova contra aquelles dous Congregados o depoimento do padre Pedro Caetano José Lobo, que se refere ao que lhe dissera o cabeça padre José Antonio Gonçalves fugitivo, porque não os accusando outra alguma testemunha, nem o outro cabeça dito padre Couto na sua copiosa confissão, a quem nada era occulto, e a quem os conjurados communicavam todas as suas diligencias, e não havendo outro algum indicio contra elles, mas antes algum da sua innocencia pelo modo com que se comportaram na occasião, em que foram presos, deve-se presumir aquelle dito do cabeça padre José Antonio Gonçalves huma das maximas e enganos, com que costumava attrahir, e facilitar os convidados para abraçarem o seu rebellioso partido nomeando pessoas de boa e exemplar conducta.

Assentou-se por conformidade de votos que fossem soltos os referidos padres Pedro Delgado, Sebastião Bautista, e Antonio Felipe Vaz, os quaes segundo o que consta do processo, e conforme as regras de direito se não podessem dizer culpados, ou suspeitos no crime de rebellião, e porque não ha outra alguma razão por que pareça conveniente, ou necessario ao Estado serem conservados nas prisões, observando-se tambem na soltura destes ecclesiasticos o dito assento de 20 de julho deste anno. De que se lavrou este assento, que todos assignaram.—Rubrica do Illm.° e Exm.° senhor Francisco da Cunha e Menezes, governador e capitão general da India—*Rocha*—*Amaral*—*Tavares*—*Teixeira*—Fui presente—*Barroco*.

Dito Livro fl. 426 v.

DOCUMENTO N.° 6.

Assento da Relação.

Aos 20 dias do mez de julho de 1788 em Relação da cidade de Goa, sendo presente o Illm.° e Exm.° senhor Francisco da Cunha e Menezes, governador e capitão general da India, regedor, pelo chanceller José da Rocha Dantas e Mendonça, juiz da devassa e processo da rebellião e alta traição maquinada contra o Estado, foi proposta a duvida sobre a verdadeira intelligencia das Ordenações livro 2.º tit. 1.º desde o § 21 té o § ultimo, se erão comprehensivas de todo e qualquer delicto commettido por pessoas ecclesiasticas.

Por quanto achando-se comprehendidos no execrando delicto da dita rebellião e alta trahição alguns clerigos, verificando-se serem elles os primeiros e principaes cabeças, parece que não devem ser remettidos aos seus juizes ecclesiasticos na forma das ditas Ordenações, que não podem ser comprehensivas dos crimes de lesa magestade, de sua natureza exceptuados.

Porque sendo o seu privilegio do foro concedido ou admittido, e approvado neste reino por mercê dos senhores Reis antepassados, não pode ser entendido concedida esta graça contra si, e contra tudo o que S. Magestade tem de mais sagrado e precioso, como he o summo acatamento e respeito devido a sua sagrada pessoa, a conservação de seus reinos e dominios, a defesa destes, e de seus vassalos, e mantelos em socego e paz, a soberania e supremo poder vindicativo, que faz conservar esta ordem e forma do reino pelo vinculo da obediencia, com o temor das penas; que todos estes deveres seriam impraticaveis, se S. Magestade não tivesse sempre o necessario poder para castigar a toda e qualquer pessoa, que attentasse contra as referidas conservação, defesa, e ordem.

Assentou-se por conformidade de votos que não devia entrar em duvida o alto poder e dominio, que S. Magestade tem para castigar toda e qualquer pessoa secular ou ecclesiastica, que em seus reinos delinquir, maiormente nos delictos de lesa magestade, e nas mesmas pessoas ecclesiasticas mandar fazer cumprimento de justiça quando for justo e necessario para conservação dos ponderados e referidos deveres, por ser esta autoridade inseparavel da soberania, e supremo poder, que no temporal recebeu immediatamente de Deos: porém em quanto ás pessoas ecclesiasticas comprehendidas em delictos communs tem mandado observar o privilegio do foro, que deve ser cumprido com as clausulas e circumstancias das ditas Ordenações. Que nos delictos gravissimos como de lesa magestade conserva reservado em si a dita autoridade e jurisdição, sem que haja geral e perpetuamente commettida ás suas justiças e Relações, que por falta desta commissão, e ordinaria jurisdição não podem proceder contra estes ecclesiasticos, senão quanto se acha determinado por suas leis e Ordenações. Que as ditas Ordenações do livro 2.° tit. 1.° não comprehendem os ecclesiasticos culpados nos delictos de lesa magestade na parte que manda commette-los aos seus juizes ecclesiasticos, por ser contra a natureza destes crimes sempre exceptuados, e da sua regia soberania. Devendo-se nestes casos, e no presente observar a disposição da lei de 24 de outubro de 1764 no § 4.° pela qual ficam entendidas, e declaradas as ditas Ordenações, e na conformidade da dita lei, e pratica observada neste, e em todos os reinos catolicos, devem as pessoas ecclesiasticas verdadeiramente comprehendidas no dito crime ficarem conservadas nas prisões de Sua Magestade, em que se acham, até á resolução da mesma Senhora, a quem se tem dado conta, procedendo-se com tudo sem demora contra os réos seculares té a final sentença e execução. E para não ser mais em duvida neste e mais casos, se lavrou este assento, que todos assinaram.—Rubrica do Illm.° e Exm.° senhor Francisco da Cunha e Menezes, governador e capitão general deste Estado.—*Rocha*—*Amaral*—*Tavares*—*Teixeira*—*Figueiredo*.—Fui presente, e nos autos farei o protesto necessario —*Barroco*.

Dito Livro fl. 425.

DOCUMENTO N.° 7.

Aviso do Secretario d'Estado Visconde de Anadia ao Governador Francisco Antonio da Veiga Cabral.

N.° 73.—Illm.° e Exm.° senhor—Em consequencia da informação, que o arcebispo de Goa deu da innocencia do presbitero secular Manoel da Expectação, que veio remettido da India preso com outros; Foi o Principe Regente N. Sr. servido manda-lo soltar para se recolher a esse Estado, para onde parte nesta náo de viagem com recommendações ao mesmo arcebispo para que ou o faça restituir aos empregos que elle tinha antes da dita prisão, ou o empregue no serviço da igreja segundo o seu merecimento e aptidão. O que participo a V. Ex.ª para sua intelligencia. Deos guarde a V. Ex.ª. Palacio de Queluz 12 de março de 1802.—*Visconde de Anadia.*

Senhor Francisco Antonio da Veiga Cabral.—2.ª via.

Livro das *Monções*, n.° 183, fl. 139.

DOCUMENTO N.º 8.

Outro.

N.º 97.—Illm.º e Exm.º senhor. Depois de ter participado a V. Ex.ª em aviso de 12 do corrente mez a soltura de Manoel da Expectação, presbitero secular, que veio remettido preso desse Estado, e deve retirar-se na proxima não de viagem: Foi servido ordenar o Principe Regente N. Sr. que V. Ex.ª pelos cofres da real fazenda lhe mande assistir diaria, e vitaliciamente com a pensão de quatrocentos réis, graça que elle já recebia nesta côrte por effeito da real commiseração do mesmo senhor. Deos guarde a V. Ex.ª. Palacio de Queluz 30 de março de 1802—*Visconde de Anadia.*

Senhor Francisco Antonio da Veiga Cabral.—2.ª via.

Dito Livro, fl. 140.

DOCUMENTO N.º 9.

Resposta do Governador.

Illm.º e Exm.º senhor.—Em execução de que Sua Alteza Real o Principe Regente nosso senhor he servido ordenar-me pelo officio de V. Ex.ª do n.º 97 datado de 30 de março de 1802, mandei que pelos cofres da real fazenda do mesmo augusto senhor se assistisse o presbitero secular Manoel da Expectação com a pensão diaria de quatrocentos réis durante a sua vida,

A Illm.ª e Exm.ª pessoa de V.ª Ex.ª guarde Deos muitos annos. Goa a 24 de março de 1804.

Illm.º e Exm.º senhor Visconde de Anadia.

Rubrica do governador.

Dito Livro, fl. 143.

Portaria.

Na conformidade do officio da secretaria d'Estado dos negocios da marinha e dominios ultramarinos, datado de 30 de maio de 1802, expedido ao governo do Estado, se faça na contadoria geral assentamento a Manoel da Expectação, presbytero secular, para vencer pelos cofres da real fazenda diaria e vitaliciamente quatrocentos réis desde a data do mencionado officio. Goa a 16 de novembro de 1802.—*Cabral—Tavares—Loureiro—Silva—Pereira.*

Publicada na *Refutação Analytica*, pag. 23.

DOCUMENTO N.° 10.

Aviso do Secretario d'Estado Visconde de Anadia ao Vice-Rey Conde de Sarzedas.

N.° 10.—Illm.° e Exm.° senhor. O Princepe Regente N. senhor, attendendo ás supplicas de Jorge Dias, e Caetano Francisco da Silva, presbiteros seculares, e naturaes do Estado da India, donde vieram presos, ha muitos annos, e tem estado detidos neste reino em consequencia das culpas de que foram arguidos; Foi servido perdoar-lhes qualquer pena em que podessem estar incursos, permittindo-lhes licença para voltarem para a sua patria na não de viagem da proxima monção; e em consequencia ordena S. A. R. que V. Ex.ª mande levantar qualquer sequestro, que se tenha posto nos bens destes dois ecclesiasticos, e que lhos faça restituir e entregar para os poderem administrar como proprios.

Deos guarde a V. Ex.ª Mafra em 3 de dezembro de 1806. —*Visconde de Anadia.*

Senhor Conde de Sarzedas—2.ª via.

Livro das *Monções*, n.° 187, fl. 286.

DOCUMENTO N.° 11.

Outro.

N.° 15.—Illm.° e Exm.° senhor. O Princepe Regente N. senhor, attendendo ás supplicas de Miguel Alvares, Vicente Alvares, Mathias Bernardo da Fonseca, Diogo Benedicto Lobo, João Baptista Pinto, e Luis Antonio Gonçalves, aquelles, presbiteros seculares, e este, clerigo *in minoribus*, e todos naturaes do Estado da India, donde vieram presos ha muitos annos, e tem estado detidos neste reino, em consequencia das culpas de que foram arguidos: Foi servido perdoar-lhes qualquer pena, em que podessem estar incursos, permittindo-lhes licença para voltarem para a sua patria na não de viagem da proxima monção, e em consequencia ordena Sua Alteza Real que V. Ex.ª mande levantar qualquer sequestro, que se tenha posto nos bens destes ecclesiasticos, e que lhos faça restituir, e entregar para os poderem administrar como proprios.

Deos guarde a V. Ex.ª Mafra em 5 de fevereiro de 1807. —*Visconde de Anadia.*

Senhor Conde de Sarzedas.

Dito Livro, fl. 287.

DOCUMENTO N.º 12.

Outro.

N.º 34.—Illm.º e Exm.º senhor. O Princepe Regente N. S. attendendo ao que lhe representaram os herdeiros e procuradores dos presbiteros seculares João Alvares de Sousa, José Antonio Vaz, Luis Caetano de Sousa, e José Manoel de Menezes, naturaes dos Estados da India, que falleceram quando vinham presos para este reino: He servido que V. Ex.ª faça entregar, e restituir aos supplicantes todos os bens, e patrimonios, que pertenciam aos sobreditos defunctos sacerdotes, como já S. A. R. ordenou a respeito dos outros: bem entendido que em todas estas restituições se não deve comprehender o producto, ou rendimento passado e recebido.

Deos guarde a V. Ex.ª Mafra em 23 de março de 1807. *Visconde de Anadia.*

Senhor Conde de Sarzedas.

Dito Livro, fl. 289.

DOCUMENTO N.º 13.

Outro.

N.º 24.—Illm.º e Exm.º senhor. O Princepe Regente, nosso senhor, attendendo ao que lhe representaram Ignacio de Noronha, presbytero secular, e seus irmãos Xavier dos Remedios de Noronha, e Josefa de Noronha, que se acham em Bombaim, para onde fugiram, he servido perdoar-lhes o crime de que foram accusados, e permittir-lhes que possam voltar para Goa, sua patria, mandando-lhes V. Ex.ª levantar o sequestro, que possa ter havido nos seus bens, que lhes deverão ser restituidos.

Deos guarde a V. Ex.ª Mafra em 13 de março de 1807.— *Visconde de Anadia.*

Senhor Conde de Sarzedas.

Dito Livro, fl. 288.

DOCUMENTO N.º 14.

Resposta do Vice Rey.

N.º 18.—Illm.º e Exm.º senhor. Em cumprimento dos officios de V. Ex.ª n.ºs 10, 15, 24, e 34 com diversas datas a respeito dos padres sublevados Jorge Dias, Caetano Francisco da Silva, e outros, e para ser effectiva a benefica providencia, e regia benignidade de S. A. Real, expedi as ordens necessarias ao conselheiro chanceller do Estado, e juiz da sublevação, para os mesmos padres, ou seus herdeiros serem restituidos de todos os bens, que lhes tinham sido sequestrados, e estiverem sem serem vendidos, e recolhido o seu producto na thesouraria geral do Estado.

Deos guarde a V. Ex.ª. Goa a 25 de fevereiro de 1808.—Illm.º e Exm.º senhor Visconde de Anadia.

Rubrica do Vice Rey.

Dito Livro, fl. 290.

DOCUMENTO N.º 15.

Traslado da carta de representação, que fez a christandade do bispado de Cochim ao senhor Arcebispo de Goa em huma Ola, que vai nesta occasião, e vertida de Tamul em Portuguez diz substancialiter *o que abaixo está escripto.*

Há doze annos que vieram mandados de Goa para cá os Religiosos Franciscanos para augmentar a fé, e elles em lugar de o fazerem, a tem diminuido, occasionando, e causando com seus máos procedimentos a nós a infamia, tomando por força as nossas mulheres, e raparigas por suas concubinas, como que fossem elles seus maridos; causando a nós o onus de criar, e sustentar os seus filhos, de que nos queixando com elles, nos davam castigo, assim por suas mãos, como por pessoas do Rey, subornando-as; motivo porque tolerando isto, e todas as mais injustiças, que elles faziam, levantavamos os olhos ao ceo e Deos a que ouvisse as nossas deprecações; agora só ouvindo-as Deos N. Sr. lançou em nós os seus olhos misericordiosos movendo ao senhor arcebispo para que mandasse hum governador do habito de S. Pedro, e com elle os padres do mesmo habito; agora com a chegada delles toda queixa, toda molestia, toda injustiça, e tudo o mais que padeciamos, já acabou, porque desde que entraram estes padres, tratam-nos bem, dão bons conselhos, e ensinam o caminho do ceo, louvando sempre a Deos. As injustiças que fizeram os Religiosos Franciscanos fizemos patentes ao senhor governador, o qual não hade deixar de mandar a S. Ex.ª e julgamos que estas horas já terá sido sabedor; e agora ah! senhor, os padres que tem-nos mandado, que são thesouros, não faça recolher por face de Deos, e este favor deve-nos fazer; o que pedimos prostrados aos piedosos pés de S. Ex.ª pedimos humildemente a sua santa benção. Esta noticia lendo o R. P. secretario, dará parte ao grande senhor, senhor, senhor arcebispo.

Livro das *Monções*, n.º 168, fl. 134.

Enviada com outros documentos pelo secretario d'Estado Martinho de Mello e Castro ao bispo de Cochim, governador do arcebispado de Goa, D. Fr. Manoel de Santa Catharina, na monção de 1779, e depois communicada ao governador Francisco da Cunha e Menezes, em carta de 25 de fevereiro de 1786 do mesmo secretario d'Estado.

DOCUMENTO N.º 16.

Carta do Governador do Estado ao Governador Hollandez de Cochim Adriano Muns.

Goa 9 de novembro de 1779.

Tendo tomado posse do governo do Estado da India e Asia Portugueza, vou a participar a V. S.ª que me tem sido presente a attenção e obsequios, com que a benignidade de V. S.ª tem favorecido os vassalos do Magestoso Estado, e socorrido nas suas dependencias, e demonstrando a V. S.ª o meu reconhecimento e gratidão, vou certificar-lhe que achará em mim igual correspondencia.

Agora mandou a Rainha Fidelissima de Portugal, minha Ama, o bispo do bispado de Cochim pelo direito do real padroado que tem na christandade....... d'Asia: elle fica administrando este arcebispado por ordem de S. Magestade, e tem nomeado governador para o dito bispado, que he hum Religioso, que passa a essa praça de Cochim para exercer a jurisdição ecclesiastica no dito bispado, e he ornado de prudencia, e mais virtudes condignas ao seu caracter.

Rogo a V. S.ª o queira especialmente attender, e concederlhe benignamente a sua protecção, auxilio, e favor, para que seja obedecido pelos ecclesiasticos, e christandade, e que possa pacifica e livremente exercer o seu ministerio, sem impedimento, e eu desejarei ter occasiões de obsequiar a V. S.ª protestando-lhe sempre a minha attenção com os vassalos dos Estados Unidos e de Suas Altas Potencias.

Tenho noticia........ capitão de mar e guerra Nicoláo Delgado Ferreira da Cunha d'Eça, e que para a náo *Madre de Deos* V. S.ª mandara concorrer com os subsidios que lhe pediram, e se mandaram satisfazer pela fragata que fora conduzir o barco de Macáo. Deos guarde a V. S.ª muitos annos. De V. S.ª muito obsequioso venerador—*D. Federico Guilherme de Sousa.*

Livro de Reis vizinhos, fl. 142.

DOCUMENTO N.° 17.

Em carta de 9 de novembro de 1779 ao governador de Calicut, Buducan, pede-lhe o governador D. Federico Guilherme de Sousa que attenda e favoreça ao governador do bispado de Cochim, que vai nesta náo para passar á sua diocese, para o que tem as melhores qualidades de bom Religioso.

Dito Livro fl. 143.

DOCUMENTO N.° 18.

Na mesma data ao feitor de Calicut José Francisco de Amaral de Menezes recommenda todo o devido obsequio ao governador do bispado de Cochim, que vai a desembarcar nesse porto, para depois passar á sua diocese.

Dito Livro, fl. 143 v.

DOCUMENTO N.° 19.

Ao Governador de Talicheira Ricardo Churchu.

Na mesma data. Recommenda-lhe a pessoa do governador do

bispado de Cochim, que agora vai para aquella diocese, e espera que o attenda e favoreça quando elle se valha do seu favor, assim por ser digno desta attenção pelas suas boas qualidades, como porque elle governador da India saberá reconhecer sempre o seu favor com o maior desejo de o obsequiar.

Dito Livro, fl. 144 v.

DOCUMENTO N.° 20.

Carta ao feitor de Calicut José Francisco de Amaral de Menezes de 3 de janeiro de 1780 concedendo-lhe licença para se retirar e recolher a Goa, fazendo entrega da feitoria ao padre Fr. José da Soledade, governador do bispado de Cochim.

Dito Livro, fl. 159.

DOCUMENTO N.° 21.

Carta credencial a Fr. José da Soledade nomeando-o administrador da feitoria de Calicut.—3 janeiro 1780.

Dito Livro, fl. 158 v.

DOCUMENTO N.° 22.

Carta do Governador do Estado ao Governador de Cochim.

Sendo sempre o meu desejo procurar a estimavel correspondencia de V. S.ª com o maior gosto me aproveito desta occasião, que se me presenta, e em que vai á sua presença o Rm.° padre Fr. José da Soledade, governador do bispado de Cochim, para certificar a V. S.ª este affecto, e o quanto desejo obsequia-lo.

O mesmo governador do bispado reconhecendo a particular attenção, com que V. S.ª o favorece para maior socego da christandade, que tem a seu cargo, pretende que V. S.ª lhe continue este beneficio; especialmente mandando que se embarquem para esta cidade em occasião opportuna de embarcação para ella os padres João da Silva, do Pucota, e Ricardo da Silva, que pelo seu genio se animam a perturbar aquella christandade; e eu espero queira V. S.ª resolver esta providencia, dignando-se tambem de mandar entregar ao dito governador do bispado a igreja de Santo André, que sendo fundada em hum palmar da nobilissima Companhia, com tudo os seus freguezes são vassalos do Rey de Travancor, a quem agora escrevo a este respeito. E se destas partes houver cousa, que seja do agrado de V. S.ª terei summo gosto em servi-lo como tanto desejo. Deos guarde a V. S.ª Goa 8 de abril de 1781.—*D. Federico Guilherme de Sousa.*

Livro de Reis visinhos, fl. 73.

DOCUMENTO N.º 23.

Carta do Governador do Estado ao Rei de Travancor.

Com o maior gosto busco a V. A. para o saudar como aquelle que muito prezo a sua amizade e correspondencia, desejando a V. A. as maiores prosperidades, que obsequioso lhe fico apetecendo.

Não posso deixar de lembrar a V. A. com esta occasião que todas as igrejas do seu vasto reino pelas concessões dos seus illustres progenitores foram fundadas pelos prelados e mais missionarios todos da minha nação, e como não he justo que os estranhos venham agora desapossa-los da seara, que com tanto trabalho, e suor do seu rosto cultivaram por espaço de tantos seculos, parece razão que V. A. ordene que todas as referidas igrejas reconheçam a jurisdição do bispo de Cochim, a quem compete excluir dellas aos Carmelitas da Propaganda Fide; que os christãos contribuam aos seus parochos os dizimos do peixe na mesma forma que praticavam no tempo dos jesuitas; que sejam entregues ao padre Fr. José da Soledade, governador do bispado de Cochim, todos os livros da igreja de Angenga, restituindo-lhe esta igreja que foi tirada com o consentimento de V. A.; accordando-lhe os privilegios e liberdades de corrigir os christãos, de que sempre gozaram os bispos daquella diocese, não consentindo que se introduzam no reino de V. A. os Carmelitas Propagandas com o unico fim de usurpar a sua jurisdição. Eu espero da benevolencia de V. A. esta attenção para que eu a gratifique com o maior reconhecimento, e tenha o gosto de a fazer presente á Serenissima Rainha Fidelissima, minha augustissima Ama. Deos alumee a V. A. em sua divina graça. Goa 8 de abril de 1781.—*D. Federico Guilherme de Sousa.*

Dito Livro, fl. 73.

DOCUMENTO N.º 24.

Carta do Governador do Estado ao Governador de Angenga.

Muito estimavel me he a occasião, que se me presenta de segurar a V. S.ª o meu respeito offerecendo-me neste Estado para tudo quanto for do seu agrado.

Da grande noticia de V. S.ª me persuado que não lhe he occulto quo a igreja desse porto de Angenga, sendo em outro tempo cathedral do bispado de Cochim, e conservando-se sempre debaixo do real padroado, o antecessor de V. S.ª resolvesse sem a menor contemplação ás regalias de S. Magestade Fidelissima na entrega da dita igreja ao bispo Vigario Apostolico, que presentemente a conserva em seu poder, privando della ao real padroado, e como me compete procurar a sua devida restituição, não posso deixar de reclama-la por esta a V. S.ª para que com o melhor discernimento nesta materia proceda nella de sorte que eu tenha muito que agradecer a V. S.ª a sua attenção, para a fazer presente a S. Magestade Fidelissima, minha augusta Ama. Deos guarde a V. S.ª. Goa 8 de abril de 1781.—*D. Federico Guilherme de Sousa.*

Dito Livro, fl. 173 v.

DOCUMENTO N.º 25.

Carta do Governador do Estado ao Governador de Calicut Sardar Can.

Attendendo á representação do Rvd.º padre Fr. José da Conceição, que serve por feitor nesse Porto, lhe permitto que possa recolher-se a esta côrte para acudir aos seus particulares, ordenando-lhe que deixe nomeada pessoa para servir o seu lugar em quanto eu mande de cá o feitor a servir na mesma feitoria. Espero que o grandioso amigo não faça impedir a sahida do dito Rvd.º padre, e que attenda e favoreça a dita pessoa que elle nomear. Desejo ao grandioso amigo muitas felicidades, e que Deos o alumee em a sua divina graça. Goa 7 de setembro de 1781. —*D. Federico Guilherme de Sousa.*

Dito Livro, fl. 112 v.

DOCUMENTO N.° 26.

Bando.

Francisco da Cunha e Menezes, do conselho de Sua Magestade Fidelissima, Governador e Capitão General da India etc.

Faço saber a todos que este Bando virem que por quanto tem havido algumas pessoas naturaes do Estado tão temerarias, que esquecidas das obrigações de vassalos, da benignidade e brandura, com que são tratados debaixo do dominio de S. Magestade Fidelissima, tem maquinado insolentemente huma sublevação no Estado para expulsarem delle todos os Portuguezes, fazendo os mesmos conjurados huma differença, que a mesma Senhora em beneficio delles tem reprovado, admittindo-os igualmente a todas as dignidades, postos, honras, e preheminencias, a que estivessem a caber; sendo chefe de toda esta infame conspiração o padre doutor José Antonio Gonçalves, que tambem se chama por outro nome José Felipe Gonçalves, morador na Piedade: por tanto ordeno a todos os moradores deste Estado que não deem asilo, nem por modo algum dem ajuda e favor para que o dito réo chefe de tão perniciosa conjuração deixe de ser preso, e escape ás diligencias que para este effeito tenho mandado fazer, pena de ser tido por co-réo do mesmo atroz delicto todo aquelle que obrar pelo contrario; e a toda e qualquer pessoa que prender o dito padre José Antonio Gonçalves, ou José Felipe Gonçalves, lhe prometto em nome de S. Magestade o premio de cinco mil xerafins. E para que chegue á noticia de todos será este publicado a som de caixas nos lugares publicos, e costumados desta cidade, e nos das provincias de Bardez, Salcete, Pondá, Zambaulim, Bicholim, e Sanquelim, e afixado no bazar de Margão. Goa 21 de agosto de 1787.—*Francisco da Cunha e Menezes.*

Livro de Portarias, ou cartas e ordens, fl. 16.

DOCUMENTO N.° 27.

Cedula.

Francisco da Cunha e Menezes etc.

Em nome de S. Magestade Fidelissima prometto cinco mil xerafins a toda e qualquer pessoa, ou natural, ou extranha, que nelle entregar preso o padre José Antonio Gonçalves; e para assim constar, mandei passar o presente sellado com o sello das armas reaes da coroa de Portugal. Dado em Goa aos 12 de setembro de 1787.—*Francisco da Cunha e Menezes.*

Dito Livro, fl. 24.

DOCUMENTO N.° 28.

Carta do Governador do Estado a Madou Rao Naraena Pradan.

Muito illustre, felicissimo, e grandioso Madou Ráo Naraena Pradan, cuja amizade seja perpetua.

Tendo pedido nesse Sarcar o enviado do Magestoso Estado Naraena Rao Vital a entrega do padre José Antonio Gonçalves, réo de lesa magestade, e refugiado em Azarem, alcançou que para ella se passasse ordem como pede a boa correspondencia, que tem havido sempre da parte do Magestoso Estado, e muito principalmente na entrega de Tulagi Punvar. Como porém a ordem que essse Sarcar passou ao governador de Concão Vencata Rao Naraena não teve effeito pelo modo que exporá o sobredito enviado, espero do grandioso amigo que ouvindo ao honrado Naraena Rao Vital mande passar as ordens necessarias para que se effeitue a mencionada restituição com a maior brevidade. Deos alumee ao grandioso amigo em a sua graça. Goa 10 de janeiro de 1788.—*Francisco da Cunha e Menezes.*

Livro dos Reis visinhos, fl. 85.

DOCUMENTO N.° 29.

Carta do padre José Antonio Gonçalves ao Arcebispo de Cranganor.

Exm.° e Rm.° senhor. V. Ex.ª diga a Joaquim que hoje não prepare mais que hum barril somente de carne, que leva seis duzias de chouriços, e aquelle numero de presuntos pequenos que fossem necessarios para encher o barril, e não compre mais nada; he o que me parece; V. Ex.ª fará o que mais quizer.

Sem embargo de que eu sempre conheci na pessoa de V. Ex.ª huma bellissima vontade de me favorecer, não me resolvia a ser mais impertinente; eu proponho o meu negocio, como hum protesto de coração de que o quero concluido somente no caso de

V. Ex.ª me poder fazer sem seu detrimento, e de outra sorte não quero que me faça.

Para dependencias minhas, de José Antonio Pinto, do padre Couto, de Fr. Custodio uecessito dinheiro; para o tomar de outra parte tenho dous prejuizos; hum he difficuldade de mo emprestarem sem fiador secular conhecido; outro he de eu perder trinta por cento, que he muito. Se V. Ex.ª mo emprestasse já, ganho aquelles trinta por cento, que havia de perder, e para segurança assino-me eu, e tambem o fará o padre Couto, por morte e vida. A quantia sejam quatrocentos mil réis, entrando nesta somma as dezoito moedas, que devo a V. Ex.ª.

O que porém quero he que V. Ex.ª por este meu petitorio se não incommode, nem se afflija, porque eu me prezo ser de V. Ex.ª verdadeiro amigo e criado, e não quero aquellas cousas que não puderem ser; só quero saber se me pode dar este dinheiro athé as vesporas da nossa partida, para de outra sorte eu fazer diligencias mais fortes para ver se acho em outra parte; e quando não, Deos fará por remediar.—Seu servo obrigadissimo.—*José Antonio.*

Logo hirá a resposta da prata.

Declarações na dita carta.

Levo do Exm.º senhor arcebispo para despesas de S. Ex.ª hoje 20 de março, 19 moedas e meia.

Levo mais do mesmo senhor por emprestimo para mim em 62 peças de 6400, e mais huma moeda, que já antes tinha recebido, 83 moedas por 16 tostões, que fazem 400$ réis, que S. Ex.ª me faz favor emprestar, e os 16 tostões, que desta parcella sobejam para 400$ réis, já vão incluidos nas 19 e meia das despesas de S. Ex.ª acima.

Devo mais ao mesmo senhor fora toda a conta acima, 18 moedas, que são 86$400 réis; hoje vinte de março de 1785.—*José Antonio Gonçalves.*

Livro das *Monções*, n.º 166.

Declaração no inventario do Arcebispo de Cranganor.

Lembrança.—Dinheiro, que o senhor padre José Antonio Gonçalves deve ao arcebispo de Cranganor.

Moedas 19 e meia

Moedas huma e meia
Meias doblas 82.

Dois dias antes do nosso embarque de Lisboa para Goa o arcebispo de Cranganor ao mesmo padre deu meias doblas 50 para trocar em patacões de Espanha, porém despois nos embarcámos, e quando o arcebispo fez abrir sua caixa para tirar sacarrolhas, o dito padre disse ao arcebispo que queria guardar aquelle saco do troco naquella caixa, e que depois da sahida do navio daria conta de tudo, o que nunca elle deu, posto que por mesmo arcebispo elle foi advertido; mas o arcebispo não lhe apertou por razão que ainda muito distante era de Goa, e julgava que hoje, amanhã, ficando elle livre das suas molestias das febres, agora faria tudo, porém elle se absentou na ilha de Ceilão. Ora estando nós hum gráo e meio distante de Goa, o senhor arcebispo junto com os outros, fez busca das cartas de lembranças e rolos das cousas do arcebispo, e não tendo achado cousa nenhuma, nem a copia da sua portaria que o Misquita (*sic*) lhe passou, com que o mesmo arcebispo fez contar aquelles patacões de Espanha, que eram metidos na caixa do arcebispo, para dar depois conta de tudo por senhor padre José Antonio, e achou-se 99 patacões, 12 meias dobras, huma de 24000 réis, e duas mais pequenas, e nada mais, com que nesta conta falta 13 meias (*sic*) e hum patacão.

Em todo a somma de dinheiro, que deve ao arcebispo de Cranganor o padre José Antonio Gonçalves, he de moedas 19 e meia, e huma e meia, que são moedas duas (*sic*) huma e meia.

De meias dobras 82, e 13 que são dobras (*sic*) 93, e 8 tostões; e estas de 82 meias dobras emprestadas com 21 moedas, logo que chegava a Goa me havia de restituir, porque tal era o ajuste entre nós, e não lhe custava de restituir-me, porque 25 dobras eram por padre Francisco Couto, 25 por deixar a José Antonio Pinto, 15 por padre Fr. Custodio, com o resto de 17 meias dobras, e 21 moedas ficou elle, e mais 13 meias dobras, e oito tostões, sem lembra-las, que faltam, que causa ao arcebispo a sua ausencia.

Declarou o padre Thomas Periamakel que o padre José Antonio Gonçalves ao embarcar na ponta de Galle levara do arcebispo huma rota com castão de latão dourado, e hum annel episcopal.

Fez-se entrega dos bens inventariados ao padre Thomas Pariamakel em 7 de novembro 1786.

Dito Livro.

DOCUMENTO N.° 30.

Carta do padre José Antonio Gonçalves escrita de Calcutá.

Senhor Joaquim Xavier Correa da Graça. Amigo e senhor do meu coração. Grande prazer senti em receber a sua estimavel de 10 de mayo de 812, a 4 de janeiro presente. Alegrei-me muito com noticias da sua saude, qual, bem do coração, lhe desejei sempre, como athé hoje, e para o futuro, acompanhada de todas as felicidades. Noticias de V. m. individuaes, nas presentes circumstancias, ouvi do senhor A. C. de Menezes, no que Deos me deixou com muita satisfação, e não a tive pequena em conhecer neste mancebo, não só bom talento, mas tambem grande prudencia, politica, urbanidade, verdade, e sobre tudo honra; quizera eu que Deos me désse a consolação de cá saber que Goa tinha grande numero de semelhantes a este senhor Menezes: não quiz elle occupar-me em cousa alguma; pode ser por assentar comsigo não caberia nas minhas posses ajudallo, ainda que estava certo do meu inteiro desejo de lhe ser bom.—Eu passo de saude com meu irmão tambem, mas sem riquezas, por não sermos negociantes, e remediamo-nos com a minha Missa, e huma escola ingleza que, para esta terra, dá muito pouco. V. m. hade querer saber mais particulares noticias minhas, recorra, se lhe parecer, ao mesmo sogeito, que me deu as suas, pois os 66 annos me dispensam de escrever mais, só dizer-lhe que sou muito seu etc. Deos guarde a V. m. com felicidades muitos annos. Calcuttá 31 de janeiro de 1814.—De V. m. Amigo antigo muito affectuoso e V^or^. C.—*José Antonio.*

Sobrescripto.

Ao senhor Joaquim Xavier Correa da Graça—Goa—Piedade. A'mercê do senhor Antonio Caetano de Menezes.

Copia do original.

DOCUMENTO N.º 31.

TUTOR PORTUGUEZ

OU

PRIMEIROS ELEMENTOS

DA

INSTRUCÇAM PORTUGUEZA

REDUZIDOS A METHODO PRATICO

PARA USO

DOS MENINOS DA FREGUEZIA DE ASSAGÃO,

POR

J. Pinto

CALCUTTÁ

OFFICINA DE J. DE SOUSA E COMPANHIA

1817.

12.º—97 pag.

Opinião do Rm.º Joseph Antonio Gonsalves, doutor em sagrada theologia e philosophia pela Universidade Papal e Imperial do Archi-Gymnasio de Sapiencia de Roma.

Por satisfazer ao petitorio de V. M. li com attenta reflexão o seu *Tutor Portuguez* (huma producção do seu industrioso engenho) e examinei a breve, porém completa noticia do systema solar, com a qual a generosa e liberal benevolencia de V. M. providencia seus patricios para a intellectual illustração delles; parto este do proficuo e indesinente affecto de V. M. que o obrigou a trabalhar e prodigalizar-se para a verdadeira e desejada illuminação delles.

Este systema geralmente chamado Copernicano, he muito antigo na India, para a qual pelo desejo de se adiantar nas sciencias vindo Pythagoras, e aprendendo-o dos nossos, foi publicado e ensinado na Grecia.

Dos cinco sentidos necessarios ao homem, só o da vista muito escassamente alcança o objecto ou materia, de que se trata; deste systema principalmente se deve entender o que Salamam diz: Eccl. c. 3. v. 10: *Vidi afflictionem, quam dedit Deus filiis hominum, ut distendantur in ea....et mundum tradidit disputationi eorum, et non inveniat homo* (vem a ser comprehensiva e perfeitamente) *opus, quod operatus est Deus ab initio usque ad finem.*

Na verdade he cheio de difficuldade, porque se o commum dos homens não desiste das ideas passageiras, que formam pela representaçam dos sentidos, como poderám dar por falsas as que perpetuamente desde o nascimento formaram sobre a estabilidade da Terra, movimento do Sol, etc.? Assentam ser absurdos, que nem devem ouvir: ao contrario os sabios, que se valem do prudente meio de elevar o entendimento contra os sentidos, se consideram obrigados a abraça-lo com muito gosto constrangidos do irrefragavel acerto dos seus calculos, cuja infallibilidade os deleita sem poderem contradizer a verdade notoriamente manifesta. Porém tambem estes soffrem trabalhos, e afflicçoens grandes, para alcançarem o conhecimento do systema solar, tanto contra a idea do nascimento para diante: he pois a afflicçam de que se fallou, e com tudo conseguem sim, mas não podem comprehender completamente as obras de Deos.

Este systema solar nada tem contra a santa fé, nada contra a moral christãa, antes serve, e muito, para extender a esphera do raciocinio, de que o Altissimo nos dotou, para que guiados pelo admiravel conhecimento das maravilhosas obras da sua omnipotente bondade conheçamos melhor qual he, em si mesmo, o Supremo Ser, e adoremos, louvemos, amemos, e sirvamos a quem he unico Senhor.

A sagrada escritura tem alguns textos, que aos que presumem entendelos parecem contrarios ao systema: como: *Terra autem in æternum stat. Oritur Sol et occidit, et ad locum suum revertitur: ibique renascens gyrat per meridiem, et flectitur ad aquilonem.*—Eccl. c. 1. v. 4, 5, 6; mas quem quizer entender similhantes textos no rigoroso som das suas palavras, será obrigado a considerar corporea a Santissima Trindade; pois a palavra divina escrita dá a cada passo ao supremo Ser *coração, olhos, ouvidos, pés, mãos* etc. A verdadeira intelligencia de similhantes textos depende do principio theologico: *Scientia Dei, Deo, locutio Dei, hominibus*: isto he: que sendo a sciencia de Deos, como em si ella he, incomprehensivel a toda a creatura, a infinita bondade do Senhor se nos communica accommodando-se á pequenhez do nosso entendimento, porque, se lhe propuzessem as cousas como ellas em si são, pela curta esphera da nossa comprehensão, nada entenderiamos; o que nós tambem costumamos a praticar, quando fallamos com crianças, inventando e modificando palavras á proporção do capto dellas.

José Antonio Gonsalves.

DOCUMENTO N.º 32.

Carta do padre Caetano Victorino de Faria a Antonio João Pinto.

Senhor Antonio João Pinto.

Lisboa primeiro de fevereiro de 1772.

O paternal affecto de V. M. me aviva a memoria, e obriga a confessar hum perpetuo cativeiro a toda sua casa, e a filial obrigação a desejar consigão estas a dita de acha-lo na posse da saude, que apetece, para gloria minha, honra, e consolação de toda familia, pois interesso nella no seu augmento, e essa vontade continuo thé hoje a patentear a Christo nosso bem quotidianamente, e nas occasiões, que se me offerecem.

Cheguei a esta côrte de Lisboa aos 23 de novembro com toda a felicidade assim da passagem, como da saude, junto com os mais companheiros, excepto José de Oliveira, que veio sempre doente, a quem fiz a assistencia na forma possivel; e thé hoje passo com saude perfeita junto com meu filho, que sacrificamos a sua obediencia com a mesma promptidão que V. M. sempre me mereceu.

Falei a beneficiado Luís Manoel Tavares, que me esperava com muito agrado pela honra que me fez essa casa de o recomendar com tanta abonação, e ainda que não houve percisão de o molestar, sempre confesso obrigado assim a V. M. como ao dito.

Offerecendo-se-me occasião de fallar aos senhores Condes de S. Vicente, aonde achei todo agrado, e huma prompta vontade para pertender do seu grande prestimo o que me parecesse, ao que agradeci: tive a oportunidade de lhes fazer presente pelo seu mordomo João Evangelista Machado e Oliveira o grande affecto, e generosidade, com que V. M. e toda sua casa se tratavam com o senhor Miguel Carlos da Cunha, assegurando que a casa de V. M. era asilo para o dito senhor, e sua familia, expressando-lhe distinctamente o como, e quando o acudiam, de que summamente ficou agradecido, desejando occasiões de mostrar o seu affecto, e huma mutua correspondencia, e para satisfazer assim a minha obrigação, como o seu desejo, lhe entreguei huma petição em nome do senhor Ignacio Pinto para tezoureiro geral da bulla da cruzada, que mandei vir feita por Luis Manoel Tavares, por ignorar o sistema desta côrte, e de outra sorte ma havia de dar feita o senhor Mendanha, encarregada a diligencia subsequente, no caso de não estar provido o dito cargo em outrem, ao dito Luis Manoel Tavares, e remetter a V. M. se o dito mordomo o não fizer, que creio escreverá a V. M. e aos mais senhores manos, e espero de V. M. correspondão naquella casa, e pelo mesmo homem, que he porta para a dita casa, e he a melhor desta côrte.

Achei no dito João Evangelista Machado circumstancias correspondentes á inclinação do genio de V. M. pois he serio, modesto, grave, affavel, verdadeiro, leal, e por isso submete a todos da dita casa, e o mesmo eminentissimo senhor cardeal o venera, pois a seu respeito se fez a mercê ao senhor Miguel Carlos de Senquerim contra vontade da mesma may, pois he ouvido e attendido do ministerio, e por sua mão correm os negocios da casa, e assim pode V. M. e senhores seus manos dirigir os seus negocios a aquella casa pelo mesmo Luis Manoel Tavares, ainda que este está velho e surdo, mas quer muito a essa casa.

A pobreza, com que venho, me não permitte a maior demostração que huma corôa de cordão azul com huma cruz sestavada, pobre offerta de hum pobre sacerdote, mas com grande affecto, e confiança filial, e leva sua indulgencia plenaria para hora da morte junto com sua veronica.

Tinha occasião de pertender nesta côrte todas as utilidades para os meus patricios, pois está o ministerio de constante acordo de os favorecer em todas as pertenções, e por isso fiz hum requerimento em nome do senhor Ignacio Pinto a S. Magestade para mandar hum decreto para serem Freiras de capelo as senhoras suas filhas, netas, e sobrinhas delle, e de V. M. com o mesmo dote, e honras que as brancas, pedindo se praticassem mesma igualdade com as Leigas, e eu espero que o Tavares o faça, a quem encarreguei a sua diligencia, que he somente de meter a petição ao despacho, e lavrar o decreto, posto que me perguntava este se faria alguma despesa para dar a brevidade a este negocio, e eu lhe disse que não tinha commissão para isso, mas se se fazia já, concorreria eu com huma peça de lenços, o que tambem não he necessario.

José de Oliveira de Angola foi a Rio de Janeiro a cobrar o seu dinheiro, mas nada dispoz do que V. m.[ces] remetião, e recommendavão, e assim as suas encommendas, e remessas ficarão na casa da India sem poder tirarem-se della, porque não ha consto, nem recibo de dito José de Oliveira, e esta queixa me fez Luis Manoel Tavares, e eu as tiraria, se me demorasse; pelo que advirto tambem que V. m.[ces] não necessitão de negocio, nem correspondencia com os negociantes desta terra, que anda furada. De V. M. obrigado e amante servo.—*O padre Caetano Victorino de Faria.*

Outra carta do padre Caetano Victorino de Faria a Antonio João Pinto.

Senhor Antonio João Pinto.
Lisboa 14 de fevereiro de 1772.
Já tenho narrado na que escrevo pela primeira via o excessivo

affecto, com que significou o senhor João Evangelista Machado Oliveira o grande desejo de proteger a casa de V. M.^{ce} com os favores da casa dos senhores condes de S. Vicente, e em especial do senhor cardeal da Cunha, que todos se conseguem pelo dito amigo e senhor João Evangelista pelo affectuoso trato que V. M.^{ces} praticão com o senhor Miguel Carlos da Cunha, amando-o desinteressada, e independentemente, dirigindo toda essa demonstração o grande nascimento, que V. M.^{ce} senhores seus manos e filho veneram no dito senhor, cuja educação se deveu ao dito amigo, pelo qual motivo se encerra hum paternal affecto no seu coração, pelo que ancioso de mostrar grato a V. M.^{ce} dirigiu huma petição ao dito eminentissimo senhor para o provimento de tezoureiro geral da Bulla em senhor seu mano o senhor Ignacio Pinto, por o senhor seu filho Salvador João Pinto ser summamente occupado em casa, e creyo que o dito amigo conseguirá o dito provimento.

E porque não posso demorar-me nesta côrte para cuidar na expedição do dito negocio, e o dito amigo o senhor João Evangelista he nimiamente occupado, tomei o expediente de deixar huma instrucção ao procurador de V. m.^{ce} o senhor beneficiado Luis Manoel Tavares para elle conforme a ella, quando se consiga, expedir a provisão, e entregala ao dito amigo, para inclusa na sua carta, que pertende escrever a V. m.^{ce} remetela.

Escuso de encarecer a capacidade e prestimo do dito senhor João Evangelista novamente, porque a experiencia o mostrará, e eu thé aqui cuidando que desempenhava a minha obrigação para com V. m.^{ce} e sua casa, assim desejei significar-me. Tenho dito. Deos guarde etc. De V. m.^{ce} amante e obediente servo.—*O padre Caetano Victorino de Faria.*

Carta do padre Caetano Victorino de Faria ao padre Pascoal Pinto.

Rm.º senhor Pascoal Pinto.

Lisboa 2 de fevereiro de 1772.

As infinitas obrigações, que lhe confesso dever, me avivam a memoria a trazer presente a V. M. com huma robusta saude, que lha apeteço muito interessado: permitta o senhor que achem estas no logro della para consolação e gloria minha, e dessa nobre casa, e assim o espero na misericordia do Senhor.

Tenho relatado os progressos da minha viagem no modo possivel a senhor seu mano o senhor Ignacio, por a brevidade do meu transporte para Genua me não permitir commodidade para o fazer como desejava, e por isso não refiro nesta, que não serve a mais que renovar o voto da minha escravidão, que lha devo, e a toda essa casa, assigurando-lhe que a todo tempo, e em toda a parte confessarei, e mostrarei no exercicio de seus preceitos que o sou realmente.

A familiar communicação, que tive com o senhor Nuncio Arcebispo de Tiro, me fez merecer a honra de tres continhas, huma para meu filho, outra para minha Freira, e outra para my, com suas veronicas de prata com indulgencia plenaria na hora da morte, com a liberdade de poder offerecer as ditas contas a quem parecesse, e eu na minha veneração (dadiva de semelhante senhor) julgo a V. M. ser merecedor della, e por isso lhe offereço, rogando traga como mimo do meu affecto, pois nem me acho com prestimo de obsequia-lo com cousa, que correspondesse a seu merecimento.

V. M.[ce] saberá pelo dito senhor mano da boa acceitação que tive com o senhor Nuncio, que me tratou com muita honra, e grande affabilidade, o que tudo devo a Deos pelo seu instrumento o Rm.[o] senhor Fr. João Baptista de S. Caetano, benedictino, de quem fallarei a seu tempo; pois tive a honra de comer varias vezes no seu palacio com a ordem dada para que freqnentasse, e para isso fez avisar na sancristia de Boa Morte, que fica ao pé do palacio, que me desse os paramentos a qualquer tempo que chegasse, e quando me recolhia dita a missa, já achava bandeja preparada.

Pediu-me este senhor huma seria informação das Missões de Goa, e dos mais bispados, das religiões, e de todo o Estado ecclesiastico, e quiz que lha desse por escrito, a qual com effeito pude conseguila por via do senhor bispo D. Antonio, que supponho irá nesta monção para sua caza, que tambem informará de my, e com parte que sabia o senhor secretario, e desta sorte fiz huma serie de todas as Missões sem declarar os seus estados autuaes para não desgostar a quem não nos quereria ouvir, e offerecendo a senhor Nuncio, e sabendo que era letra de meu filho, estimou muito, e fez-nos ficar em sua casa, e escrever do estado autual, que o fiz o que em consciencia estava obrigado a fazer, e dando por prova a vida do veneravel padre José Vaz, que inculquei, e lha entreguei, de que gostou muito, mostrando-lhe que o augmento da christandade, e a conservação della mais consistia nos ministros naturaes da mesma terra que os estranhos, maximas que praticavão S. Paulo e os mais apostolos. Dei-lhe noticia do nosso padre Joaquim de Miranda, os progressos que fazia com a fabrica do Hospicio, para cuja fabrica que transportara os materiaes de sua propria casa, e o mais que podia dizer, e na mesma forma o padre João Francisco Gonçalves por fundador da igreja de Vaddy; dos progressos dos Theatinos, e Filipinos, e a Missão de Bengala, e Timor, e da Costa; o que traduziu em italiano, e remeteu para secretaria de Roma, aonde tambem me dispoz dando conta da nossa chegada, e por isso nos remette para o senhor arcebispo de Genua, para este nos dirigir á côrte, e nos tem dado huma carta de guia; e tudo isto com cautella, e segredo, dirigindo-nos para a casa do eminentissimo senhor Cardeal Secretario, aonde, querendo Deos, espero receber suas letras, e executar seus preceitos com a mesma vontade e submissão, que ma merece.

E porque quererá V. m. saber como procurei ao dito senhor Nuncio, me faz perciso relatar individualmente. Tanto que me puz de assento nesta côrte, logo se soube da nossa chegada, por ter hido algumas vezes á casa da India a fallar aos ministros para desembarque do fato do senhor Mendanha, e de ly seguiu-se acudirem todos os principaes da côrte a vizitar o senhor Mendanha, e ser-me preciso hir a casa delles, de que commonicando com o mestre Fr. Francisco, o poeta, que mora na Cruz dos quatro caminhos, me aconselhou abstivesse dessas communicações, e tomasse outro rumo, o que communicando com o senhor Mendanha, approvou a resolução, e me remetteu ao Rm.º senhor Fr. João Baptista atraz dito, para que me ouvisse, o qual depois de me ter na pratica perto de quatro horas no convento da Estrella, me resolveu que tomava por sua conta ajudar-me nas minhas pertenções, ainda que se determinasse na cautella, que era preciso haver em materia tão delicada desta côrte; e com effeito em pessoa fallou ao dito senhor Nuncio com os meus papeis, e do meu filho, e o informou como a sua paixão o guiava, pois se mostra tão excessivo nella para com os naturaes de Goa, que chegou dizer depois de informar-se do Estado ecclesiastico secular e regular de Goa, que não descançava em quanto não entregasse a mitra e o bago aos ditos naturaes á imitação de S. Paulo, e mais apostolos; e o pode fazer porque he da muita attenção do ministerio, e muito ouvido da Censoria, desinteressado, e bom religioso, fidalgo por nascimento, de quem tive a honra de se me offerecer para meu procurador nesta côrte junto com o senhor Mendanha para corresponderem com a nossa freira, e com esses senhores procuradores, de quem, e de V. M. e de toda essa casa já tem pleno conhecimento pelas informações, que eu lhe dei, e gostará muito da correspondencia de V. M. e dos senhores irmãos.

Em sinal do meu affecto obsequeo a Senhora dos Agonisantes com huma pedra marmorea das seis, que vão distribuidas, as quaes entregando eu ao dito Rm.° procurador, me assegurou as havia de remetter sagradas, e com reliquias dos Santos, e creio que o fará, pois deixo despesas para este effeito, ignorando se mas acceitarão, e para satisfazer o grande desejo, que tinha, de mostrar o meu grande affecto, tinha ajustado duas pedras de marmore, que pareciam damasco preto com fundo branco, do cumprimento de seis palmos, e de largura tres, e huma travessa da grossura huma pollegada, ambas por duas moedas, dando-lhe 16 tustões de sinal, para me lavrar hum par de bufetes das ditas pedras, as quaes cá deixo, perdendo os taes tustões, por me não chegar o dinheiro para despezas, que repentinamente sobrevierão; mas cumprirei o meu desejo como chegar a Genua.

Hum criado secular do senhor Nuncio me intercede a que lhe faça produzir pelos meus senhores procuradores o importe de veronicas, cruzes, campainhas do Loureto, e outras cousas, de que tudo vai hum caxote cheio com o letreiro ao senhor Ignacio Pinto; rogo a V. M. disponha dessas cousas, e do seu producto remetta peças de lenços, cobertores de cama, e outras cousas, que elle pede por huma lista, que me entrega hoje, promettendo-me pagar o que lá custar de mais, sobre que escrevo tambem ao padre Jose Ribeiro, para ver se pode supprir.

Os padres Neres (Nerys) me fizeram grande obsequio offerecendo-se para tudo que eu necessitasse, mas não houve precisão de cousa alguma. Creio firmemente que se erigirão nessa cidade, e as provincias tres Universidades, assim das lingoas Latina, Grega, Franceza, e Hebraica, como as sciencias Philosophia, Theologia, thé o Canonico, para se doutorarem nellas; pelo que lhe offereço huma arte franceza do autor Lima, que tudo hade hir nas encomendas da freira. Seria de muita utilidade na conjuncção presente remetter a obra dos senhores Luis Caetano de Lima, e Menezes, a imprimir dirigidas ao dito Rm.° e offerecidas ao ministerio, pois já lhe tenho informado nesta materia. Não posso extender mais por não achar tempo; peço me não poupe. Deos guarde etc. Abraços á senhora minha Agostinha e sobrinha.—*O padre Caetano Victorino de Faria.*

Copias dos originaes.

São escriptas por letra alheia, talvez a do filho, e assignadas da mão do padre Caetano Victorino.

DOCUMENTO N.° 33.

Carta do Secretario d'Estado Martinho de Mello e Castro ao Bispo de Cochim.

Exm.° e Rm.° senhor. A Sua Magestade foi presente que compondo-se o Mosteiro de Santa Monica de Goa de religiosas filhas de pay ou de may europea, e de outras naturaes do Estado, isto he, filhas de pay e may naturaes da India, se conferiam ás primeiras o veo preto, e ás segundas o veo branco, não obstante entrarem humas e outras com iguaes dotes, e não haver entre ellas outra differença que não seja a da côr: por cujo motivo ordena Sua Magestade que logo que V. Ex.ª chegar a Goa veja o modo de tirar este abuso, de sorte que passem para véo preto as que no referido mosteiro se acham de véo branco, e que nas entradas das religiosas cuide V. Ex.ª muito particularmente em extinguir semelhante pratica.

Deos guarde a V. Ex.ª. Salvaterra de Magos em 6 de março de 1779.— *Martinho de Mello e Castro.*—Senhor Bispo de Cochim.

Livro das *Monções* n.° 168, fl. 125.

DOCUMENTO N.° 34.

Trecho de uma carta do senhor Innocencio Francisco da Silva ao senhor Jacinto Caetano Barreto de Miranda.

Não creio que seja possivel dizer-se com verdade que o padre Caetano Victorino fosse em tempo algum confessor da rainha D. Maria I; e senão, veja V.—No anno de 1757, em que por decreto de 19 de setembro foram do paço expulsos os jesuitas, a cujo cargo estavam entregues as consciencias dos membros da familia real, escolheram-se, entre outros confessores, para a princeza herdeira D. Maria, e para as infantas suas irmãs, o P. M. Dr. Fr. José Pereira de Sant'Anna, ex-provincial do Carmo. Este exerceu as suas funcções até que falleceu no paço de Salvaterra a 31 de janeiro de 1759.—Em fevereiro immediato foi nomeado para lhe succeder no cargo o Dr. Fr. Ignacio de S. Caetano, então prior do convento dos carmelitas de Carnide, e depois arcebispo de Thessalonica, bispo de Penafiel, ministro assistente ao despacho, inquisidor geral etc. etc. que morreu no paço de Queluz com 69 annos a 29 de novembro de 1788, dirigindo sempre a consciencia da Rainha. A este succedeu D. José Maria de Mello, congregado do Oratorio, e bispo do Algarve, e foi durante o seu ministerio que a Rainha endoudeceu, ao que se diz, em consequencia dos escrupulos e zizanias por elle introduzidas no animo da sua augusta penitente; seguindo-se dahi ser mandado sahir do paço em 1794, ficando no desagrado etc.—A rainha permaneceu desde esse tempo no estado de loucura, e nunca mais teve parte alguma nos negocios do Estado. No intervallo, pois, de 1757 a 1794 não he possivel metter como confessor o padre Caetano Victorino, e dahi em diante muito menos. Creio por conseguinte mal fundadas e totalmente inexactas quaesquer informações em contrario.

Ultramar de 23 de maio de 1867.

DOCUMENTO N.° 35.

Glosas do padre Caetano Victorino de Faria á informação de D. Fr. Manoel de Santa Catharina, Bispo de Cochim, Governador do Arcebispado de Goa.

1.° *Paragrapho da informação* (a). Quando chegou a Goa o tal bispo de Cochim, se achava encarregado do governo do bispado de Cochim hum clerigo da India chamado o padre Francisco Caetano Couto; este clerigo teve varias disputas com os Franciscanos, a quem está incumbida aquella missão, e com os propagandistas: presentemente se acha o dito clerigo em Lisboa.

[a] São extractos feitos pelo padre Caetano Victorino.

Glosa—Este sacerdote que governava o bispado de Cochim se chama Caetano Francisco Couto, filho de Pascoal Couto e de Pascoela Pereira, bragmanes, natural da villa de Pangim da ilha de Goa. Este sacerdote bem conhecido pelo seu merecimento em Goa frequentou os seus estudos menores até a sagrada theologia nos estudos publicos do collegio do Noviciado da ilha de Chorão, a que concorriam mais de quinhentos estudantes, fez actos publicos das conclusões com assistencia do seu arcebispo D. Antonio Taveira de Neiva Brum e a corte secular, argumentando com elle mestres das religiões, das quaes se acha nesta côrte algum.

No fim das ultimas conclusões da sagrada theologia (a que esteve presente o dito arcebispo) o chamou elle para seu domestico, e secretario das suas visitas, donde o destinou para vigario foraneo, ou de vara de Onor no reino do Canará.

Succedendo ao dito arcebispo D. Fr. Francisco de Assumpção e Brito, e conhecendo o seu talento e propensão adaptada ao ministerio, o mandou para o governo do bispado de Cochim, no qual se conservou tres annos com grande e notoria utilidade das almas e da coroa de S. Magestade, reprimindo o orgulho dos propagandistas, e estirpando os abusos até então pacificamente mantidos por aquelles chamados missionarios, reduzindo almas para o gremio da igreja catholica no lugar de Vencort mais de cinco mil, que se baptizarão, fora innumeraveis apostatas, que se unirão á igreja, como é notorio.

Occupado nesta fadiga teve que suster a escandalosa perseguição dos Frades Franciscanos, que vivião naquelle bispado a titulo de missionarios com procedimento escandaloso ao mesmo paganismo, mahometanismo, e aos protestantes, calvinistas, e luteranos, porque vendo os catholicos o suave modo de reformados costumes, e continuas predicas dos novos missionarios clerigos, conhecerão que aquelle modo dos frades era horroroso, e por isso recorrerão ao seu rei, para que excluisse os frades das suas parochias, appresentando-lhe os ditos christãos as mulheres e filhos dos seus falsos missionarios, por conhecerem que o dito reverendo governador não podia exclui-los pela protecção com que vivião dos mesmos pagãos; da qual oppressão se quizerão remir a troco de somma de dinheiro, que offerecerão ao mesmo rei (como testificão os dous sacerdotes malavares, que ha dous annos se achão nesta corte), e o rei sendo ambicioso pagão, cedeu mais ás persuasões e merecimentos do dito governador, concedendo-lhe faculdade ainda para exterminar fora do reino; e o dito governador em tudo quiz proceder segundo as instrucções, que o arcebispo lhe enviou, datadas a 5 de dezembro de 1777, e outra de 18 de abril de 1779; e o mais que o dito governador tem obrado no governo, terá cuidado de appresentar a S. Magestade.

Neste estado de pacificar aquelle rebanho, chegou Fr. José da Soledade, carmelitano descalço, companheiro do bispo governador, com commissão de tomar posse do dito bispado de Cochim, constituindo-se governador do bispado (antes que o dito bispo tomasse posse do governo de Goa), a quem promptamente entregou-o o padre Caetano Francisco, e se retirou a Goa. Unindo-se com os mesmos Frades Franciscanos o dito Fr. José da Soledade de tal forma perverteu a paz e o socego, que introduziu o seu antecessor, que foi preso, e depois de quatro mezes de prisão, fugiu, e veio para Goa, donde se duvida torne ao governo pelo receio dos catholicos; mas entretanto cuidou muito em subsidiar os Frades Franciscanos com outros cinco, que de Goa mandou junto com seis congregados, que vão remettidos pelo seu Preposito para cultivar a ilha de Ceilão.

O bispo vigario apostolico, que desejava semelhante desatino com o dito Fr. José da Soledade, novo governador, expediu logo hum vigario geral seu para tomar posse do bispado de Cochim, por se achar desamparado por seu governador, de que deu parte a Roma, donde tem huma carta, que já apresentou a S. Magestade, e o dito vigario geral da Propaganda já está de posse da igreja de Anjenga, metropole do bispado. Este modo de pacificar como nos diz o bispo governador não se pode comprehender.

2.º *Paragrapho da informação.*—Igualmente estava nomeado para governador do arcebispado de Cranganor outro clerigo tambem da India chamado padre Pedro de Figueiredo, mas ali não o quizeram receber, nem passou de Calicut, e presentemente se acha inquisidor em Goa; estas desordens obrigarão ao bispo governador de Goa a mandar a Fr. José da Soledade para compôr, como compoz, aquellas dissenções, e tornou a Goa a dar conta da sua commissão, e depois do que fica referido nomeou o mesmo bispo governador ao dito Fr. José para ir governar o bispado de Cochim, levando consigo cinco religiosos Franciscanos, sete clerigos, e seis padres da Congregação para a missão de Ceilão alem dos que ali se achão.

Glosa.—O governador de arcebispado de Cranganor se chama

Pedro de Figueiredo, da congregação do Oratorio, na qual começou a ditar philosophia e theologia da idade de 22 annos, e continuou até 45 de idade. Santo nos costumes, e exemplar, e por fim espelho de ecclesiastico de Goa, allivio das consciencias do secular, tudo para todos, e todo para tudo; foi reitor do collegio de Rachol e dos estudos da provincia de Salcete, em que deixou frutos dignos e uteis á igreja e a Sua Magestade, donde foi mandado para governador do dito arcebispado.

Este logo foi tomar posse, e firmou a sua residencia em Calecut em caza do feitor de S. Magestade José de Amaral Carvalho, bem conhecido pelo seu nascimento e procedimento, e permaneceu no dito posto todo o tempo do seu governo, que foi dois annos.

Este dignissimo governador foi recebido por todo o seu rebanho com muita assistencia, mas teve muito que padecer em todo o decurso do seu governo, porque o jesuita Mathias Excerpentel, alemão, se tinha constituido cabeça daquelle governo, e unindo-se com os propagandistas intentou por todos os modos de o perturbar, e para isso se uniu com os Frades Franciscanos, que a titulo de missionarios andam dispersos por aquelle arcebispado, favorecidos por Fr. Antonio de Padua, e seus sequazes de Goa, e armarão-lhe ciladas por todos os modos para perturbar a paz, com que era recebido, e para removê-lo do seu governo, e por isso por vezes o accusarão de trahidor, e espia dos portuguezes, e outros tramas perante o tribunal do Nababo Aydar Ali Kan, donde sempre saiu victorioso com confusão dos perturbadores, e ainda que cuidou naquelle rebanho incansavelmente para bem ordena-lo, com tudo sempre o acompanhou a perseguição dos frades, athé que foi chamado a Goa para tomar posse de inquisidor, como presentemente he, custando-lhe esta retirada summo trabalho, e grande demora para se livrar das ciladas, e dos assassinos, que lhe puzerão pelo caminho o dito Fr. Antonio de Padua, e mais frades de Goa.

A composição que fez Fr. José da Soledade foi entregar o governo daquelle arcebispado, que custou tantos suores a D. Fr. Aleixo de Menezes, apostolo delle, e ao dito Pedro de Figueiredo, ao jesuita Excerpentel, factor da propaganda, suspeito na fé, e escandalo de vicios. Não he porem verdade que tivesse mandado sete clerigos de Goa para essas missões, como diz o paragrapho acima.

3.º *Paragrapho da informação*—Para governador do arcebispado de Cranganor nomeou ao padre Fr. Manoel de S. Francisco, religioso Franciscano, natural de Damão, de quem tem boas informações, e sufficiente litteratura, e mandou com elle cinco religiosos da Madre de Deos para a missão de Maissur.

Glosa.—Este Fr. Manoel de S. Francisco, Frade Franciscano, o conheci com muita frequencia, e achei que a sua litteratura não passava de missas e breviario. O seu emprego era de capellão de navios. Sendo capellão do forte de Tiracol morava em Goa com sua mãi, e ao sabbado caminhava seis legoas para hir dizer missa no dito forte no domingo, e dita a missa, caminhava outras tantas para se recolher, pelo que lhe ficou o nome de Fr. Manoel de Tiracol.

Este Frade era commissario dos seus missionarios do bispado de Cochim, ou para milhor dizer, protector e defensor dos Frades, que vivião naquelle bispado sem alguma religião, e querendo o dito padre Caetano Francisco Couto corrigi-lo, fugiu para o arcebispado de Cranganor, no qual o constituiu governador, por achar nelle todos os merecimentos, e particularmente escandalosos no mesmo arcebispado, e para poder viver com mais segurança, e maior consolação nos seus vicios, lhe deu cinco Frades da Madre de Deos, quando nunca estes Frades da Madre de Deos forão capazes para tal emprego, assim por ignorantes, como por escandalosos.

4.º *Paragrapho da informação.*—Para S. Thomé de Meliapor mandou a padre mestre Fr. Antonio de Assumpção, religioso da Graça, sujeito muito capaz de preencher o lugar do defunto bispo, tendo de idade 40 annos.

Glosa.—Este Frade occupava a cadeira de philosophia sem mais ideas da cultura das almas, occupado nos divertimentos de Goa, que por na escola tinha pouco que fazer, e por isso deita-lo fóra de Goa, era diminuir um perseguidor das Freiras, cuidado que traz aos Frades Gracianos muito occupados, mas não serve para o governo dos bispados da India; e já que o bispo governador o abona para preencher o lugar do seu antecessor, por isso mesmo se deve remove-lo de semelhante governo, porque o bispo D. Bernardo foi sagrado em Goa já quinquagenario, tirado dos divertimentos seculares, em que vivia, especialmente jogos publicos (o que vi), e destes divertimentos passou aos de Madrasta e Meliapor.

Em Goa o primeiro acto, que exercitou da sua ordem, foi pedir licença a D. Antonio Taveira para ordenar um rapaz afilhado dos seus amigos e socios, a quem o seu arcebispo não queria ordenar por inhabil e indigno, e ordenou-o com tal desgraça, que o oleo da sagração do sacerdocio lhe serviu de veneno para morrer sem chegar a exercitar ordem alguma.

Em Meliapor viveu 30 annos ou mais, e em todo o decurso do seu tempo foi tal a dissolução dos parochos Frades da sua religião, que abominavão os mesmos hereges, e por fim muitos seguirão o partido de Luthero (como eu conheço alguns), e um querendo seguir o mesmo partido, o não quizerão admittir na sua sociedade os Lutheranos, por ser de abominavel procedimento; por isso recolheu-se entre os Calvinistas de Bethavia, aonde foi admittido, e os que vivem naquelle bispado, ainda não escolherão ley,

Em sua companhia tinha alguns negociantes tão orgulhosos e intrigantes, que obrigarão ao Nababo Aydar Ali Kan sitiar Meliapor para os apanhar junto com o bispo, o qual com alguns dos companheiros oito dias antes se retirou para Bengala, e os mais foram apanhados.

Huma concubina catholica vivia occasionada com hum herege rico, morreu impenitente, deixando filhos do amante, e negando-se a sepultura no lugar sagrado, o tal amigo a conseguiu a troco de mais de mil pagodes. O mesmo bispo lhe fez a oração funebre, com o que deixou a religião dos Romanos tão vilipendiada entre os protestantes da India, que a tiverão por fantastica. Neste lugar vai succeder o dito Fr. Antonio de Assumpção, que o preencherá fielmente, como o assegura o bispo governador de Goa.

5.º *Paragrapho da informação.*—Para Timor mandou provisão daquelle bispado ao padre Fr. Joaquim de S. Anna, religioso Dominico, que se acha em Macáo, mas que não tinha recebido reposta.

Glosa—Esta missão foi dos Frades Dominicos de Goa, aos quaes indo corrigir o bispo D. Fr. Geraldo da mesma ordem, o perseguirão de tal modo, que se vio obrigado a fugir em huma noite da dita ilha para Maissur, aonde veio acabar-se fora de si, deixando terror aos que lhe quizessem seguir, como até o presente ha trinta annos que não teve successor; e por fim indo ordem da corte para se recolherem aquelles Dominicos para Goa, estes puzerão em armas, e pelejaram com S. Magestade de modo que hum dos Frades morreu no conflicto com armas na mão, cujo processo já será apresentado a S. Magestade, e ficou aquella missão encarregada aos clerigos seculares naturaes de Goa, constituido por governador o padre José de Menezes, bragmane, natural de Goa, bacharel formado na sagrada theologia na eschola dos jesuitas, homem de louvaveis procedimentos, e honrado nascimento, e natural da provincia de Salcete.

Estes motivos são sufficientes para se conservar a missão no actual estado, e excluir os primeiros.

6.º *Paragrapho da informação.*—Para governador episcopal de Moçambiquo foi nomeado Fr. Amaro de S. Thomaz, religioso Dominico, sujeito capaz de occupar este lugar: o bispo governador fazia tenção de mandar quatro ou cinco clerigos, se os achasse capazes, e dois religiosos Dominicos, que os tinha promptos.

Glosa—Este governo o quanto anda desordenado pelos Frades Dominicos tanto no espiritual como no temporal, tem já constado a S. Magestade por outra via, pois vão estes Frades somente para negociarem e opprimirem os povos dos Rios de Senna, sem mais cuidarem na administração dos sacramentos, e no pasto espiritual, e se acaso algum catholico o pedir, o hade comprar a bom dinheiro; e tal he o esquecimento de si, e da religião catholica que mandando S. Magestade triennalmente um destes Frades com o titulo de capellão da guarda do imperador de Monomotapa, cuidão os Frades que este titulo não he para mais que para adquirir naquelle triennio o quanto puderem para se recolherem a Goa.

Por quanto o dito imperador de Monomotapa, tendo-se convertido á religião catholica ha seculos com diligencia de S. Magestade, e reputando-se catholicos os successores no imperio, e como taes assistem ao sacrificio da missa, recebem agua benta, venerão ao dito capellão, o presente imperador até agora não he baptizado, e seu pai e avô morrerão sem este sacramento com continua assistencia dos Frades Dominicos. Este mesmo systema irá manter o novo governador nomeado pelo bispo governador, porque os Frades de Goa não são faceis em se abaterem em dar pasto espiritual, que lhes parece vileza.

7.º *Paragrapho da informação.*—Para Diu mandou o prior da collegiada com hum clerigo, e dous beneficiados que faltavão.

Glosa—Como não nomea o prior, não me occorre a fallar nelle, mas sempre devia ser algum clerigo, e se o he, o terá reputado por *non gens* por ser *canarim*.

8.° *Paragrapho da informação.*—Para Damão mandou um clerigo por vigario de uma igreja, e não foi possivel achar quatro missionarios por as congruas serem muito tenues.

Glosa—O priorado de Damão occupa o padre Sebastião de Albuquerque, posto pelo arcebispo D. Antonio Taveira, clerigo natural de Goa, muito bem instruido, e muito morigerado; tem feito serviços a Deos, a S. Magestade, e á dita cidade de Damão, nem seus suburbios necessitão de missionarios, mas sim de beneficiados, os quaes não achará em Goa que queirão ir, por as congruas serem muito limitadas, e por isso bastaria que fossem iguaes ás de Diu.

9.° *Paragrapho da informação.*—O mesmo bispo governador adverte a precisão de se nomear o bispo de S. Thomé de Meliapor, e arcebispo de Cranganor, por não levar elle bispo o poder de communicar aos governadores o poder crismar.

Glosa—Esta advertencia do bispo governador funda-se somente na necessidade de crisma: suppõe talvez ser sacramento de extrema necessidade: mais urgente e extrema he a de pastor para o rebanho para vigia-lo, mante-lo com sacramentos, nutri-lo com a palavra de Deos, defende-lo dos lobos, de que está cercada a christandade, e purifica-lo dos que com a pelle de ovelha fazem guerra intestina. Esta materia deve fazer escrupulo a quem fica incumbido a providenciar.

10.° *Paragrapho da informação.*—Adverte o arcebispo (*sic*) que o governador que mandava para S. Thomé de Meliapor he capaz de ser bispo, e para Cranganor desejava viesse algum de Portugal, que tenha a propensão para viver entre a gente mais rude e aspera da Asia, e constará que dos melhores que haviam naquelle Estado se tinha utilisado d'elles, e que nada mais restava nas religiões que o Provincial da Graça, mas que era muito doente.

Glosa—Fica satisfeito ao nomeado para bispo de S. Thomé de Meliapor na resposta do paragrapho quarto. Quanto porém á de Cranganor erra em dizer que vá hum arcebispo reinol, por ser aquella gente a mais rude da Asia, pois para a gente rude e aspera nunca foi bom um estranho, que nem sabe, nem pode revestir-se dos costumes de semelhantes povos; mas sim um dos mesmos, que seja instruido na Europa, para que docilisando-se nestes costumes, civilisando-se, e instruindo-se facilmente, antes efficazmente pode conseguir o docilisar todo aquelle povo, instrui-lo, e aperfeiçoa-lo.

E como diz que se tem utilisado dos melhores que haviam naquella terra, me parece que julga que todo aquelle que não estiver revestido do habito de alguma religião não deve ser util, e que ainda que seja o mais facinoroso, vestindo-se do habito da religião, fica habilitado para qualquer emprego e ministerio. Estas maximas são o pão, com que nutrem os regulares, e capacitão ao secular; erro, que tem escurecido a côr aurea da igreja catholica.

11.° *Paragrapho da informação.*—Que dos clerigos seculares nada via que prestasse; nem os naturaes da India tinham alguma acceitação naquellas partes, nem ainda para missionarios.

Glosa—A este paragrapho não devia responder, porque mostra em si a apaixonada cegueira, com que falla, porque em tres mil clerigos quem, que tenha lume de razão, poderá acreditar, ou persuadir-se que ao menos se não for o decimo ou centesimo, não admittirá o millesimo, e por isso ao menos poderia exceptuar tres; pois nem um achou? He signal de que está muito mal persuadido, no mesmo tempo que proveu a cadeira de philosophia no collegio de Chorão no padre Joaquim Furtado, natural de Salcete, e no padre José Felippe, natural da ilha de Divar, e se quizer escolher não somente para cathedraticos e bispos, mas ainda para ensinar a serem bispos, acharia mais de cento ao menos.

Em quanto ao dizer que não são aceitos naquellas partes os naturaes para missionarios, contradiz a actual pratica de Goa, da ilha de Ceilão, reino de Cambaya, Canará, e outras partes da India; contradiz ao apostolico arcebispo D. Fr. Aleixo de Menezes, ao venerando D. Antonio Taveira; contradiz a disciplina evangelica, a pratica dos apostolos, dos santos padres, dos sagrados canones, a sagrada escriptura, e o nosso lume da razão, porque todo o animal deseja semelhante a si.

12.° *Paragrapho da informação*—Que havia porém dois clerigos, que alli nomeavam brancos, muito bons; o primeiro chamado Francisco Luis da Cunha, que sendo conego renunciou a conesia, e presentemente he vigario de S. Lourenço.

Glosa.—Este clerigo he filho de Fernando Teixeira da Cunha, mulato de Jeronimo Teixeira, cujo herdeiro Vicente Rebello o queria vender, mas protegido dos Frades se fez soldado, e por este modo se livrou da escravidão, cujos documentos se acham no cartorio do civel de Goa, e como tinha praça de bobo e faceto dos Frades, o cazaram com uma mestiça, e o fizerão official, e por estes merecimentos obteve este seu filho entrar no seminario do collegio de Chorão, no qual não fez mais progressos que comer, beber, e vestir á custa do dito collegio, fomentando nelle desordens tão escandalosas, que foi preciso ao governador da India mandar uma esquadra de soldados com o sargento mór Miguel de Arroyos com uma palmatoria a quebrar-lhe as mãos. Esperando idade necessaria se ordenou com o facto de estar no collegio, e ser branco, e por isso se fez conego da Sé.

Esta conesia lhe coarctava a liberdade com que se criou de libidinoso; e como os Frades eram os creadores deste ecclesiastico, e eram examinadores synodaes, lhe deram casos de moral para estudar, e responder na opposição da igreja de S. Lourenço, que possue, e nesta forma renunciou a conesia, e vive com mais liberdade para os seus vicios, e couto dos Frades; e deste seu viver escandaloso he notoria a fama em Goa, e de outros procedimentos simoniacos, que ommitto por superflua a sua narração.

13.º *Paragrapho da informação.*—O segundo se chamava Antonio da Silveira de Menezes, vigario geral deste arcebispado, e actualmente conego daquella diocese, que qualquer delles era bom para prelado de Cranganor, particularmente por serem criados naquellas partes, e não lhes custar tanto por este motivo como aos que hiam do Reino.

Glosa.—Este clerigo he filho de Carlos da Silveira, mulato de Martinho da Silveira, o qual tambem entrou no seminario do noviciado com iguaes merecimentos do sobredito, e sendo cumplice dos mesmos crimes do outro, mereceu a mesma pena, mas sendo ainda mais orgulhoso, chegou a matar um rapaz canarim ao pé do mesmo collegio a tiro de espingarda, e como era clerigo branco, bastou-lhe a côr para vencer o crime e a irregularidade, e ordenou-se conego da Se, donde teve habilidade de fazer-se vigario geral de D. Fr. Francisco de Assumpção.

Este clerigo sempre viveu occasionado com occasião em casa, com escandalo publico e notorio; em quanto foi vigario geral, foi o perseguidor da justiça, que vendia como na loja, condemnando, e suspendendo clerigos, para cujo livramento dera commissão a sua concubina para levantar suspensões dos clerigos, que na sua ausencia o viessem buscar, como um lojeiro, que na sua ausencia deixa recommendada a loja ao seu caixeiro, o que he publico.

Foi factor de todos os crimes do arcebispo D. Fr. Francisco de Assumpção, e devendo-se acabar a sua vida em uma perpetua reclusão, e em um carcere, ou religião, para satisfazer o escandalo publico, acha o bispo governador capaz para arcebispo de Cranganor.

A respeito destes treze pontos se conclue por veridico com o lume da razão; e em quanto aos factos alem de ser notorios, os affirmo como testemunha.

Desculpa-se a simplicidade do bispo governador, porque foi creado no Bussaco, e por isso não conhece os estratagemas do mundo, para o que he necessaria a prudencia da serpente, sem a qual não pode manejar com acerto o rebanho do senhor, especialmente nas partes da India. »

O que se segue he a compilação dos treze paragraphos, que Caetano Victorino de Faria fez para ser lida por Sua Magestade.

« Nunca esteve a religião catholica tão desordenada e abatida na India como no presente estado, em que ella se acha destituida de pastores, semeada de vicios, corrupta de moral, e perseguida ainda dos mesmos ecclesiasticos, de modo que se pode dizer livremente—*Filii Matris meae pugnaverunt contra me.*

Os 13 paragraphos da informação do bispo governador de Goa dá sufficiente motivo para conhecer a falta de sinceridade, com que informa a S. Magestade, a ignorancia com que concebe o caracter episcopal, e a predominante paixão, com que se porta em Goa contra os seus naturaes, ecclesiasticos e seculares, pelo que se tem feito odioso a todo o christianismo da India, o que tudo se conclue pela respostas dos ditos 13 paragraphos inclusos: pois

Logo no paragrapho 1.º e 2.º falla diminuto do que deve informar em utilidade da religião, e occulta as desordens, que tem commettido em grave prejuiso della, e da coroa de S. Magestade por si, e pelo seu companheiro Fr. José da Soledade.

No paragrapho 3.º abona e louva um frade por elle nomeado para governador do arcebispado de Cranganor, sendo elle notoriamente ignorante e publicamente escandaloso.

No paragrapho 4.º occulta os defeitos do nomeado, e o abona ainda para o bispado, sendo indigno, canonisando o antecessor em grave damno da religião.

Occulta ou diminue no paragrapho 7.º a informação do Prior de Diu, que he o padre Vicente Pereira, natural de Chorão, bragmane de nascimento, e capaz nas sciencias ecclesiasticas, e o mesmo do de Damão no paragrapho 8.º.

No paragrapho 12 e 13 diminue a verdade em dar a conhecer a naturalidade canonicamente necessaria para semelhantes empregos, e no mesmo tempo abona a ignorancia, e vicios escandalosos, e publicamente notorios dos seus propostos, em grave prejuiso da religião catholica, e salvação das almas.

No paragrapho 9 dá pouco conhecimento do peso da mitra, da estimação do annel, da força do baculo, do valor do pluvial, e só entende que o crisma he muito de essencia da ordem episcopal. E erra no remedio para o mal de que se queixa.

Por fim no paragrapho 11 mostra a paixão contra os naturaes, ecclesiasticos e seculares, com manifesto erro do entendimento, porque se os naturaes não são acceitos nos seus paizes, já deviam ser desertos; esta paixão não somente he impropria no que governa; mas he nociva a si mesmo, e perniciosa á paz publica, como presentemente se conhece em Goa.

S. Magestade foi informada pelo mesmo bispo na monção passada da inhabilidade, e indignidade dos regulares de Goa pela geral corrupção dos seus costumes, e o mesmo affirmarão os dois missionarios de S. Vicente de Paulo, desejando por isso a extincção delles; e alem disso S. Magestade se informou mais particularmente de pessoas da sua real confidencia, com que ficou inteirada desta verdade: não sei como o bispo governador se esqueceu da informação anterior.

He digna da compaixão de S. Magestade a christandade da India, a qual tem adquirido direito á misericordia e piedade de S. Magestade. »

Ultramar de 30 de maio, 6 e 13 de junho de 1867.

DOCUMENTO N.° 36.

Carta do Governador do Estado ao Governador do Bispado de Cranganor o padre Pedro de Figueiredo, da Congregação do Oratorio da Santa Cruz dos Milagres.

Recebi a carta de V. Rm.ª da data de 7 do mez proximo preterito, e nas suas expressões, e o affecto, com que me certifica o muito que se interessa na minha saude, que tem sido perseguiea de muitas molestias, me deixão bastantemente reconhecido.

Com muito gosto recebo a noticia de ter V. Rm.ª já tomado a posse da sua diocese de Cranganor, e os progressos que tem feito em beneficio das Missões, e da sua christandade, e os mais que intenta pelo zelo que o anima a este santo ministerio, e com attenção á representação de V. Rm.ª e a concorrer da minha parte para este importante fim, faço huma especial recommendação da sua pessoa, não somente ao feitor de Calicut, mas particularmente ao governador de Cochim, para que o tome debaixo da sua protecção, e lhe franquee o seu transito para a sua diocese da Serra, na qual estimarei que V. Rm.ª continue no seu aproveitamento; e para tudo o mais que for do seu gosto, me achará com boa vontade. Deos guarde a V. Rm.ª. Goa 1.º de dezembro de 1778.—*D. José Pedro da Camara.*

Livro dos Reis vizinhos, fl. 98.

DOCUMENTO 37.

Carta do Governador do Estado ao Feitor de Calicut José Francisco de Amaral de Menezes.

O Governador ecclesiastico de Cranganor, que se acha nesse porto com o maior cuidado de dar providencia de ministros evangelicos ás missões de Maissur, e outras mais pertencentes áquella diocese, me pede o recommende a V. m. para o ajudar naquelle santo ministerio; e sendo-me indispensavel concorrer para tudo o que he interessante á propagação da fé, o he tambem deixar (*sic*) de recomendar a V. m. que o favoreça em tudo quanto depender da sua boa diligencia, no que me dará prova do seu zelo, para eu ter muito que lhe agradecer. Deus guarde a V. m. Pangim em o 1.º de dezembro de 1778.—*D. José Pedro da Camara.*

Dito Livro, fl. 99.

DOCUMENTO N.º 38.

Carta do Governador do Estado ao Governador de Cochim Adriano Muns.

Sendo-me sempre muito estimavel toda a occasião de procurar a correspondencia de V. S.ª pelo gosto que me resulta de suas noticias, e de ficar gozando a mais perfeita saude, que com o maior affecto sempre lhe desejo, sahindo agora a navegar esta fragata na costa do Sul, com particular satisfação me aproveito desta opportunidade para segurar a V. S.ª o meu respeito, o meu obsequio, e a grande vontade com que apeteço as suas ordens para lhe obedecer, rogando a V. S.ª queira tomar debaixo da sua protecção o R. padre Pedro de Figueiredo, governador ecclesiastico de Cranganor, para lhe franquear o seu transito para a sua diocese da Serra, favorecendo-o em tudo que depender da sua benignidade, na certeza de me obrigar muito de V. S.ª por esta attenção, que espero merecer-lhe como sou de V. S.ª etc. Goa 1.º de dezembro de 1778.—*D. José Pedro da Camara.*

Dito Livro, fl. 99.

DOCUMENTO N.º 39.

Carta do Governador do Estado a Budukan, Governador de Calicut.

O padre Pedro de Figueiredo, e o capitão feitor, ambos residentes no porto do seu commando, me tem noticiado os excessos da attenção, que V. m. tem praticado para os desonerar das publicas desattenções, que promoverão alguns christãos desordenados incitados pelo seu desejo de viverem libertinos, e sem sugeição alguma, e como eu reconheça bastantemente que esta acção da sua parte respira as inclinações de querer conciliar o socego entre todos, não posso deixar de me mostrar grato á sua estimavel intenção, e de lhe pedir que com a continuação do mesmo favor desarme os desinquietos da esperança que o anima, para seguirem tão escandalosa perturbação, e renovando-lhe sempre os protestos do meu particular agradecimento, espero com elles conseguir os effeitos da sua amizade, cujo merecimento preso tanto, quanto estimo as occasiões de obsequiar a V. m.ᶜᵉ e de que Deos o alumee na sua divina graça. Goa 16 de março de 1779. —*D. José Pedro da Camara.*

Dito Livro, fl. 116.

DOCUMENTO N.º 40.

Carta do Governador do Estado ao Feitor de Calicut José Francisco do Amaral de Menezes.

Tenho recebido todas as suas cartas, que tratão da continua desinquietação, que movem com perverso espirito os que não podem pensar com quanto injustiça elles revolvem (por paixões particulares) os funestos incidentes, que os conduz para formar hum escandaloso scisma.

Sendo quem deve decidir sobre o conflicto de jurisdição, que presentemente faz o principal fundamento a tanta perturbação, o nosso Exm.º prelado, que creio dará a este respeito as saudaveis providencias mais acertadas, só devo dizer a V. m.ce que nesta delicada materia se não intrometta por outro modo que não seja expressamente intencionado a auxiliar o partido das sobreditas providencias, porque sem duvida são dirigidas para sustentar firmemente o real padroado de S. Magestade. Remetto a carta que V. m.ce pede para o governador desse porto, e creio que na resulta de elle perceber o meu reconhecimento, hade obrar efficaz ao fim de conciliar hum geral socego, ao qual que V. m.ce se una com a sua natural prudencia, fazendo a este respeito....... que a sua dissimulação, e a sua.......ta, sejão o exemplar que ad..........os que não tem estes sentimentos.......quanto lhes falta a sua mesma qualidade distincta, e a sua criação.

Não approvo a Nicoláo Delgado introduzir-se neste particular bem estranho da commissão, em que presentemente se entretem no real serviço, e sentirei muito que elle se resolva a deixar o seu capellão para occupar o cargo, que pretendem conferir-lhe os que não tem jurisdição alguma, tanto porque o seu individuo consentimento nesta parte pode dar-me que sentir, como porque o tal Reverendo hade accrescer muito dissenções. Procure V. m.ce socegar as que movem esses habitantes catholicos, e no mais não embarace, nem aconselhe, deixando que a superioridade convença o que for mais justo.

Queira V. m.ce renovar-me as precisões que tem essa feitoria com huma relação, em que faça estas declarações, porque devo faze-las apromptar para se lhe conduzirem, acabada que seja a proxima invernada. Deos guarde a V. m.ce. Goa 16 de março de 1779.—*D. José Pedro da Camara.*

Dito Livro, fl. 116 v.

DOCUMENTO N.º 41.

Carta do Governador do Estado ao padre Pedro de Figueiredo, Governador do Bispado de Cranganor.

Que fico sciente da continuação de disturbios que segue, e sente em aquelle porto, e como talvez consinta para socega-los pedir eu ao governador que concorra da sua parte para este effeito com a carta que agora mando, espero que se vença bastantemente a este respeito. Estimarei muito que assim succeda, e que V. Rm.ª consiga felizmente todos os intentos para que foi dignamente provido, porque me interesso quanto devo nos progressos que maiormente formão, e dilatão o alto poder da nossa Augusta soberana.

Creio que Nicoláo Delgado não tenha consentido que fique nesse porto o capellão, que anda a bordo da fragata do seu commando, porque não ignora os embaraços, a que se introduzia com esta resolução, e lhe não escrevo no intento de o prevenir neste particular, porque já o considero de viagem para esta capital.

Desejo que se me proporcionem as occasiões de obsequiar a V. Rm.ª que neste exercicio serei sempre o mais effectivo com a particular attenção que merece. Deos guarde a V. Rm.ª. Goa 16 de março de 1779.—*D. José Pedro da Camara.*

Dito Livro, fl. 118.

DOCUMENTO N.º 42.

Carta do Governador do Estado a Manoel Bernardes.

Chegando á minha presença o requerimento que offerece á Rainha Nossa Senhora huma parte da christandade, que reside nesse porto, e sabendo eu que Manoel Bernardes he o principal motor dos successos que for..........logo a sua causa, não posso dispensar-me de o advertir para que se abstenha de querer figurar nesta materia tão seria, e tão delicada, qual he a de pôr-se á testa de huma corporação toda leiga, barbara, e escandalosa, e libertina para defender respeitaveis jurisdicções, e direitos do real padroado de S. Magestade, que sendo certo que nenhuma competencia lhe assiste para os effeitos, que grosseiramente propoem, tambem se deve persuadir de que huns taes protectores de desinquietos, se desvião facilmente das residencias dos dominios estranhos, em que se considerão absolutos e seguros.

Queira Manoel Bernardes tratar dos meneios da sua vida com o socego, e quietação que deve, conforme a sua insignificante, ou infeliz situação, attendendo em seu favor que para se certificar em desgraçado conceito com todos com quem trate, bastará que o contemplem fugitivo dos dominios da soberana, em que teve o seu primeiro ser, sem que accresça a maior rezão de o observarem bulhento auctor de hum scisma mais horroroso entre os infieis. Deos guarde a Manoel Bernardes. (a) Goa 16 de março de 1779.—*D. José Pedro da Camara.*

Dito Livro, fl. 118 v.

DOCUMENTO N.° 43.

Alvará.

Eu a Rainha como governadora e perpetua administradora, que sou, do mestrado, cavallaria, e Ordem de Nosso Senhor Jesu Christo, faço saber a vós bispo de Cochim, governador e administrador do arcebispado de Goa, que desejando eu concorrer, quanto em mim está, para que as dignidades, conezias, e mais lugares ecclesiasticos da Sé primacial daquella capital; e as paroquias, vigairarias, beneficios curados, e sem cura, e mais cargos ecclesiasticos do dito arcebispado, que todos são da minha immediata apresentação, sejão sempre providos nos sugeitos mais dignos, e que melhor possão servir a igreja, e instruir, e edificar os fieis com as suas doutrinas e exemplos: e tendo mandado vir á minha presença a carta regia escrita em 10 de fevereiro de 1774, as instrucções a ella juntas, e o Alvará de 7 de abril do mesmo anno, que El Rey meu augusto pay e senhor, que Deos tem em gloria, mandou expedir ao arcebispo de Goa Dom Frei Francisco da Assumpção e Brito; em quanto não dou as providencias, que melhor me parecerem sobre a dita carta regia, instrucções, e Alvará: ordeno e mando que pelo que respeita ao que nellas, e nelle se determina sobre os provimentos das dignidades, conezias, e mais beneficios, e cargos ecclesiasticos da Sé; e os das paroquias, vigairarias, e capellanias, e mais beneficios curados das provincias de Goa, Salcete, e Bardez; como tambem sobre tudo o que respeita ás missões estabelecidas nas differentes

(a) Este Manoel Bernardes de Almeida mudou depois de fortuna: foi feitor de Alapé por El Rei de Travancor, e muito bem acceito do governo de Goa, de quem mereceu ser nomeado director portuguez em Alapé com graduação de capitão de mar e guerra. Fundou em Alapé uma capella, onde jaz sepultado com campa e epitaphio, que diz ter fallecido em 31 de dezembro de 1804. Esta capella achava-se abandonada, e sem tecto no anno de 1863.

partes do Oriente, sugeitas, ou suffraganeas do arcebispado de Goa, se fique observando inviolavelmente o seguinte:

Conformando-me com o que dispoem o mencionado Alvará sobre as dignidades da Sé, reservo ao meu immediato provimento as cinco, de deão, chantre, thesoureiro mór, arcediago, e mestre escolla da dita Sé; e parecendo-me pela muita confiança, que de vós faço, que sendo por mim apresentados nas ditas dignidades os ecclesiasticos, que por vós me forem propostos, serão nellas sempre providos os que naquelle arcebispado mais se distinguirem em letras, e virtudes, que mais tiverem servido a igreja, e de que mais se possa esperar que, sendo empregados nellas, serão bons ministros do altar, e do coro, e desempenharão dignamente todas as obrigações dos seus officios: hey por bem, e me praz conceder-vos faculdade para que na vacatura de qualquer, ou quaesquer das ditas dignidades, me proponhaes para ellas os ecclesiasticos naturaes da India, ou reinicolas, que vos parecerem mais dignos de as occupar:

As propostas, que me fizeres para os ditos provimentos, serão concebidas em forma de simples consultas, sem terem força alguma de apresentações, e nellas devem vir propostos em primeiro, segundo, e terceiro lugar os ecclesiasticos, que no vosso conceito forem mais benemeritos, assim pela sufficiencia de letras, como tambem pelos serviços feitos á igreja, e pelas outras qualidades determinadas pelos canones e concilio de Trento; dando a cada hum dos mesmos ecclesiasticos a graduação que mais merecer pela sua sciencia, procedimento, costumes, e prestimo. As ditas consultas virão assignadas por vós, selladas com o sello das armas, de que usares, e acompanhadas de todas as certidões, e documentos, com que os pretendentes tiverem instruido os seus requerimentos; não faltando jamais entre ellas as dos assentos dos baptismos de cada hum dos mesmos pretendentes. Serão por vós remettidas ao meu tribunal da Mesa da Consciencia e Ordens na primeira embarcação, que sahir de Goa depois da vacatura da dignidade, ou dignidades que se houverem de prover, e a dita Mesa logo que tiver examinado se as vossas propostas são conforme ao que tenho disposto neste Alvará, para mo fazer presente, me consultará immediatamente os ecclesiasticos propostos por vós, e sem mandar proceder nesta côrte a outro algum concurso, nem exame; e baixando por mim resolutas as consultas, fará logo a mesma Mesa expedir as cartas da minha real apresentação aos que eu for servida apresentar, ou sejão dos ecclesiasticos, que vós me tivereis proposto, ou dos que em lugar delles eu for servida nomear; os quaes ecclesiasticos serão obrigados a tirar, ou mandar tirar as referidas cartas, e de as levar á vossa presença dentro do preciso termo de dous annos contados do dia em que sahir de Goa a embarcação, em que vierem as vossas consultas; e não o fazendo no referido termo, sem para isso mostrar em forma legitima causa muito justificada, serão de nenhum effeito as mencionadas cartas, e os apresentados nellas perderão por essa vez os beneficios, em que por virtude das mesmas cartas devião ser providos, se as houvessem apresentado em tempo competente: fazendo-me vós logo outras propostas de diversos sugeitos, para supprir a falta dos ommissos e negligentes: sendo-vos porém as ditas cartas (assinadas por mim, e passadas pela chancelaria) apresentadas em tempo competente pelas proprias pessoas, que de mim as tiverem obtido, então, e não antes, he que deveis como prelado ordinario e diocesano mandar investir na posse dos beneficios aquelles, que pelas mesmas cartas vos constar que forão por mim apresentados.

Quanto aos dez conegos, quatro meios conegos, e dous quartanarios na dita Sé: ordeno que todos sejão providos pela vossa nomeação alternativamente, isto he, na primeira vacatura será provido hum clerigo natural do Estado, na seguinte hum reinicola, e assim das mais cadeiras que forem vagando; precedendo sempre a respeito dos providos as mesmas qualificações de letras, procedimento, virtudes, e serviços feitos á igreja, que ficão acima indicados; e sendo circunstancia muito attendivel para serem preferidos em igualdade de merecimento aquelles que souberem o cantochão, e ainda os que tiverem boas vozes, com que melhor possão servir o coro e o altar:

Os lugares dos doze capellães, cura, e altareiros, serão divididos em tres partes, duas das quaes pelo menos serão providos em sugeitos naturaes do Estado: o sub-chantre, mestre da capella, e tudo o mais pertencente á musica, e á economia da Sé, serão igualmente do vosso provimento, empregando sempre nos ditos lugares aquellas pessoas que vos parecerem mais habeis, e mais proprias para cumprirem com a decencia do culto, e com o aceio e guarda da igreja.

Quanto ás paroquias, vigairarias, capellanias, e mais beneficios das provincias de Goa, Salcete e Bardez, que tem cura de almas annexa; conformando-me da mesma sorte com o que dispõe o sobredito Alvará de 7 de abril de 1774, ordeno e mando que todos os ditos beneficios sejão providos em clerigos naturaes do Estado, que tenhão as qualidades necessarias para exercitar o ministerio paroquial; porque em quanto houver os ditos naturaes idoneos, não he justo que consumidos elles de fome, vejão comer por outros ecclesiasticos seculares ou regulares o pão, que aquella igreja percebe do trabalho, e suor de seus pais e parentes; e tambem para que vendo o clero natural de Goa que vós o haveis de chamar para lhe dares parte do vosso pastoral cuidado, trate de se applicar e instruir com todo o fervor e diligencia para se pôr habil a bem satisfazer a todas as funcções e ministerios, em que quizerdes occupalo. O provimento das ditas igrejas se deve fazer por concursos litterarios na forma que prescrevem os antigos Alvarás dos senhores Reys meus predecessores, excitados, e mandados observar pelo Alvará de 29 de agosto de 1776, e segundo a pratica constemente observada na Mesa da Consciencia e Ordens deste reino: E nesta conformidade logo que vagar alguma, ou algumas das referidas igrejas, mandareis affixar editaes para que no termo de quinze dias concorrão a ellas todos os clerigos, que os pretenderem, e vos offereção os seus requerimentos instruidos com todas as certidões e documentos necessarios, mandando depois proceder a exames por tres examinadores, que sejão por vós escolhidos entre os de melhor nota em sciencia e virtudes; não porque eu seja obrigada a mandar fazer os referidos provimentos por concursos; mas sim pela maior utilidade, que delles pode resultar á igreja:

Concluidos os ditos exames, me proporeis para cada igreja tres dos concorrentes, que mais se tiverem distinguido nos ditos concursos, e que no vosso conceito forem mais benemeritos, assim pela sciencia que tiverem mostrado, como pelas outras qualidades determinadas pelos canones, e concilio de Trento; fazendo-me as vossas propostas na mesma conformidade de tudo o que acima fica disposto, e que tenho determinado a respeito das dignidades da Sé; e para que nas igrejas, ou paroquias, que se houverem de prover, não faltem ministros que as sirvão, em quanto deste reino se não expedem as cartas da minha apresentação, mandareis para as mesmas igrejas, ou paroquias os ecclesiasticos que melhor vos parecerem dos que me houvereis proposto, os quaes como encommendados nellas as sirvão em quanto as ditas cartas não forem apresentadas; e logo que o forem, mandareis proceder ás mais diligencias, instituireis, e collareis então os que forão por mim apresentados, e os fareis logo investir na posse dos seus beneficios.

Quanto ás Missões estabelecidas nas differentes partes do Oriente, sugeitas, ou suffraganeas do arcebispado de Goa; este he hum negocio que sobre todos se faz mais digno do vosso pastoral cuidado e vigilancia: achando-se as ditas missões confiadas ao cuidado das Ordens regulares estabelecidas naquella capital; e parecendo-me conveniente que fossem conservadas nellas, assim o mandei ordenar ao arcebispo de Goa, e ao governador e capitão general daquelle Estado por cartas expedidas pela minha secretaria d'Estado dos negocios da marinha e dominios ultramarinos em data de 20 de abril de 1777; e como toda a felicidade e prosperidade das ditas missões consiste essencialmente em se destinarem a ellas missionarios, que não só com as suas doutrinas, mas com os seus exemplos fortifiquem os povos christãos na perseverança da fé, na communhão do christianismo, e no gremio e obediencia da igreja catholica: e toda a ruina das mesmas missões provenha principalmente de serem empregados nellas missionarios, que com relaxação e estrago da disciplina regular e monastica, em lugar de edificarem, servem somente de perturbação aos fieis, e de escandalo até aos mesmos gentios: para vos poderes conduzir sobre esta importante materia com o devido acerto; logo que chegares a Goa, vos deveis informar do estado, em que se achão as referidas missões; qual he o numero de missionarios que cada huma das ditas Ordens regulares he obrigada a mandar a ellas, e quantos se achão empregados nas mesmas missões. Se vos parecer necessario, abrireis visitas, e mandareis vititadores áquellas differentes regiões, quanto as grandes distancias o fizerem praticavel, empregando nellas os ecclesiasticos, que vos parecerem mais dignos de substituir o vosso pastoral cuidado, e de vos informar com imparcialidade, exactidão, e verdade do comportamento, vida e costumes de todos e cada hum dos missionarios empregados nas referidas missões; indagando muito miudamente se são exactos, e cuidadosos na administração dos sacramentos, na prégação do evangelho, em instruir os povos na doutrina christã, e nos mais preceitos da igreja, e se cumprem em fim com todas as outras obrigações de verdadeiros e exemplares pastores, ou se pelo contrario não tem de missionarios mais que o nome, só cuidão em accumular riquezas pelos reprovados meios do negocio e do commercio, opprimindo e vexando os povos com extorsões, e praticando outros desmanchos diametralmente oppostos ao santo ministerio, que lhes foi confiado. Logo que vos achares bem instruido de tudo o que houver a este respeito, e tão certo nos factos, que vos não surprendão com sinistras e dissimuladas informações, que não deixão de ser muito frequentes e usuaes na India; louvareis os missionarios, que se tiverem comportado com espirito apostolico, imitando nas virtudes, santidade, zelo da religião, e bem das almas, os santos patriarchas e fundadores das Ordens religiosas, de que são filhos; e procedereis com toda a severidade, que vos permittem e prescrevem os canones, contra os perversos, iniquos, e incorrigiveis, fazendo-os não só sahir das missões, onde não servem senão de escandalo, mas mandando-os processar, sentencear, e executar as sentenças contra elles proferidas, segundo a gravidade das suas culpas; ordenareis aos prelados das Ordens regulares que logo destinem outros religiosos para as ditas missões, que lhes estiverem incumbidas; e tereis grande cuidado em que nellas não falte o numero de missionarios, que cada huma he obrigada a ter nas ditas missões; não permittindo por modo algum que para ellas se mandem religiosos, sem que primeiro vos conste com toda a certeza do seu exemplar comportamento, vida, e costumes; e sem que depois de examinados, e approvados por vós, os instituaes e authoriseis para exercitarem o ministerio paroquial, e a cura d'almas nas missões. E para que no exercicio de vossa jurisdição episcopal sobre estes importantes pontos não encontreis os embaraços, contestações, e disputas, que com tanto prejuiso da igreja se tem até agora agitado nos meus dominios ultramarinos entre os prelados diocesanos, e as Ordens regulares por conta dos seus privilegios e isenções; mandei expedir o decreto, que recebereis com este, no qual entre outras disposições tenho declarado e determinado as regras, que fixão o poder e authoridade dos bispos sobre todos os regulares, que tem a seu cargo a cura d'almas, para que tudo o que nelle se acha prescripto se observe inviolavelmente em todas as minhas conquistas, e muito particularmente no Estado da India com os missionarios das Ordens regulares.

Pelo que mando que assim vós, como todos aquelles a quem pertencer, cumprão e guardem este meu Alvará, e fação cumprir e guardar tudo o disposto nelle; o qual valerá como carta, posto que o seu effeito haja de durar mais de hum anno, sem embargo de quaesquer leis, alvarás, provisões, regimentos, ordens, ou estilos em contrario; e será registado no livro das mercês do mestrado, e passado pela chancellaria da Ordem. Dado em Salvaterra de Magos aos 5 de março de 1779.= *Rainha* =*Martinho de Mello e Castro.*

Livro das *Monções*, n.° 168, fl. 113.

Decreto junto ao Alvará antecedente.

Semdo-me presente que o Senhor Rey Dom João V. meu senhor, e avô, em Resolução sua expedida por Provisão de vinte e cinco de setembro de mil e setecentos e trinta e dous, deu huma providencia interina para suspender as continuas contendas de jurisdição entre os Regulares e Bispos do Ultramar, em quanto se não tomava a final, e decisiva determinação sobre esta importante materia, e que da falta e dilação della se tem seguido serem a este respeito mayores as duvidas, as desobediencias, e desordens em prejuizo do bem espiritual, e do socego de meos vassallos: Fui servida mandar examinar este negocio por theologos, e juristas, e conformando-me com o parecer unanime de todos os que forão ouvidos, e na conformidade da mais sã, e verdadeira doutrina da Igreja, da disposição do Concilio de Trento, e das Bullas mais modernas, que vierão a fixar a disciplina sobre esta materia: Hei por bem declarar que os Parochos Regulares de qualquer ordem que sejão, não podem servir as suas igrejas, nem em cousa alguma exercitar as funcções parochiaes sem a instituição, e approvação dos Bispos diocesanos; que estão sogeitos a sua visita, e que nella podem os mesmos Bispos perguntar e enquerir pela sua vida, e costumes, castigallos por todas as culpas commettidas nas mesmas igrejas; e que as mesmas sentenças se devem executar, sem que os Prelados Regulares se lhes opponhão, nem embaracem, nem tornem a enquerir ou julgar os mesmos delictos, de que os Bispos conheceram. Que da mesma sorte não he permittido a Regular algum prégar, e confessar sem licença expressa dos Bispos, sem mais limitação que a de poderem prégar nas suas proprias Igrejas Regulares, tendo pedido a licença, e não lhe sendo expressamente prohibida, e de confessarem os Seculares seos commensaes, que são só os que vivem no mesmo

Convento, se sustentão e tem nelle exercicio continuo. Que nas proprias granjas, quintas, e fazendas dos Regulares não ha isenção alguma, e os moradores nellas se devem desobrigar nas parochias, fazer os casamentos na presença do parocho, receber de sua authoridade o Viatico e Extrema Unção, sem que nellas se possão arrogar os Regulares alguma jurisdição ecclesiastica. E ultimamente que aos Bispos he permittido conhecer dos delictos commetidos pelos Regulares fora dos seos conventos, com a differença somente que vivendo os ditos Regulares em convento e obediencia regular, ou estando fora com licença limitada, e em negocio da communidade, ou serviço, ou em granja, e quinta do mosteiro, podem os Bispos formar a culpa e remetella ao Prelado Regular, para que castigue o subdito, e dê conta dentro de certo tempo, e quando o não faça, podem os Bispos suprir á sua negligencia, e como delegados da Santa Sé castiga-los por elles, assim como podem conhecer das culpas, e castiga-los, quando forem commettidas pelos Regulares, que vivem fora dos conventos, ou fugidos, e fora da obediencia, ou ainda com licenças muito dilatadas, e em partes distantes aonde não possão ser visitados pelos seos Prelados. Todas estas declarações, que são reguladas pela determinação do Concilio e Bullas Pontificias, sou servida que inteira e exactamente se cumprão e guardem, sem falta alguma, e que para este effeito se participem aos Bispos, para que as fação guardar não só em virtude da sua jurisdição propria, mas da delegada, que como Administradora da Ordem de Christo me compete, e nelles subdelego. E que da mesma sorte pelos mesmos Bispos se intimem a todos os Prelados Regulares, para que assim as cumprão sem contradição, porque de toda a que fizerem, me darei por muito mal servida, e procederei contra elles com as demonstrações que couberem no meo justo, e Real poder. E ordeno aos Governadores e ministros, que dem todo o auxilio que os Bispos lhes pedirem para o fim de se cumprir esta minha Real resolução, e mando outrosim que nas Relações de meos Dominios se não tome conhecimento de recurso algum, que sobre ponto da jurisdição dos Bispos, encontrando o que fica determinado, interpozerem os Regulares. A Mesa da consciencia e ordens o tenha assim entendido, e o faça executar pela parte que lhe toca. Salvaterra de Magos em 5 de março de 1779.—Com a rubrica de Sua Magestade.—No sitio de Nossa Senhora da Ajuda em 18 de março de 1779.—*Martinho de Mello e Castro.*

Este decreto já foi por nós publicado no livro— *A jurisdicção diocesana do Bispado de S. Thomé de Meliapôr nas possessões inglezas e francezas* — pag. 393, *Documento* n.º 38: mas aqui vai mais correcto, pelo ser a copia, que achámos junta ao Alvará antecedente.

DOCUMENTO N.º 44.

Carta do Secretario do Estado Martinho de Mello e Castro ao Bispo de Çochim.

Exm.º e Rm.º Senhor.—No Alvará, que a Rainha nossa senhora tem mandado expedir a V. Ex.ª sobre a igreja de Goa, determina S. Magestade a V. Ex.ª o modo de fazer os provimentos assim da Sé primacial daquella capital, como das parochias, e mais beneficios, que tem cura d'almas annexa, e da mesma sorte o importante artigo das Missões.

Na distribuição dos ditos empregos e cargos ecclesiasticos verá V. Ex.ª que são muito contemplados os ecclesiasticos naturaes da India, e sobre este ponto se faz preciso prevenir a V. Ex.ª que o abatimento, e despreso, com que os ditos naturaes tem sido tratados até o presente naquelle Estado, he a causa originaria da inercia, e incapacidade, que se lhes attribue, e de ter Sua Magestade nas provincias de Goa, Salcete, e Bardez duzentas e tantas mil pessoas de ambos os sexos absolutamente inuteis para o serviço da igreja, da coroa, e do Estado.

Por estes motivos entendeu S. Magestade que o unico meio de fazer uteis aquelles vassalos era dando-lhes estimulos, com que se levantassem do abatimento, em que se achavam, repartindo com elles os lugares da igreja, a que tem mais propensão, e igualmente os militares e civis, segundo o prestimo e capacidade, que cada hum dos ditos naturaes for mostrando para os mencionados empregos, sem que a differença da côr possa ser motivo, como athé agora tem sido, para os inhabilitar.

Sendo este o fim, que determinou a S. Magestade para contemplar os referidos naturaes de Goa, destinando-lhes os beneficios da Sé, e os das parochias, bem vê V. Ex.ª que os ditos provimentos só se devem praticar em termos habeis; isto he, em sugeitos capazes de desempenhar os lugares, que se lhes conferirem; e para que V. Ex.ª possa proceder nesta materia com conhecimento de causa, parece que se faz indispensavelmente necessario que logo que chegar a Goa se mande informar de numero de clerigos naturaes, que se achão naquelle Estado, e do comportamento, letras, e virtudes de todos e cada hum delles, fazendo huma relação e registo geral dos nomes dos mesmos ecclesiasticos, e notando nas margens de cada hum delles o prestimo, qualidade, e circunstancias boas, ou defeituosas, de que cada hum delles se revestir.

He certo que depois de alguns annos a esta parte tem havido na India huma grande facilidade de conferir ordens sacras, sem haver hum proporcionado escrupulo sobre a escolha dos sugeitos para ellas, de que se seguirá que V. Ex.ª poderá achar em Goa muitos, ou talvez a maior parte dos ecclesiasticos seculares inhabeis para se lhes conferir beneficios de qualquer qualidade que sejam, mas tambem he muito provavel que entre o grande numero dos ditos ecclesiasticos haja alguns benemeritos, e com as circunstancias necessarias para o serviço da igreja.

O predecessor de V. Ex.ª em execução das ordens, com que sahiu desta corte no anno de 1774, empregou muitos ecclesiasticos naturaes da India não só nas parochias de Goa, Salcete, e Bardez, muitos dos quaes vão presentemente confirmados nellas; mas tambem mandou administradores, e missionarios dos mesmos naturaes para as missões de Cochim, Timor e Solor, e para as de Moçambique e Rios de Senna: sendo certo que até o presente não tem constado nesta côrte que os ditos ecclesiasticos deixem de ter satisfeito as suas obrigações, nem que os povos se tenhão queixado delles, de que se segue que ainda no caso de haver muitos discolos, e insufficientes, não poderá V. Ex.ª deixar de descobrir hum numero sufficiente de bons para o serviço da Sé e das parochias, que são presentemente os beneficios, que S. Magestade lhes manda conferir na conformidade do que se acha disposto no Alvará que trata destes provimentos.

Devo prevenir a V. Ex.ª que sobre as paroquias de Goa, Salcete, e Bardez tem havido, e ainda ha grandes contestações entre o clero natural do Estado, e as ordens regulares nelle estabelecidas; como porem por avisos e resoluções de 26 de maio de 1759, de 2 de abril de 1761, de 23 de abril de 1763, no Alvará de 7 de abril de 1774, e ultimamente nas ordens, que a Rainha nossa senhora prescreve a V. Ex.ª no Alvará, que lhe manda dirigir com esta instrucção, se tem mandado instituir, coller, e metter de posse de todas as sobreditas parochias os ecclesiasticos seculares naturaes da India, deve V. Ex.ª executar inviolavelmente as referidas ordens, fazendo tão somente presentes a S. Magestade as representações, que assim os ditos regulares, como os naturaes lhe fizerem, para S. Magestade determinar a respeito de humas e outras o que for servida.

Pelo que respeita ao artigo das Missões, devo dizer a V. Ex.ª que ainda que ellas se achem confiadas ás Ordens regulares de S. Domingos, da Graça, de S. Francisco, e de S. Felippe Nery, e que os augustos Monarchas, predecessores da Rainha nossa senhora, descançassem sobre o zelo e cuidado das mesmas Ordens para conservar, augmentar, e promover a nossa santa fé catholica nas referidas missões por meio de religiosos missionarios, ornados de letras e virtudes, e de hum espirito verdadeiramente apostolico, que mandassem a ellas; huma triste e fatal experiencia tem mostrado tudo o contrario, e que as missões de Solor e Timor, e de Moçambique e Rios de Senna confiadas á Ordem regular de S. Domingos; as de Bengala confiadas á Ordem regular dos Gracianos, as de Cochim, e Costa de Malabar confiadas á Ordem regular de S. Francisco; e ainda as de Ceilão confiadas aos padres de S. Felippe Nery; se acham todas reduzidas ao maior desamparo, excepto as ultimas, onde os escandalos não são tão conhecidos e publicos. O remedio destes grandes males he o que Sua Magestade prescreve a V. Ex.ª no Alvará, de que acima se faz menção; não havendo outra alguma cousa que accrescentar a elle, senão a reflexão de que compondo-se as missões de Timor e Solor de muitos reinos, ainda que cada hum delles de pouca extensão, e por consequencia de muitas parochias, que precisão de pastores; compondo-se igualmente as missões de Moçambique e Rios de Senna de hum consideravel numero de Igrejas parochiaes, se devem proporcionar os missionarios segundo o maior ou menor numero dellas; e no caso que em Goa não haja quantidade sufficiente de religiosos de S. Domingos para as supprir, he preciso tirar missionarios de outra parte, ou sejam regulares ou seculares; porque não he justo, nem deve jamais ser permittido que por falta de religiosos de uma ordem, fiquem as missões, que lhe estão incumbidas, sem ministros que as sirvão, e os povos sem pastores, que lhes administrem os sacramentos.

Esta mesmissima reflexão se deve fazer a respeito dos Franciscanos. Consta que o numero das igrejas parochiaes na Costa de Malabar, ou no reino de Travancor, e nas praias da Prescaria.

montam em cento e quarenta, das quaes sete são administradas desde a sua fundação pelos religiosos observantes de S. Francisco, noventa e quatro pertenciam á sociedade dos Jesuitas, e por ordem da secretaria d'Estado de 30 de abril de 1772 se mandaram administrar pelos referidos religiosos da Ordem de S. Francisco: trinta e nove se acham athé o presente administradas pelos mesmos Jesuitas no estado de clerigos seculares, e á proporção que os parochos das ditas Igrejas vão fallecendo, ou inhabilitando-se para as servir, entram na administração dellas os sobreditos religiosos observantes. Em V. Ex.ª reflectindo sobre o numero das referidas Igrejas, e vendo qual he o dos religiosos Franciscanos estabelecidos nos conventos de Goa e provincias adjacentes, logo hade conhecer a extrema necessidade e desamparo, em que se acharão tantos milhares de christãos, que vivem na costa de Malabar, por falta de pastores, que lhes administrem os sacramentos, e instruam nos mysterios de nossa santa fé: o que não obstante, ainda os ditos religiosos Franciscanos pretendem que se lhes confiram vinte e quatro parochias na provincia de Bardez (a), sendo moralmente impossivel que possam cumprir com as obrigações dellas, e satisfazer ao mesmo tempo o grande numero, que tem nas missões da Costa de Malabar.

He muito para recear que o mesmo que acima fica referido a respeito dos Dominicos e Franciscanos, se encontre igualmente nas missões confiadas aos Gracianos, e Congregados de S. Felippe Nery.

Todo o cuidado das referidas Ordens se dirige a conservar cada huma das missões, que lhe estão incumbidas, não permittindo que outro algum religioso, ou ecclesiastico secular se intrometta nellas: a obrigação porém de mandarem para as ditas missões religiosos habeis, e exemplares, que edifiquem em lugar de escandalisar, que apascentem as ovelhas em lugar de lhes tirar a lãa, que sejam em fim verdadeiros pastores, e não lobos vorazes; isto infelizmente tem devido até agora muito pouco cuidado aos prelados das referidas religiões; e as relações e documentos, que se achão nesta secretaria de Estado, são provas constantes da situação deploravel, em que as ditas missões se acham, e do quan-

(a) Verdadeiramente os Franciscanos o que pretendiam era conservar-se nas igrejas de Bardez, e não que se lhe conferissem como cousa nova, pois as haviam administrado desde que se fundaram.

to ellas são dignos objectos do vigilante, e pastoral cuidado de V. Ex.ª.

Deos guarde a V. Ex.ª. Salvaterra de Magos em 6 de março de 1779.—*Martinho de Mello e Castro*—Senhor Bispo de Cochim.

Dito Livro, fl. 113.

DOCUMENTO N.º 45.

Outra.

Exm.º e Rm.º Senhor. Na carta, que acabo de escrever a V. Ex.ª, que começa pelas palavras=No Alvará, que a Rainha Nossa Senhora=achará V. Ex.ª algumas noções em geral sobre o importantissimo artigo das Missões. Nesta, continuando a mesma materia, lembrarei ao mesmo tempo a V. Ex.ª os pontos que tratei com V. Ex.ª nesta secretaria d'Estado, os quaes sendo presentes a S. Magestade houve a mesma Senhora por bem approva-los, e mandar que V. Ex.ª fizesse as possiveis diligencias para os executar, e pôr na sua devida observancia.

Quanto ás Missões de Moçambique e Rios de Senna, devendo ser logo empregado para reger as ditas missões hum Administrador Episcopal de exemplar procedimento, e ornado de letras, virtudes, e zelo apostolico, achando-se todas estas circumstancias no padre Fr. Victorino de S. Joseph, religioso da Ordem de S. Domingos; houve S. Magestade por bem nemeallo para o referido emprego de Administrador Episcopal da jurisdição de Moçambique e Rios de Senna, para que elle possa visitar, corrigir, e emendar tudo o que nas referidas missões achar defeituoso, e digno de emenda, correcção, e castigo; determinando-lhe V. Ex.ª ao mesmo tempo que annualmente lhe deve dar conta do comportamento, vida, e costumes de todos, e cada hum dos missionarios empregados nas referidas missões, e do estado em que ellas se acham.

Ha em Moçambique e Rios de Senna doze ou treze igrejas parochiaes confiadas aos religiosos da Ordem de S. Domingos, além de dous hospicios dos ditos religiosos, hum em Moçambique, outro em Senna; e para servirem as ditas igrejas se fazem indispensavelmente necessarios pelo menos dezoito até vinte missionarios, os quaes deve V. Ex.ª mandar partir logo para aquella conquista, ou todos juntos, ou successivamente huns depois dos outros, segundo as circunstancias o fizerem praticavel. Isto porém depois de haverem precedido as informações, exames, e tudo o mais que S. Magestade determina no Alvará, que trata desta materia: não permittindo V. Ex.ª por modo algum que se empregue religioso em missão, ou se destine a ella, de qualquer Ordem que seja, sem constar a V. Ex.ª por modo legitimo na forma que S. Magestade determina, que o dito religioso tem as qualidades necessarias para se lhe confiar hum ministerio de tanta importancia.

O bispado de Malaca, achando-se vago, se faz indispensavelmente necessario haver alli hum Governador Episcopal em quanto S. Magestade não nomea Bispo para elle; e este emprego pode V. Ex.ª conferir em Fr. Joachim de Santa Anna, religioso Dominico, e residente em Macáo, do qual o seu provincial deu muito boas informações. Ao dito religioso deve V. Ex.ª recommendar o mais vigilante cuidado sobre as missões de Timor e Solor, praticando a respeito dellas tudo o que acima fica referido sobre as de Moçambique.

Compondo-se as ditas missões de Timor e Solor de doze a quatorze Igrejas, e alem dellas havendo alguns Reis daquelles districtos, que instantemente pedem ecclesiasticos, e que se lhes não tem mandado por falta delles, se fazem indispensavelmente necessarios para as ditas missões pelo menos vinte missionarios: e sendo muito para recear que em Goa se não achem tantos religiosos da Ordem Dominicana com as circunstancias necessarias para o dito ministerio, deve V. Ex.ª em tal caso, depois de bem informado da referida falta, mandalla supprir assim por alguns religiosos de outras Ordens, como por Clerigos seculares, Europeos ou Naturaes do Estado, na forma que na carta precedente lhe vai determinado: o que V. Ex.ª praticará em iguaes circunstancias não só com a referida Ordem de S. Domingos a respeito das missões de Moçambique e Rios de Senna, e das de Timor e Solor, mas tambem com todas as outras Ordens religiosas a respeito das missões, que estam incumbidas a cada huma dellas.

Para as missões de Cochim, Cranganor, Praias da Pescaria, e costa de Malabar, que montam em cento e quarenta Igrejas, confiadas quasi todas aos religiosos da Ordem de S. Francisco, bem vê V. Ex.ª o grande numero de missionarios que se faz preciso para ellas, na forma que lhe refiro em outra carta, e o quanto he indispensavelmente necessario haver pelo menos em Cochim hum Vigario geral cheio de todas aquellas virtudes, e zelo da religião, que possa abranger com o seu cuidado a tão vastos, e extensos dominios, e informar a V. Ex.ª pelo menos das cousas mais importantes que nelles se passam de tudo o que he relativo ás referidas missões.

Ainda que pelas cartas do arcebispo de Goa se saiba achar-se ainda vivo o bispo de Meliapor, a sua provecta idade lhe não permittirá certamente cuidar como deve na sua Igreja, e nestas circunstancias será muito util que V. Ex.ª escrevendo ao dito prelado o persuada de nomear pessoa, que se encarregue della, sendo certo que sem haver alli hum bom bispo, ou na impossibilidade, e falta delle, hum vigario geral, que o substitua, não se poderá emprender cousa alguma, que seja util á mesma Igreja e a aquellas esquecidas, e abandonadas missões.

Pelo que respeita ao numero de missionarios assim para as de Cochim, Cranganor, Praias da Pescaria, e costa de Malabar, e igualmente para as do bispado de Meliapor, he indispensavel necessidade que V. Ex.ª liquide e conclua este importante artigo com o provincial da Ordem de S. Francisco, e que elle lhe segure o numero de Religiosos, com que pode acodir ás referidas missões, e que tenham as qualidades indispensavelmente precisas para ellas, para V. Ex.ª poder supprir do modo possivel os que faltarem na forma que lhe vai determinado.

Para a missão do Reino de Bengala, confiada aos religiosos da Ordem de Santo Agostinho, deve V. Ex.ª conferir com o provincial da dita Ordem residente em Goa, de que ha nesta corte muito boas e distinctas informações, procurando saber delle quantas são as Igrejas parochiaes, de que se compõe a dita missão, quantos os religiosos, que actualmente as servem, o comportamento, vida, e costumes de cada hum delles, e o numero de parochianos pertencente a cada huma das ditas parochias; como tambem se será util assim á Igreja, como á immensa christandade daquelles districtos, que para alli se mande hum Vigario geral com as mesmas instrucções, authoridade, e poder, e para os mesmos fins, que acima ficam referidos.

Para a missão da ilha de Ceilão se faz igualmente preciso que V. Ex.ª consulte este ponto com o Preposito da Congregação de S. Filippe Nery, exigindo delle huma relação do numero das Igrejas, ou parochias, de que se compõe a sobredita missão, e numero dos missionarios que nellas se acham empregados, e a quantidade delles, que se faz indispensavelmente necessaria para acudir á muita e boa christandade, que ha naquella importantissima ilha, exhortando V. Ex.ª ao dito Preposito a fazer logo passar a ella a quantidade de missionarios que intender proporcionada para melhor serviço daquelle christianismo, que sendo muito, e muito disperso, tem experimentado grande falta de ministros do Evangelho.

Sendo hum dos perigos mais imminentes da relaxação o commercio, que fazem os missionarios debaixo do pretexto de receberem em generos do paiz, taes como são, marfim, sandalo, ouro em pó, sedas, algodão, e outras fazendas, as esmollas e socorros, com que contribuem os povos para o sustento dos ditos missionarios, e de se verem obrigados a commutar os ditos generos por outros, que se lhes fazem precisos para a vida, vestiaria, e outras urgentes necessidades; a fim de tirar dos mesmos religiosos semelhante pretexto, devem elles ser obrigados, ou por ordem e defensa positiva de V. Ex.ª, ou em virtude de obediencia dos seus prelados pelos meios, que a V. Ex.ª parecem mais legitimos e efficazes, a mandar aos seus vigarios geraes e prelados todos os referidos generos, que receberem de esmollas e offertas dos povos; e os ditos vigarios geraes, fazendo as referidas commutações, serão igualmente obrigados a soccorrer os missionarios com tudo aquillo que lhes for preciso, prohibindo-se aos ditos vigarios geraes que neste trafico não excedam por modo algum a quantia, que se fizer indispensavelmente necessaria para sustento, e conservação das referidas missões, remettendo tudo o que lhes restar aos seus prelados e mayores, e cazas conventuaes.

Tambem V. Ex.ª deve prohibir aos ditos missionarios, e ainda aos vigarios geraes terem escravos seus, e quando a qualidade do paiz, e circunstancias delle exigirem por necessidade indispensavel alguma escravatura, esta se lhes deve permittir com tal moderação e cautella, que não exceda por modo algum a que for meramente precisa.

Sendo estas as providencias, que na grande distancia desta corte ao Estado da India poderam occorrer para se dar principio á reforma dos regulares destinados ao santo exercicio das missões, nem ellas poderão jamais estabelecer-se, nem conseguir-se os fins, que Sua Magestade tanto deseja, sem que os prelados maiores entrem muito seriamente nesta importante obra, e que V. Ex.ª lhes faça ver bem claramente, que a religiosa piedade da Rainha nossa senhora quando determinou nas cartas expedidas por esta secretaria de Estado em 20 de abril de 1777 que as Ordens religiosas fossem conservadas nas missões, que precedentemente lhes haviam sido incumbidas, não foi para que ellas ficassem na grande relaxação, em que presentemente se acham, mas para que os mesmos prelados concorressem efficazmente com V. Ex.ª para tudo aquillo que possa contribuir a desterrar os vicios, estabelecer as virtudes, e propagar as santas doutrinas do Evangelho, não só com a predica, mas tambem com a pureza dos costumes, e com os exemplos dos ministros delle.

Deos guarde a V. Ex.ª. Salvaterra de Magos 6 de março de 1779.—*Martinho de Mello e Castro.*—Senhor Bispo de Cochim.

Dito Livro, fl. 117.

DOCUMENTO N.° 46.

Outra.

Exm.° e Rm.° Senhor. Achando-se V. Ex.ª não só encarregado pela indispensavel obrigação do seu pastoral ministerio, mas muito particularmente incumbido pela religiosa piedade da Rainha Nossa Senhora de trabalhar quanto lhe for possivel, e de não ommittir diligencia alguma para que nas missões da Asia floreçam as virtudes, e se desterrem os vicios; se faz muito preciso não occultar a V. Ex.ª alguns, que pela sua gravidade se fazem dignos de huma particular attenção.

Consta nesta secretaria de Estado por varias cartas, queixas, e representações, acompanhadas de muitos documentos e provas, que geralmente em todas as missões confiadas ás Ordens regulares se pratica sem algum rebuço pelos mesmos regulares missionarios hum trafico e commercio semelhante ao que se faz nas casas dos negociantes seculares; e sendo esta relaxação tão publica, como geral, e não a tendo cohibido os prelados maiores, a quem ella pela sua publicidade, alem de outras razões, não pode ser occulta, he evidente que se pratica, e prosegue nas referidas missões com consentimento, ou pelo menos com tolerancia dos ditos prelados maiores; e nesta certeza, que fructos espirituaes se podem esperar de huns missionarios, os quaes em lugar de se empregarem todos no serviço da Igreja, e bem das almas, misturam este ministerio sagrado com interesses profanos? E se he hum principio, e doutrina de eterna verdade, que ninguem pode ao mesmo tempo servir a Deos e ás riquezas, como podem os ditos missionarios ser juntamente ministros do mesmo Deos e homens de negocio? ou que fructos se podem esperar de se incumbir, e confiar a Ley evangelica, e doutrina do Christo para se ensinar aos povos, daquelles mercadores, que ignominiosamente foram lançados fora do templo como profanadores da casa de Deos? He por consequencia evidente que em quanto os prelados das Ordens regulares não cohibirem os seus subditos por hum modo efficaz, e não apparente, de sordidas negociações, e que sinceramente se não unirem a V. Ex.ª para as desterrar, não espere V. Ex.ª mais que abrolhos, e espinhos do seu trabalho e fadiga.

Alem deste perniciosissimo abuso transcendente a todas as missões, diametralmente opposto á vida regular, e monastica, e reprovado por todos os canones da Igreja, consta mais que os religiosos da Ordem de S. Domingos na missão de Moçambique e Rios de Senna se tem comportado com tanta irregularidade, e desconcerto nos costumes, como V. Ex.ª ouviu ler nesta secretaria d'Estado em as cartas do Governador e capitão general daquella conquista, e como V. Ex.ª se poderá melhor instruir logo que chegar a Moçambique na sua passagem para Goa.

O escandalo que os ditos religiosos tem dado nas ilhas de Timor e Solor consta igualmente das devassas, que alli se tiraram, e que param nas mãos do prelado da dita Ordem, a quem se remetteram; e constam da mesma sorte do espolio, que se achou a tres dos mesmos religiosos, do qual depois de se haver extorquido grande parte pelos exactores destas diligencias, e de se commetterem outros descaminhos, com que os particulares cuidaram em se aproveitar do que puderam extraviar dos ditos bens, o restante delles, que se poude vender em hasta publica, montou ainda assim 28:559$800 reis, que são setenta e hum mil cruzados, fazendo incrivel que em huma conquista tão pobre, tão miseravel, e tão destituida de meios, tivessem ainda assim a arte tres missionarios para adquirirem nella a grande somma, que fica acima indicada; e se isto aconteceu em Timor e Solor, bem se pode entender qual será o cabedal, que terão adquirido os outros religiosos da mesma Ordem em Moçambique e Rios de Senna com os preciosos generos de ouro e marfim, em que aquella conquista abunda, e que fazem os dous preciosos ramos do seu trafico e commercio.

Se ao menos com todos os sobreditos desmanchos tivessem os ditos regulares trabalhado em instruir os povos nos mysterios da nossa santa fé, mostrando-lhes qual era a obrigação de hum christão, e de hum catholico, e apartando-os dos erros, e dos vicios com que foram educados desde os seus primeiros annos, poderia ao menos dizer-se que se os missionarios se perdiam a si, não deixaram de contribuir e trabalhar para salvar as suas ovelhas: mas o que infelizmente se conhece, he tanto pelo contrario, que o mais em que cuidavam era em lhes tirar a lãa, e a pelle, sem se embaraçar da sua perdição, e ruina temporal, e eterna na forma que claramente se conhece dos dous papeis juntos debaixo dos n.os 1 e 2, que darão a V. Ex.a huma boa idea do estado deploravel, a que se acham reduzidas as missões de Timor e de Solor.

Consta mais pelo que respeita ás missões de Cochim, costa de Malabar, Reino de Travancor, Praias da Pescaria, todas ellas confiadas á Ordem de S. Francisco, que alli são geraes as desordens e relaxações, assim pelo que respeita ao commercio, como a todos os mais desmanchos, e na traducção junta debaixo do n.º 3 da carta escripta pelos christãos do bispado de Cochim, poderá V. Ex.a ver o total esquecimento, com que vivem aquelles missionarios das obrigações de religiosos, e de ministros do evangelho (a).

Consta mais pelo que respeita ás missões de Bengala confiadas aos regulares de Santo Agostinho, que são raros os missionarios que ali se tenham mandado, que não pratiquem hum commercio aberto e franco da mesma forma que qualquer ordinario negociante, sendo tantas as outras relaxações, que se lhes attribuem, como será constante a V. Ex.a logo que chegar a Goa, e procurar informar-se do que se passa naquellas, pouco menos que abandonadas missões. Huma das provas, que mais indica o pouco cuidado, que a Igreja de Bengala tem devido aos prelados de Santo Agostinho, foi nomear-se para visitador della a Fr. João de S. Anna, que presentemente se acha em Lisboa. Este religioso depois de commetter em Portugal muitas desordens, foi mettido no carcere, e fugindo delle andou vagabundo, e apostata por algumas das provincias deste Reino, fingindo-se irmão de hum grande de Portugal, conseguindo com esta astucia enganar varias

(a) He a *Ola*, que fica no Documento n.º 15.

pessoas, extorquindo-lhes dinheiros, e praticando outras desordens, até que preso segunda vez nos carceres da sua religião, procuraram, e conseguiram desfazer-se delle os seus religiosos, enviando-o para o Estado da India, onde continuou o mesmo modo de vida, que acabava de deixar em Portugal, com relaxação porém, e escandalo tanto maior, quanta he na mesma India a publicidade de seus desordenados costumes, e pessimo comportamento, os quaes em termos abreviados constam da carta e summario junto debaixo do n.º 4.º em que se lem factos que causam horror, e que V. Ex.ª deve examinar com toda a circunspecção em chegando a Goa, porque, provados elles, não podem ficar sem hum severo e exemplar castigo.

Consta mais pelo que respeita ás missões da ilha de Ceilão confiadas aos Congregados de S. Felippe Nery que naquella ilha se experimenta huma sensivel falta de missionarios, não obstantes os incessantes clamores, com que os muitos milhares de christãos da mesma ilha os tem pedido: he sem duvida que no comportamento pessoal, na decencia, e na modestia são exemplares os ditos padres, e que nisto se distinguem muito de todas as Ordens regulares da India; mas tambem he certo que no trafico mercantil, e nos interesses, e extensão do commercio, não só as imitam, mas excedem muito, ainda que o praticam com grande disfarce, e muita parte delle por terceiras pessoas; o que lhes he facil de conseguir, tendo á sua devoção os Naturaes da India, seus parentes e compatriotas; donde resulta que a corporação da referida Congregação he a mais rica, e opulenta de todas as que se conhecem em Goa, e que os meios de que se servem para estas acquisições são tão irregulares como os que praticam as outras Ordens religiosas.

Vivem alem disto em grande desunião e discordia entre si, e não deixam de ser muito notados do crime do sigillismo, como V. Ex.ª verá das copias juntas debaixo dos n.os 5.º 6.º 7.º 8.º 9.º e 10.º, em que se vem alem de outras accusações, cinco denuncias dadas por outros tantos padres da referida Congregação contra o seu Preposito, e outros differentes religiosos della, donde resulta que se as referidas denuncias são verdadeiras, he digno de toda a demonstração hum crime, que ataca pelos seus fundamentos a principal columna da nossa fé, qual he o sacramento da penitencia; e se ellas são falsas, não pode haver maior perversidade que a que predomina nos animos de semelhantes accusadores, imputando delictos tão enormes ao seu proprio prelado, e aos seus confrades, só a fim de os perder. A gravidade desta materia pede que V. Ex.ª a faça examinar com toda a circunspecção, para se proceder contra os culpados de sorte que, ou se desterrem as maximas contrarias á doutrina da Igreja, no caso de as haver, ou se castiguem os falsos e perversos accusadores, que as inventaram.

Esta he emfim a curta e succinta idea, que posso dar a V. Ex.ª das missões e missionarios da India, e della verá V. Ex.ª o quanto a Igreja da Asia precisa do seu pastoral cuidado, principalmente para a boa escolha de ministros do evangelho, sem a qual serão inuteis e inefficazes todas as outras providencias.

Deos guarde a V. Ex.ª. Salvaterra de Magos em 6 de março de 1779.—*Martinho de Mello e Castro*—Senhor Bispo de Cochim.

Dito Livro, fl. 121.

DOCUMENTO N.º 47.

Carta do Secretario d'Estado Martinho de Mello e Castro ao Arcebispo de Goa, Primaz do Oriente.

Exm.º e Rm.º Senhor. A' Rainha Nossa Senhora representaram o Preposito e mais religiosos da Congregação do Oratorio de Goa que V. Ex.ª lhes havia declarado a ordem que levara deste Reino para lhes tirar assim a elles, como ás outras communidades religiosas as missões, de que se achavão encarregadas, tendo já effectivamente privado os religiosos Dominicos das que tinham; e não constando a S. Magestade quaes sejam os motivos, em que se fundasse semelhante ordem, havendo muitos para crer o zelo com que os ditos religiosos em geral se empregam na propagação do evangelho, e em conservar illesa a fé, e religião que professamos, contra os inimigos della, muito particularmente na ilha de Ceilão: Ordena a mesma Senhora que assim aos religiosos da Congregação do Oratorio e Dominicos, como ás mais communidades igualmente religiosas restitua V. Ex.ª todas as missões, que lhes houver tirado, pondo-as todas e cada huma dellas no mesmo estado, em que se achavam no tempo, em que V. Ex.ª chegou a Goa: e que sobre as ditas missões não inove V. Ex.ª cousa alguma sem ordem expressa de Sua Magestade.

Deos guarde a V. Ex.ª. Palacio de Nossa Senhora da Ajuda em 20 de abril de 1777.—*Martinho de Mello e Castro.*

Carta do Secretario d'Estado ao Governador da India.

Da copia inclusa verá V. S.ª o que de ordem da Rainha Nossa Senhora escrevo ao arcebispo dessa cidade sobre a representação, que á mesma Senhora fizeram o Preposito e mais religiosos da Congregação do Oratorio: o que participo a V. S.ª para que fique nesta intelligencia, e contribua quanto estiver da sua parte para que se executem as ordens de Sua Magestade.

Deos guarde a V. S.ª Palacio de Nossa Senhora da Ajuda em 20 de abril de 1777.—*Martinho de Mello e Castro.*—Senhor Dom José Pedro da Camara.

Livro das *Monções,* n.º 158 fl. 944 e 945.

Carta do Governador da India ao Secretario d'Estado Martinho de Mello e Castro.

Illm.º e Exm.º Senhor. Recebi a carta de V. Ex.ª em que me participa a carta da Rainha Nossa Senhora, pela qual sendo servida ordenar ao arcebispo primaz de Goa que restitua as missões aos padres Congregados, Dominicos, e quaesquer outras religiões, pondo-as no mesmo estado, em que as achou quando o dito arcebispo chegou a esta cidade.

E ordenando-me a mesma Senhora que da minha parte concorresse para que a sua real ordem tivesse a sua devida execução, escrevi ao dito prelado a carta, cuja copia vai junta n.º 1.º certificando-o de que estava prompto para concorrer com o auxilio, e que remettesse documento authentico de ter executado as reaes ordens.

O referido prelado deu a reposta que consta do documento n.º 2.º que represento a V. Ex.ª para se observar o que S. Magestade for servida ordenar.

Deos guarde a V. Ex.ª muitos annos. Goa 30 de abril de 1778. —Rubrica do Governador.

Livro das *Monções* n.º 158, fl. 278.

N.º 1.º

Carta do Governador ao Arcebispo.

Exm.º e Rm.º Senhor. Verá V. Ex.ª na copia da carta do senhor Martinho de Mello e Castro, secretario da repartição da marinha e negocios ultramarinos, que com a copia tambem da que escreve a V. Ex.ª tenho a honra de offerecer-lhe, que a Rainha Nossa Senhora me ordena que contribua da minha parte para que se executem as suas reaes ordens expressadas nas mesmas cartas.

E sendo ellas para que V. Ex.ª assim aos religiosos da Congregação do Oratorio, e Dominicos, como ás mais communidades igualmente religiosas restitua V. Ex.ª todas as missões, que lhes houver tirado, pondo-as a todas, e a cada huma dellas no mesmo estado, em que se achavão no tempo em que V. Ex.ª chegou a esta cidade, e que sobre as ditas missões não innove cousa alguma sem ordem expressa de Sua Magestade:

Vou participar a V. Ex.ª que estou prompto para concorrer com todo o auxilio necessario ao fim de se observarem estas reaes ordens, e que não exzitando (hesitando) de que V. Ex.ª deixe de as executar com a sua constante, e exemplar obediencia, se me faz preciso que me remetta o documento authentico, que assim o certifique, com que eu possa fazer certo o cumprimento do meu dever.

Deus guarde a V. Ex.ª muitos annos. Pangim 6 de abril de 1778. De V. Ex.ª attento e mais fiel venerador.—*D. José Pedro da Camara.*—Exm.º e Rm.º senhor Arcebispo Primaz do Oriente.

Dito Livro, fl. 279.

N.º 2.º

Resposta do Arcebispo.

Illm.º e Exm.º Senhor.—Em resposta da carta, que hontem de tarde tive a honra de receber de V. Ex.ª com a data de seis do corrente, e pela qual certificando-me estar prompto para contribuir com todo o auxilio necessario a fim de se executar a real ordem no que toca a restituir eu assim aos padres da Congregação do Oratorio, e religiosos Dominicos, como ás mais communidades igualmente religiosas, todas as missões, que lhes houvesse tirado, pondo-as todas, e cada huma dellas no mesmo estado, em que se achavão ao tempo, em que cheguei a Goa, não me sendo permittido innovar cousa alguma sobre as ditas missões sem ordem expressa de S. Magestade; passa a dizer-me lhe remetta o documento authentico, com que V. Ez.ª possa fazer certo o cumprimento do seu dever; lhe envio a copia da carta, que em observancia da mesma real ordem fiz expedir aos prelados maiores das Ordens regulares de S. Domingos, de St.° Agostinho, de S. Francisco, da Madre de Deos, e Preposito da Congregação do Oratorio; e igualmente a copia do identico despacho proferido tanto em huma representação, que me fez o vigario provincial de St.° Agostinho para remetter para Bengala, como em outras tres, que me dirigiu o provincial da Ordem de S. Francisco para enviar para Cochim, Cranganor, e Meliapor.

Porém no caso que V. Ex.ª não approvando este meu procedimento, lhe occorra outro mais adequado a sua satisfação, quizera dever-lhe mo insinuasse, para eu o praticar em conformidade ao seu discernimento, e plena observancia das reaes ordens a este respeito; mas sempre debaixo do presupposto que agora declaro a V. Ex.ª, e he que já por carta de 27 de fevereiro do corrente anno de 1778, e dirigida ao mesmo Exm.° ministro e secretario d'Estado, por quem se me communicou a mencionada real ordem, não só dei conta de que procedia a restituir as missões aos Regulares e Congregados, como me ordenava Sua Magestade, senão tambem me adiantei a inquirir do mesmo Exm.° ministro, se a dita real ordem se restringia meramente ao ponto das missões, ou se a devia eu ampliar a repôr os regulares nas igrejas parochiaes, das quaes sendo removidos em virtude do Alvará de 7 de abril de 1774, forão nas mesmas providos, e collados clerigos seculares, como se me ordenava pelo mesmo Alvará, sendo elle o unico titulo, pelo qual posso providenciar sobre as igrejas de Goa, todas do real padroado de S. Magestade, como governador e perpetuo administrador do mestrado, e cavallaria da Ordem militar de Christo.

Deos guarde a V. Ex.ª muitos annos. Goa 7 de abril de 1778. De V. Ex.ª muito certo, e mais fiel venerador—*Arcebispo Primaz do Oriente.*—Illm.° e Exm.° Senhor Governador e capitão general da India.

Dito Livro, fl. 280.

Copia das cartas dirigidas aos prelados maiores das Sagradas Ordens de S. Domingos, de St.º Agostinho, de S. Francisco, da provincia da Madre de Deos, e ao Preposito da Congregação de Goa a respeito de se lhe restituirem as missões.

Em consequencia do que nos ordenava S. Magestade, que Deos haja em gloria, quando passámos a reger esta Metropole, tanto nas Instrucções, que foi servido dar-nos roboradas cem o seu real nome, e prevenidas com a sua real carta de 10 de fevereiro de 1774, como no regio Alvará de 7 de abril do mesmo anno, que todas as igrejas, e ainda aquellas, que antes se chamavão missões, sendo na realidade parochias, devião ser por nós providas em o seu real nome, enviámos a V. P. Rm.ª a carta de 11 de fevereiro de 1775, pela qual prevenindo-o do que se nos determinava a esse respeito, lhe insinuámos ao mesmo tempo nos remettesse huma exacta relação de todas as ditas igrejas, e dos que nellas se achavão providos, que por então haviamos por bem conservar em quanto não providenciassemos, como deviamos sobre esse particular: mas como agora por carta, que recebemos da secretaria de Estado com a data de 20 de abril do passado, se nos diga ordenar-nos a Rainha minha senhora que a todas as communidades religiosas restituamos todas as missões, que lhes houvermos tirado, pondo-as a todas, e cada huma dellas no mesmo estado, em que se achavão no tempo em que chegamos a Goa; e que sobre as ditas missões não innovemos cousa alguma sem sua real ordem expressa: de tudo fazemos sciente a V. P. Rm.ª para que reputando por de nenhum vigor a dita nossa carta de 11 de fevereiro de 1775, e certificado da nossa prompta obediencia a quanto S. Magestade he servida ordenar-nos nas clausulas expressadas, proceda em conformidade ás mesmas a praticar quanto julgar conveniente a que se verifiquem em toda a sua extensão plena e adequadamente as reaes ordens.

Deos guarde a V. P. Rm.ª. P. 3 de março de 1778.

Dito Livro, fl. 281.

Copia do despacho proferido em huma representação, que fez o Vigario provincial da Ordem de St.º Agostinho, e nas tres que fez o Provincial da Ordem de S. Francisco, afim de não terem os seus respectivos subditos embaraço algum para nas igrejas de Meliapor, Cranganor, e Cochim continuarem nas suas missões.

Por carta, que recebemos da secretaria d'Estado com a data de 20 de abril do passado se nos diz ordenar-nos a Rainha minha senhora que a todas as communidades religiosas restituamos todas as missões, que lhes houvermos tirado, pondo-as a todas, e cada huma dellas no mesmo estado, em que se achavão no tempo, em que chegamos a Goa; e que sobre as ditas missões não innovemos cousa alguma sem a sua real ordem expressa. E como por carta nossa de 3 de março do corrente tenhamos certificado a todos os prelados maiores das ditas communidades a nossa prompta obediencia a quanto S. Magestade he servida ordenar-nos nas clausulas expressadas, para em conformidade ás mesmas procederem a praticar quanto julgarem concernente a que se verifiquem em toda a sua extensão plena e adequadamente as reaes ordens, julgamos que esta nossa declaração poderá servir do mais terminante despacho ao presente requerimento, em quanto aos Exm.os e Rm.os senhores bispos nossos comprovinciaes, e governadores dos bispados nossos suffraganeos não participarmos a real ordem, que se nos intimou sobre este ponto, para segundo o seu espirito se regularem a seu respeito. P. 9 de março de 1778.

Dito Livro, fl. 282.

Carta do Governador ao Secretario d'Estado Martinho de Mello e Castro.

Em execução da ordem da Rainha N. Senhora tem o arcebispo primaz devolvido as missões de Timor á religião dos Dominicos, as do reino de Travancor á religião de S. Francisco, e as de Bengala á religião de St.º Agostinho, e agora vão alguns religiosos daquellas Ordens para as ditas missões.

Deos guarde a V. Ex.ª Goa 28 de abril de 1778.—Rubrica do governador.

Dito Livro, fl. 81.

DOCUMENTO N.° 48.

Carta do padre Caetano Victorino de Faria a Rama Custam Naique, de Combarjua.

Senhor Rama Custtam Naique e Companhia.

Lisboa 4 de abril de 1799.

Recebi nesta monção por via do senhor Rossi, correspondente de V. m.ces tres cartas, e com ellas suas copias do rol dos livros, que V. m.ces tem em seu poder, pertencentes a mim, por conta da quantia das letras do senhor José Fructuoso.

Pelas mesmas cartas me assegura V. m.ce ter recebido as minhas da monção correspondente, e a copia da monção antecedente, em que foi apresada a náo pelos Francezes na carreira que fazia para esse porto. Nesta copia terá V. m.ce vindo no conhecimento que não recebi dinheiro algum do dito senhor José Fructuoso, devedor de V. m.ces senão em fazenda, e esta sem necessidade alguma della, porque não negoceio, e unicamente para querer fazer este beneficio aos patricios, que devião perder sem duvida a sua quantia, se eu me não resolvesse a assegural-a deste modo, e tambem por me ter aconselhado outro patricio nosso que fizesse este beneficio a V. m.ces porque sabia que se havia de perder, a não querer eu aproveitar-me da occasião, que se me offerecia.

V. m.ce me diz na sua que não me dera commissão para fazer-lhe este beneficio, e acho-lhes muita disculpa para assim o dizerem, porque V. m.ces não professão aquella ley tão santa e verdadeira, e unica de Jesus Christo, que he a que nos abre os olhos para ver, e conhecer a verdadeira estrada da nossa felicidade, cujo fundamento he a caridade, que consiste, amar a Deos mais que tudo, e ao proximo como a si mesmo por amor de Deos, nosso creador e redemptor. Esta santa ley tenho a fortuna de professar por infinita misericordia do creador, e sem eu merecer, e esta ley não somente nos dá commissão para soccorrer ao proximo, como eu fiz a V. m.ces mas nos manda que o façamos do mesmo modo que o desejamos para nós.

Se V. m.ces fizessem o mesmo por mim, como eu tenho feito por V. m.ces não somente os não condenaria pelo terem feito, mas sim lhes ficaria summamente agradecido pelo beneficio, que nisso recebia, e pelo amor, e interesse, que tomava sem ter outra obrigação particular, nem interesse algum, senão pelo affecto de patricio.

Pois agora lhes asseguro com pureza do coração que não me contento somente com assegurar-lhe essa quantia a V. m.^{ces} que em nada reputo, pois está segurissimo, ainda que não tivessem em seu poder os livros para a assegura-la; mas sim lhes quero, e espero assegura-la outra felicidade muito maior, e sem comparação alguma, pela qual estou contendendo já ha vinte e dous, e mais annos com esta Europa toda, que se gloría da disgraça de V. m.^{ces} e fazem nella a sua felicidade propria com verem a lamentavel ruina de V. m.^{ces} que eu como bom, e verdadeiro patricio solicito, sem que V. m.^{ces} me tenhão dado commissão para o procurar, e o faço apezar de arriscar a minha propria vida, somente para que meus patricios sejão verdadeiramente felizes, já que o nosso criador me fez conhecer a desgraça da patria, que está precipitada em huma cegueira digna da compaixão, e esta não se acha na Europa.

Eu tenho trabalhado para tirar das mãos dos Europeus o nosso arcebispado de Goa e India, que o nosso Creador e Redemptor nos deu ha mil e outocentos annos pelo seu apostolo S. Thomé, e a Europa nos roubou ha trezentos annos para seus proprios interesses temporaes, em prejuiso das nossas almas, e da nossa salvação. Eu tiro agora bem contra vontade de toda a Europa, e desta corte, não com minhas forças, mas sim com omnipotente braço do nosso creador e redemptor, e pelo patrocinio da santissima e immaculada May do Redemptor, que he nossa advogada, protectora, Rainha, e May, e o levo para fazer V. m.^{ces} felizes verdadeiramente, como eu desejo, e a infinita bondade e misericordia do Redemptor quer-nos fazer restituir, já compadecido da nossa desgraça, e desemparo.

Eu vou bauptizar todos os gentios, não somente de Goa, mas de toda India, e a dar minha vida por elles, para que sejão felizes eternamente, e como heide levar livros comigo, faço conta com o rol, que V. m.^{ce} remette, e os que faltão para compôr as obras, que V. m.^{ce} tem, cá comprarei, e levarei comigo o dinheiro, que lhes pertence das suas letras, ficando aquelles livros por minha conta, e já tenho escripto ao Rm.º padre mestre e senhor Pedro Delgado, Preposito, que acabou da Congregação, para fallar com V. m.^{ces} e lhe tenho remettido hum rol dos que mandarão para elle examinar esses livros; elle hade procurar a V. m.ces e com elle fallarão.

Ainda que quizesse apontar os preços para o seu rol, não he possivel, porque vem obras truncadas e avariadas, que não valem nem a metade de seu preço, e nesta forma o prejuiso seria grande para V. m.ces se se quizessem vender; e pelo contrario tomando-os eu, e levando os que faltão, V. m.ces ficão seguros de sua quantia, ainda que retardada. Este he o melhor partido, que podia tomar, que todo he em utilidade de V. m.ces e da patria toda, e minha gloria.

Desejo a V. m.ces todos completamente felizes, e espero heide dar-lhes hum abraço do intimo do meu coração, que se consome no amor de V. m.ces e o meu divino Redemptor fará mostrar a V. m.ces esta minha verdade sincera, pura, e affectuosa, sem mais interesse que o bem de V. m.ces.

Deos guarde a V. m.ces e os conserve para minha consolação. Lisboa 4 de abril de 1799. De V. m.ces humilde servo, e escravo.—*O D.or Caetano Victorino de Faria.*

Diz no *verso* = Recebida em 21 de dezembro dito (1799) pela náo *Conceição*, aportada em 19 dito.=

DOCUMENTO N.º 49.

Certidão.

Certifico eu abaixo assignado vigario encommendado da igreja de Candolim rever um dos livros findos dos baptizados desta igreja, e nelle ás fol. 123 *verso* constar o assento do theor seguinte. = Aos sete de junho de mil sete e centos cincoenta e seis annos eu Fr. Manuel de Jesus e Maria com licença do M. R. P.e Fr. Manuel de Assumpção, reitor desta igreja de N. Senhora de Esperança de Candolim, baptizei, e puz os santos oleos a Joseph Custodio, nascido de oito dias, filho de Caetano Victorino de Faria e de Rosa de Sousa. Foram padrinhos padre João Simões, morador em Sirulá, e Celestina Maria Luiza de Sousa, moradora nesta freguezia.— *Fr. Manoel de Jesus Maria* =.

Está conforme com o proprio, que fica no Livro, a que me reporto, e passei este a pedido de Genesano Antonio João de Sousa. Parochial de Candolim 22 de abril de 1865.— O vigario encommendado.— *Custodio Mathias do Rosario Dias.*

Ultramar de 18 de maio de 1865.

DOCUMENTO N.° 50.

THEOLOGICÆ PROPOSITIONES

DE EXISTENTIA DEI, DEO UNO,

ET DIVINA REVELATIONE

SUB AUGUSTISSIMIS AUSPICIIS FIDELISSIMORUM REGUM

PORTUGALLIÆ ET ALGARBIORUM

MARIÆ FRANCISCÆ ET PETRI III.

A JOSEPHO CUSTODIO DE FARIA GOANO

IN COLLEGIO URBANO DE PROPAGANDA FIDE ALUMNO

DEFENDENDÆ

PRÆSIDE F. THOMA MARIA CERBONI

Ordinis Prædicatorum Sacræ Theologiæ Magistro,

& Professore in eodem Collegio.

ROMÆ CIↃ. IↃCC. LXXX.

TIPIS SAC. CONGREGATIONIS DE PROPAGANDA FIDE

PRÆSIDUM ADPROBATIONE.

MARIAE . FRANCISCAE . ET . PETRO . III

PORTVGALLIAE. ALGARBIORVMQVE

REGIBVS . FIDELISSIMIS

PIIS . AVGVSTIS . PACIFICIS . POTENTISSIMIS

CHRISTIANAE . REI . AMPLIFICATORIBVS

LITTERARVM . BONARVMQVE . ARTIVM

PATRONIS . MVNIFICENTISSIMIS

ISTAS . DE . RELIGIONE . THESES

SVAE . IN . IPSOS . OBSERVANTIAE . MEMORISQ . ANIMI

PRO . IMMORTALIBVS . BENEFICIIS

IN . SE . PATREMQVE . SVVM . CONLATIS

TESTIMONIVM . SEMPITERNVM

IOSEPHVS . CVSTODIVS . DE . FARIA . GOANVS

IN . CONLEGIO . VRBANO . DE . PROPAGANDA . FIDE

ALVMNVS

O. C. Q. L. M

FIDELISSIMI REGES.

Neminem fore arbitror, Fidelissimi Reges, qui quum mei de Theologica hac disputatione Majestatibus Vestris inscribenda nuncupandaque consilii causam rationemque cognoverit, illud a me non temeritate, aut ambitione, sed necessario plane officio susceptum fuisse non fateatur. Quod enim officium est magis necessarium, quam suum cuique tribuere? Quid autem a me, in hoc præsertim genere, proficisci potest, quod ad Vos hæreditario jure non pertineat? Quum enim Goa, Lusitani Imperii in Orientalibus Indiis Metropoli, Romam adolescens venissem, ut ea mihi in hoc Religionis, et sapientiæ domicilio subsidia pararem, quibus in patriam redux, Deo auspice, rem Christianam adjuvare pro virium mearum tenuitate possem, immortali Josephi I. Prædecessoris vestri Augustissimi beneficio sum consequutus, ut in Pontificium hoc de Propaganda Fide Collegium, cujus tanta est ubique gentium celebritas, reciperer, quo commodius ad omnem et pietatis exercitationem, et litterarum doctrinam erudirer. Itaque ex eo tempore constitui, absoluto studiorum cursu, publicum meæ in Theologicis disciplinis diligentiæ specimen dare, atque hoc qualecumque munus Regi Clementissimo afferre, cui, si quidquam in litteris profecissem, id uni totum me potissimum debere intelligerem. Quamquam enim ea res nec tanti Principis majestate, nec beneficii, quo me affecerat, magnitudine digna esse videretur, tamen ad obsequentis gratique animi erga ipsum mei testificationem pertinebat, cujus quidem declarandi nullam mihi facultatem prætermittendam esse existimabam. Verum invictissimus Rex ex hac turba, et colluvione multo ante discessit, quam ego legitimum Theologiæ studio tempus impendissem. Quare hunc studiorum meorum veluti fructum, quem Josepho I. reddere non poteram, ad Vos ejus ut dignitatis, ita virtutis hæredes detuli: cumque pro summa Vestra in me, patremque meum benignitate id a Vobis honoris impetrassem, ut disputatio ista mea Vestris gloriosissimis Auspiciis ornaretur, ex universa Theologia hæc adversus impietatem, quæ nostra ætate ad perniciem humani generis in multis regionibus non clam serpit, sed palam furit, et quod magis dolendum est, latius quotidie manat, Theoremata a contortis perditissimorum hominum sophismatibus vindicanda delegi, ea nempe, in quibus deligendis meum Vobis consilium probatum iri non modo non diffiderem, sed ne diffidere quidem ulla ratione possem. Quotus enim quisque est in tanta rerum præclarissimarum a Vobis gestarum celebritate, quem prætereat, nihil esse, in quo tantopere elaboretis, quam ut Catholica Fides in Lusitano Imperio summo studio suscepta, atque a prima sui memoria sine ulla unquam impietatis, aut superstitionis offensione culta vigeat, et amplificetur? Nimirum illud est Vobis vehementer persuasum, quod non tam ex sapientissimorum virorum de optima regnandi ratione commentariis, quam ex domestica institutione, atque ex illustribus Prædecessorum Vestrorum exemplis didicistis, humanæ societatis incolumitatem, et salutem uno integræ Religionis vinculo contineri, nec Imperia, quæ hoc fundamento minime nitantur, diu posse consistere. Hinc statim ac ad Regni gubernacula incredibili Lusitanorum, quibus Vestra multis jam rebus spectata diuque cognita virtus erat, gratulatione accessistis, curam omnem Vestram operamque ad Religionem tuendam, amplificandamque contulistis. Testis est America, in qua submissi altique Regia Vestra liberalitate Evangelii Præcones Catholicæ Ecclesiæ fines latius in dies producunt. Testis Africa, ubi nulla est, quæ felicissimo Vestro Imperio pareat gens, aut natio, cui clarissimum solis justitiæ lumen non affulserit. Testis in Asia ipsa Goana civitas in qua nonnullos nuperrime semel avulsas idolorum superstitiones restaurantes Vestra auctoritate compressos fuisse, omnes gratulamur. Testis hæc Eminentissimorum Cardinalium Congregatio, cui in omnibus, quæ in vastissima Vestra ditione, finitimisque regionibus Fidei sive propagandæ, sive constituendæ causa et plurima et gravissima habet, negotiis officium omne Vestrum, opem, patrocinium ultro libenterque præstatis. Nam de Lusitania quid me attinet dicere? Quæ urbs in ea est, quod oppidum, quæ ora, quis sinus, in quo præclara Vestræ in Deum pietatis monumenta non extent? Verum eo imprudens progressus sum, quo minime decebat, ne maximarum pulcherrimarumque rerum splendor, ac dignitas orationis meæ inopia minueretur. Quamobrem quæ commemorari a me hoc loco possent de Paterna in populos curæ Vestræ commissos caritate, et beneficentia, de mira in Divinis humanisque legibus custodiendis constantia, de singulari in negotiis cum domesticis, tum externis pertractandis dexteritate, de incredibili in scientiis, et artibus, quæ ad humanæ vitæ usum cultumque pertinent, promovendis sollicitudine, ac de virtutibus ceteris, quibus egregiam, quam de Vobis concitaveratis, expectationem non sustinetis modo, sed etiam longe superatis, celebranda aliis, quibus uberior sit dicendi copia et vis, commendandaque memoriæ hominum sempiternæ relinquens, atque illuc, unde mea omnis hæc defluxit oratio, regrediens, cum tanto Vos Catholicæ Fidei conservandæ, dilatandæque studio ardere constaret, in certam spem veni, fore, ut mea hæc adversus impietatem disputatio vel ipso argumenti genere Vobis quam jucundissima accideret, ac me certamen cum profligatissimis Religionis hostibus ineuntem Potentissimo Vestro patrocinio tueremini. Quod si feceritis, ut Vestra in me tam multis, iisque perspicuis significationibus declarata humanitas pollicetur, ad superiora beneficia, quibus me perpetuo Vobis devinxistis, cumulus accedet. Ego vero, quoniam mihi in tam dispari conditione nihil ad remunerandum suppetit præter voluntatem, tantas Vobis, quoad vivam, gratias habebo, quantas animo maximas capere possum, nec vota precesque Deo facere desistam, ut Vos ad Lusitani Imperii felicitatem sospites quam diutissime et incolumes servet.

DOCUMENTO N.º 51.

Carta do Marquez de Pombal, e resolução do requerimento, que a Camara Geral de Salcete fez a S. Magestade sobre o serviço militar, tirada do Livro Memorial *a fl. 179.*

Foi presente a El Rey meu Senhor a supplica que lhe fez essa Camara com a data do primeiro de março do anno proximo passado de 1775: nella viu o mesmo Senhor pela primeira vez que huma nação se fizesse a si propria na presença do seu Soberano injurias tão grandes, como são: primeira; confessar fraqueza commua de corpo e de espirito para anichilar-se a si mesma na estimação universal das gentes: segunda; a de mostrar que ignora, ou quer subterfugir os primeiros principios da união e da sociedade civil, que obriga os vassalos a exporem a vida pela defesa do seu Rey, de sua propria patria, e das vidas e fazendas dos seus compatriotas: terceira; a de renunciarem assim os adiantamentos de nobreza e de cabedal, a que sobem aquelles que na profissão militar tem feito os seus nomes tão distinctos, e as suas familias tão illustres na estimação commua dos seus respectivos monarchas, unindo-os ás classes de que se compõe a nobreza do reino: quarta; a de mostrarem que ignoram que a profissão militar não absorve em si todas as outras profissões, porque em todas as Monarchias, em que ha, e não pode deixar de haver soldados, ha huma numerosa corte, que assiste ao Soberano, hum grande numero de tribunaes politicos, e magistrados civis, hum grande numero de homens de negocio, que enchem as praças deste Reyno, hum infinito numero de lavradores, agricultores, e trabalhadores, que cultivão as terras, outro grande numero de artifices de todos os officios mecanicos, outro grande numero de creados aprendizes que servem, sendo tudo isto muito compativel com o serviço das tropas, porque ha regras certas e impreteriveis para se fazerem as recrutas, e alistarem os soldados, com huma tal moderação, que comparando-se o pequeno numero dos que sahem dos povos com outro incomparavel dos que nelles ficão, vem a ser insignificante o primeiro á vista do segundo: e sendo esta regra de moderação a que vai recommendada ao governador e capitão general desse Estado para a observar na India como se está praticando em Portugal, espera S. Magestade que logo que essa Camara abrir os olhos para conhecer a deformidade dos absurdos, em que incorre, será a mesma que levante os seus espiritos do grande abatimento em que se achão; por huma parte fazendo assentar praça nobre e voluntariamente aos filhos de Bragmanes e Charadós mais distinctos, como neste reino estão praticando os filhos de Marquezes, dos Condes, dos fidalgos da primeira classe, de todo o resto da nobreza; e pela outra parte aspirando a que os sobreditos seus filhos cresção em postos, que lhes accrescentem a graduação, a estimação pessoal, e que os faça subir á propria estimação de S. Magestade, e de toda a sua corte, servindo assim de credito e honra a sua patria, pois este he o caminho que seguirão todos os ascendentes das familias, que hoje se estão vendo em Portugal mais illustradas; não podendo o mesmo Senhor persuadir-se a que os Portuguezes tenhão maior espirito, e sejão mais capazes de estimulos de honra do que os Indianos.

Deus guarde a V. m.ce Lisboa 28 de fevereiro de 1776.— *Marquez de Pombal.*

Ao povo e camara geral da Provincia de Salcete.

Esta carta está impressa no *Bosquejo historico das Communidades* do senhor Felippe Nery Xavier, parte 2.ª pag. 106, com varios erros de copia, aqui correctos á vista de outra.

DOCUMENTO N.° 52.

Representação da Camara Geral de Salcete a Sua Magestade.
1779.

Senhora. Com a maior veneração, e reverente submissão, prostrada a Camara geral da provincia de Salcete por seus procuradores abaixo assignados, nomeados pelo Nemo junto, humildemente se põem aos piedosissimos e reaes pés de V. Real Magestade offerecendo-se todo o povo reverente, e fervoroso para obedecer aos reaes, e beneficos preceitos de V. Magestade, representão que desde monção do anno 1770 té o presente vem continuando as suas humildes preces e rogativas ante o real solio de V. Magestade para que sejão enxugadas as suas lagrimas, excitadas pelos motivos expressados nesta supplica.

Por quanto na monção de 1770 se queixou esta Camara geral ante o real solio de V. Magestade de huma grandissima confusão, e molestia, que tinha causado ao povo somente desta provincia o governador D. João José de Mello por criação de hum Terço de 600 soldados Auxiliares, que o real Alvará do anno 1761 mandava crear em todas as provincias, onde na verdade erão uteis, e não somente nesta provincia de Salcete, e por este motivo o V. Rey Conde da Ega tinha escusado no anno 1761, depois de ter certeza das causas da extincção antigamente determinada com experiencia de mais de hum seculo, porque forão baixados não somente os primeiros, que levantou o V. Rey Antonio Paes de Sande pelos annos de 1680, mas tambem outros do V. Rey Francisco de Tavora, Conde de Alvor, com experiencia que fez por si, sendo filhos principaes dos Bragmanes e outros; porque indo tomar o impeto ao inimigo chamado Sambagi, Marata Asiatico, que entrava na Ilha de S. Estevão, foi obrigado a retirar-se por causa de summa covardia e fraqueza dos ditos Auxiliares: o mesmo lhe succedeu com os ditos Auxiliares na outra occasião, que se offereceu de occorrer a hum troço de cavallaria do dito inimigo Sambagy, porque não podendo sustentar, quando investiu a cavallaria, fugirão desfilados huns poucos para o mato, e outros morrerão pizados de cavallos, sem se poder defender o Conde V. Rey, que esteve em perigo de ser preso, se lhe não acodia com hum cavallo, em que se salvou, D. Rodrigo da Costa, certamente acontecia a maior desgraça; mas tanto que chegou salvo á cidade de Goa, logo passou as ordens para dar baixa aos Auxiliares com a experiencia da incapacidade.

Alem disso no governo do V. Rey Caetano de Mello de Castro se fez escolha de 400 naturaes, filhos dos pais principaes do paiz, e com elles se recrutarão as companhias dos regimentos, e na occasião do embarque acabarão todos os que estavão embarcados, não podendo aturar o trabalho e inconvenientes do embarque, e os restantes começarão a desemparar a patria, aos pais, e familia com o medo de que a mesma desgraça lhes esperava na occasião seguinte; e para não se extinguirem as familias principaes, lhes mandou dar baixa, com a experiencia de não serem capazes de acções militares.

Pertendeu terceira vez o V. Rey Francisco José de Sampayo crear Auxiliares pelas informações dos que lhe aconselhavão, e mandou passar patentes a alguns capitães; porém informando-se melhor da inhabilidade, averbou as patentes, e escusou a escolha.

Levantou o V. Rey Conde de Sandomil nesta provincia dous Terços Auxiliares, que constavão cada hum de 600 homens, hum dos filhos dos pais Bragmanes, e outro dos filhos dos pais Charadós, muito principaes da sua terra, e nobres graduados na sua nação; hum chamado Terço da Fronteira, e outro Terço de Marinha. Da mesma sorte outros dous na provincia de Bardez, e outros dous nas Ilhas de Goa: com estes 3600 homens, que ao aspecto não desagradavão, escreveu para se escusar do Reino o socorro, que mandava annualmente o piedosissimo monarcha Senhor D. João V; mas foi tal a desgraça desta provincia, que correu noticia pelos Gates que já se defendia Goa pelos animados Auxiliares, gente da mesma terra, pois de improviso invadiu Vencotto Ráu, regulo Maratta, esta provincia aos 24 de janeiro de 1739, e não houve na praça de Margão mais que dous Portuguezes; hum morreu de balla inimiga, outro com a espada na mão, rompendo o exercito inimigo, se recolheu na praça de Rachol, e se perdeu tudo quanto segurou o povo na dita praça, e por não poderem defender os Auxiliares a praça, morrerão bastantes, e outros maior parte feridos mortalmente, por serem muito incapazes.

No mesmo tempo entrou o inimigo Bounsuló em Bardez, não podendo impedilo os dous Terços dos seus Auxiliares: gravissimas urgencias padeceu o Estado nesta fatal invasão, porque persistiu por tempo de seis mezes o inimigo Maratta na provincia de Salcete, e o Bounsuló na de Bardez, e sem receber 800$ xerafins não quiz largar esta provincia, e o Estado ajustou pazes por intervenção das pessoas do respeito, e serviu nesta pendencia o D.[or] José Pedro Emauz, e se fundiu no hospital real quanta prata das Igrejas se salvou nas fortalezas de Rachol e Mormugão, e entrando os penhores, se fez o pagamento do dinheiro promettido, e o que faltou se rateou pelos cabedaes dos possantes.

Mas nem com isso quiz o inimigo retirar toda a sua gente, antes em Coculym e Ansolnã conservou duzentos soldados, que hostilisavão estas provincias, aos quaes querendo repellir, mandou o Estado os soldados Auxiliares, que restavão, ajudados das Ordenanças, e não podendo effectuar a pretenção, porque tanto que investiu o inimigo, a nossa soldadesca, Auxiliares e Ordenanças, se retirarão do pavor com muitos feridos, e alguns mortos. Motivo que obrigou ao Estado fazer partido de largar no Norte a fortaleza de Chaul, segurada com subsidio de 300$ xerafins, que deu esta, e outras provincias no anno de 1738, quando estava sitiado o Norte pelo Maratta, a qual fortaleza até então conservava o Estado, para recuperar as ditas aldeas de Coculy e Ansolnã, e as mais dos seus districtos, e se concluiu o ajuste das pazes, e restituição das ditas aldeas a 24 de novembro de 1741, como constará melhor dos capitulos das pazes, que jazem na secretaria deste Estado.

Pois a não se suspender o soccorro de Portugal por outo annos na consideração da igualdade entre Portuguezes com paizanos, não experimentaria o Estado, e toda esta terra tão funestas calamidades, que chorou até a Imagem de Nosso Redemptor no convento das Monicas de Goa no tempo que se considerava desertar a cidade, e se salvar na praça de Mormugão; já se recolhia o corpo sacratissimo de S. Xavier para a dita fortaleza, mas debalde, porque feitas todas as diligencias, que já na consideração certa de ser embarcado o sagrado corpo, chegou o escaler á praça, e quando querião desembarcar ali, não se achava a caixa. Com este evidente milagre se animou a cidade para trabalhar até o ultimo suspiro pela conservação. (a)

(a) Deixando esta historia, e milagres á conta dos auctores da representação, só resta observar que o plano de transferir a cidade para Mormugão era do tempo do Conde de Alvor, e não formado no do Conde de Sandomil, como parece indicar a ordem da narrativa, se por ventura não figura uma nova tentativa nesta occasião.

Na praça de Rachol quando havia ordem para se abandonar, ora apparecia a Senhora das Neves em figura de huma mulher paisana, a cuja vista se prostrava o inimigo desmaiado de espanto e pavor, e ora apparecia o Senhor Menino Jesus em figura de hum soldado de pupillar idade, e repellia os impetos do inimigo, quando se fez a mina para ganhar a dita praça, a cuja vista se conservou a dita praça de Rachol na defensa das Ordenanças.

Com esta experimentada incapacidade dos Auxiliares, tanto que sahiu no governo D. Luis Caetano de Almeida, mandou extinguir ambos os Terços Auxiliares, de Fronteira e Marinha, e obrigou ao povo e Camara geral, violentando os procuradores eleitos com prisão de oito dias na praça de Rachol, para fabricar dous Nemos, hum para sustentar 60 soldados do presidio, e 10 artilheiros com os officiaes respectivos, e outro para pagamento de 208 sipaes, entrando os rabaneiros, com seus officiaes, com dispendio de quasi 28$ xerafins por anno desde janeiro de 1743, já depois de padecer este povo tres invasões do Marata, com que estava prostrado, sem ter com que sustentar a vida, e pagar as dividas, por cujo respeito não permittia o V. Rey Conde de Sandomil que se vendessem os bens dos devedores té o março de 1741, porque era tal a indigencia de todos, que por pouco mais da outava parte do seu natural valor chegavão levar os bens dos necessitados, como se vê do Alvará de 3 de setembro de 1740 (*Doc.* fl. 6.); porém logo que se recolheu o dito V. Rey, e sahiu no governo o sobredito governador D. Luis Caetano de Almeida, mandou fazer o pagamento dos referidos 28$ xerafins *ex vi* dos ditos Nemos, não obstante estarem annullados pelo accordão do treslado *Doc.* fl. 7 pelos motivos irritantes alli expressados; nem huma sentença confirmada pelo accordão pode prevalecer nesta corte a huma simples portaria, porque detidos os seus procuradores eleitos por mais de outo dias no tronco de Rachol, por huma simples portaria, e com violenta prisão, começou a exhibir este povo miseravel até o anno de 1753, por onze annos, 308$ xerafins para os soldados do presidio, e sipaes da fronteira.

E ao depois tomada a resolução por ordem do V. Rey Marquez de Tavora, em lugar dos Sipaes se subrogou huma companhia de cavallos, para cujo pagamento, de dous ajudantes, lingoa do Estado, que tem o general, despende por anno consideravel somma de dinheiro, de que houve passar a segunda Provisão do treslado

(*Doc.* fl. 8 v.), de que dando-se conta ao soberano Senhor D. José 1.º que Deus haja na sua gloria, passou somente a patente ao capitão Henrique da Cunha de Attaide para conservar a dita tropa até a sua morte, ou passar ao melhor posto, como se vê do treslado da patente (*Doc.* fl. 10).

E sendo já constante que o dito capitão morreu no anno 1758, fazem 20 annos, não está extincta a dita tropa, somente por ser sustentada á custa do miseravel povo, pois dispendeu por tempo de cinco annos de sua vida o dito capitão 97500 xerafins, e por vinte annos tem exhibido 390$ xerafins, e sobre tudo não existindo ora a dita tropa nesta provincia, ha quatro annos que está em Pangim para a guarda do governador, ainda assim se continua o pagamento, como tambem havendo extincta a companhia dos soldados de presidio desde anno 1775, continua o pagamento, que se recolhe no cofre de baixas, e tem conservado quarenta individuos daquelle numero por correios do general da provincia, que são muito escusados, visto haver sipaes para o serviço, dos quaes usa té o D.or Ouvidor geral.

Alem de tanto dinheiro que annualmente contribue o povo pela extincção dos ditos dous Terços dos Auxiliares, já desde o anno de 1580 tinha providenciado os vigilantissimos V. Reys deste Estado á defensa desta provincia com 200 soldados Portuguezes, que são obrigados a conservar na fronteira e marinha, a saber, o senhorio de duas aldeas, Coculym e Verodá, que forão doadas a João da Silva, e seus successores, que hoje rende livres 30$ mil xerafins, e he obrigado a defender as fronteiras com ballas e polvora á sua custa, sustentando cem soldados, alem de contribuir a rata dos donativos na forma que fazem as mais aldeas desta provincia, e com esta pensão se lhe tem dado em mercê as ditas duas aldeas de tanta renda, como consta do traslado da carta de mercê (*Doc.* fl. 11).

Na mesma sorte forão doadas a hum D. Pedro de Castro tres aldeas, a saber, Assolnã, Velym, e Ambelym, que podem render ora 60$ xerafins, as quaes aldeas logravão os Regulares de S. Ignacio de Loyola, em nome do collegio de Cochim, e hoje a fazenda real de V. Magestade pelo confisco, a qual doação foi feita por carta de mercê por V. Rey D. Duarte de Menezes, por se obrigar a defender a enseiada e passo secco de Assolnã, sustentando cem homens brancos, prestes com polvora e balla á sua custa naquella costa do mar, onde surgem as embarcações inimigas, que podem entrar nesta provincia, faltando a defensa necessaria, alem de se obrigar a satisfazer a rata, ou parte, que lhes toca de distribuição dos donativos, e fintas, que se costumão lançar por serviço de V. Magestade, na forma que pagão as mais aldeas desta provincia, como se vê do treslado da carta de mercê (*Doc.* fl. 11 v.), e por não o quererem contribuir os mencionados senhorios, nem ter promptos os defensores promettidos, requereu o povo e Camara geral ao clementissimo senhor Rey D. João V, que lhes ordenou satisfazer tudo feitas as contas, como se vê do traslado da carta (*Doc.* fl. 12), para a qual carta, é igualmente a da monção seguinte (em que ordenava ao V. Rey Conde de Ericeira que pozesse aquella provincia em estado que fique defensavel, o que se faria então quando fossem compellidos os senhorios das ditas cinco aldeas a continuar os 200 soldados da sua obrigação, e pagar o que devem justamente até o presente) não se deu cumprimento algum, sendo que esta resolução era dada immediatamente por Sua Magestade, que prevalece a qualquer sentença dos seus ministros, ainda que seja havida a favor dos Regulares, como se vê do traslado da carta (*Doc.* fl. 13), porque não podia ficar defensavel sem ter promptos os promettidos defensores.

Mas por não haver individuo algum daquelle bom numero dos Lascarins, vulgo Sipaes, ou soldados voluntarios, que segurou a V. Magestade o dito V. Rey por sua carta, como commemora a sobredita (*Doc.* fl. 12), entrou o dito inimigo Marata em 24 de janeiro de 1739 de improviso, e persistiu ao depois nas ditas cinco aldeas por serem de limites do Rey Sunda, mais de dous annos e meio, e só com partido de sahirem os duzentos soldados, que ahi restavão, foi dada a fortaleza de Chaul no Norte, e agora o Estado tem perdido esta praça, e suas utilidades, a terra padeceu inenarraveis calamidades, e os ditos senhorios logrão livres os noventa mil xerafins, sem ter defensa da propria terra, que de estilo fazem as Ordenanças nas suas respectivas provincias, como he notorio, nem pagão a rata dos donativos, nem o que devem da conta dos emprestimos. Antes sim no anno 1753 quando hostilisava Custtã Ráo no governo do Marquez de Tavora, pagou este povo e Camara 12$ xerafins por 700 Sipaes, filhos das ditas cinco aldeas, que sustentou para as não invadir o inimigo, e devem esta quantia ao povo.

E por este motivo industriárão os ditos Regulares os dous Terços dos Auxiliares, hum para defender as tres aldeas, Assolnã, Velim, e Ambelim, e lhe denominarão Terço da Marinha, outro para defender Coculim e Verodá, e lhe chamarão Fronteira, como consta da Provisão da extincção sub Lit A e B (*Doc.* fl. 5), cuja commutação forão os 200 Sipaes ou Lascarins nas fronteiras, que erão da sua obrigação, e ora em lugar destes está subrogada a Tropa de 60 cavallos, alem de 60 soldados de presidio da fortaleza de Rachol, em que desde o anno de 1743 athé hoje vem pagando perto de 20$ xerafins, que junto com os 90$ das utilidades doadas a beneficio da segurança e defensa desta provincia, fazem 118$ xerafins, que esta provincia annualmente dá pela defensa, alem dos fóros, meios fóros, donativos, juros, e tudo o mais, cuja narração aqui se ommitte, por impropria ao conceito deste requerimento.

Alem do que conduziu o povo e Camara geral 240 soldados voluntarios, á satisfação dos coroneis, e capitães no governo do V. Rey Marquez de Alorna no anno de 1745, para recrutar os regimentos, a huns capacitando, e a outros apremiando, para suavisar a todos este trabalho. Da mesma sorte contribuiu 240 soldados voluntarios á satisfação dos seus officiaes superiores, e subalternos no tempo do governo do V. Rey Marquez de Tavora no anno de 1753; da mesma sorte no anno de 1760 no governo do V. Rey Conde da Ega mais de 240, os quaes todos são filhos de Bragmanes e Charadós naturaes desta provincia, e christãos existentes neste Estado. Fóra disso tem concorrido as Ordenanças em todas as occasiões, que forão ordenadas, com polvora, balla, e mantimento á sua custa, e acabadas as funcções e serviços voltando para as suas cazas cultivão os campos, e sustentão a sua familia na conformidade da real carta do clementissimo Rey senhor Rey D. Pedro 2.° (*Doc.* fl. 1) e do Assento fl. 2 até fl. 3.

Com este fundamento, e outros que se ponderão por supplicas, que o povo e Camara tem dirigido ante o magestoso Trono de V. Magestade para isenção daquella contribuição de vinte e outo mil xerafins, executada a extincção da tropa, por ter fallecido o dito capitão, ou, ainda que se conserve em Pangim, ou na cidade de Goa, não ser compellido este povo para o seu pagamento, e mandar extinguir o Terço Auxiliar, que de novo se tem erigido, visto estes serem os mesmos individuos da Ordenança, como a experiencia o tem mostrado, e por ser isto a pura verdade, thé o pagamento dos meios soldos se lhe não pagão, quando estão descançados em suas cazas, nem inteiro quando estiverem em alguma occasião servindo nas prayas, ou nas fortalezas de Rachol e Mormugão, como succedeu no anno de 1771, e já na realidade se executa o que determina a real carta fl. 1, e por este pagamento ser despesa superflua á fazenda real em pagar gente, que está prompta para servir por Ordenanças com mantimento, polvora, e balla á sua custa, e por este mesmo motivo era o requerimento para dar baixa na matricula geral, para evitar as oppressões dos officiaes superiores e subalternos, que a titulo de dependencia dão muitas molestias a seus soldados Auxiliares.

Mas em vez de receber a resolução real como esperava com tantas ancias, chegou a monção de setembro de setenta e quatro com taes ordens, que á força se recrutarão os regimentos, puxando com violencia e summa vexação té os filhos dos pais, que estavão ordenados das ordens menores, e outros filosofos e theologos, huns que pretendião a occupar igrejas, outros a entrar nas religiões, e outros na forma da sua vocação, e não se olharão os filhos dos mecanicos, a saber, alfaiates, pedreiros, lavoreiros, vulgo rendeiros, carpinteiros, cavouqueiros, ferreiros, e cortadores de carne, dizendo que S. Magestade queria graduar e exaltar com honras igualmente com Reynoes, que lhe servem neste Estado, e que para isso unico meio era milicia, e com prisões dos pais e parentes até quarto grão levarão trezentos noventa e seis individuos dos mais principaes deste paiz, huns cazados, em que se estabelecia o trato e conservação das cazas, outros pais da familia, já provectos na idade, com tal impiedade, que té o presente não he ouvida a queixa, nem attendida a sua razão.

E quando os pais, té mulheres chegarão ao governador com pranto e lagrimas supplicando que S. Magestade não ordenava com violencia e vexação puxar os filhos necessarios para conservação da terra, e continuação dos seus fóros e consignações reaes, não sahiu despacho, nem providencia alguma, antes os procuradores forão presos por mais de vinte e dous dias no tronco da Caza da polvora, e representando por huma supplica diante do real solio esta gravissima molestia, e notabilissimo prejuizo, nunca experimentado neste tempo; na monção correspondente manda o Marquez de Pombal huma reposta a fl. 13 (a), cheia de reprehensão, considerando quatro injurias em huma supplica, as quaes to-

(a) He a que fica no *Doc.* n.° 51.

das se reduzem ao systema de dar honras, de igualar com os Portuguezes aos Nacionaes de Salcete, e de estabelecer as suas cazas e familias pelo proveito dos premios, que as suas acções militares hão de merecer, com que era S. Magestade bem servido.

Se o dito Marquez quizesse examinar a qualidade dos Portuguezes e Nacionaes informando-se das pessoas, que sabem examinar o valor portuguez em occurrencias de esforços asiaticos, facilmente havia de abraçar a resolução real do senhor Rey D. Pedro 2.º de fl. 1; porém como elle aboliu tudo, e pretendeu novo estabelecimento, quiz praticar o que se mandou antigamente excusar, como se vê da reposta de 28 de fevereiro de setenta e seis, e o que elle denomina injurias, parece que não são pelos motivos seguintes.

1.º Porque não he injuria ponderar na presença do soberano Monarcha as verdades, que motivarão ao senhor Rey D. Pedro 2.º para estabelecer o sistema de escusar militares nacionaes da terra, filhos dos principaes, sustentando com despesa de sua fazenda os mesmos, que sem isto sempre lhe servem em todas as occasiões, e para esta real resolução fazem setenta e hum annos, por isso não he nova, nem ainda de primeira vez, porque vai para hum seculo está executada, antes seria manifesto engano do povo e Camara fingir valor na presença do seu augustissimo Senhor, e pedir honras sem sinceridade, e nesta dolosa pretenção fundando-se as esperanças de assegurar o Estado com a defensa dos nacionaes suspendendo o socorro do Reino, viria outra vez o tempo de tantas calamidades, que lamentou esta provincia no governo do V. Rey Conde de Sandomil, como fica ponderado acima; e só com hum regimento, que mandou o senhor Rey D. João 5.º recuperou o credito do Estado com a tomada da fortaleza de Sanguem no anno de 1742, e das praças do Bounsuló nos annos 1745, e nestas emprezas não se acharão militares nacionaes; pois á viste destas experiencias, e verdade ocularmente conhecida, quem hade representar a V. Magestade que he igual o esforço dos Nacionaes ao valor dos Portuguezes?

2.º Porque na união e sociedade civil, que obriga aos vassalos a exporem a vida pela defesa do seu Monarcha, da sua patria, e dos bens dos seus compatriotas, se desempenha esta gente natural, Bragmanes e Charodós, desda sua primitiva idade, e té o presente o continua, o que farão certo as coronicas, e historias, que seriamente escrever os acções militares de Goa; porque em todas tem acompanhado os nacionaes soldados da Ordenança com polvora e mantimentos á sua custa, expondo as suas vidas pela defesa deste paiz; e para evitar a extensão, somente se lembrarão algumas occasiões, como são, as campanhas de Pondá do tempo do V. Rey Conde de Alvor, que ficou em evidente perigo, presos bastantes soldados nacionaes, que afflictos, e acabados com tratos e açoutes, que lhes dava o inimigo para descobrir a entrada na cidade, se virão obrigados para venderem as proprias fazendas para ganharem a propria sultura; da mesma sorte nas fatalidades das tres invasões no governo do V. Rey Conde de Sandomil morrerão nas mãos do inimigo Marata todos os soldados Auxiliares, que perturbados não largarão os vestidos da milicia, fora os que forão presos nas suas terras de Gatte.

Nas hostilidades, que fazia Custã Ráo no anno 1753 no governo do Marquez de Tavora, as Ordenanças acompanharão os regimentos e tropa de Bardez acampada nesta provincia para hir em alcance do inimigo, que invadia a aldea de Coculy, do senhorio, e outras algumas, fazião tambem vigia continua nos limites com polvora e ballas, sem soldo nem mantimentos, servindo a beneficio do soberano, patria, e bens dos compatriotas, acodindo huns com armas e mantimentos ao rebate dentro das praças de Rachol e Mormugão, e outros incorporados aos regimentos, e no tempo do socego grangeando, e semeando os campos, como ordena a carta real do piissimo senhor Rey D. Pedro 2.° fl. 1.

Mas porque não ajudavão, antes atemorisados servião de perturbação aos regimentos, e o inimigo entrava por donde elles vigiavão, forão todos recolhidos nas praças, erigindo-se em seu lugar huma companhia de Sipaes, a cujo pagamento despendeu o povo doze mil xerafins. E por isso o V. Rey Conde da Ega com estas, e outras informações, e com experiencia que por si fez nas occasiões do seu governo, para dar execução á ordem real, passou tão somente as patentes dos officiaes, e escusou a escolha dos soldados Auxiliares.

3.° Porque sendo a nação Portugueza em todas as qualidades diversa das nações Asiaticas, como são, Bramanes, Charadós, Sudros, Mouros, Malavares, e outros, nunca pode haver huma tal união, que se considera identica, e esta he a razão porque as companhias dos soldados Asiaticos nacionaes, mesclados com os officiaes Portuguezes, á vista dos inconvenientes, mandou extinguir o piissimo senhor D. Pedro 2.° pela carta fl. 1, e nenhum adiantamento tiverão aquellas duas voluntarias companhias, que se offerecerão servir no governo do V. Rey Marquez de Tavora, antes não podendo aturar os capitães as continuas emulações, vierão a morrer logo depois de acabar o governo do dito V. Rey, e não subirão os tenentes ao posto de capitão, senão forão divididos os soldados entre os dos regimentos dos Portuguezes; donde nenhum subalterno chegou subir, e se diz que acabarão em breve tempo; pois qual seria o motivo de justiça para se negar os adiantamentos da nobreza e cabedal a estes militares? Parece que não merecerão como os Portuguezes, e por isso atrazarão nos provimentos; donde como o valor dos militares Portuguezes, que tem espantado todo este Oriente, nunca ha de ficar tão curto, que lhes excedão os Naturaes sem discrepancia, não lograrão estes os postos superiores, e por conseguinte não chegarão estabelecer suas familias por este meio, nem na justiça e razão prevalecerão aos militares de tão conhecido valor, e de tão experimentada capacidade em todas as funcções, em que tem servido no Reino, e servem na India com iguaes procedimentos, e por isso não se deve julgar injuria confessar huma verdade tão notoria.

Contra esta verdade não obsta o deduzido em hum capitulo de supplica, que a V. Magestade fez em contemplação da resposta do Marquez de Pombal na monção do anno proximo passado de 1777, em que se declarou que nos tribunaes politicos e civis, e nas graduações militares não constava exemplo té o presente que os Nacionaes occupassem postos senão os inferiores, por isso confessavão a fraqueza commua de animo e de corpo. Isto he tão somente a respeito dos violentados, e não dos voluntarios, que só então se reputão dignos quando tem qualidades; e assim se praticou com aquelles voluntarios, que o povo e Camara geral offereceu nos governos dos V. Reis Marquez de Alorna, e Marquez de Tavora, e Conde da Ega, mais de setecentos soldados nacionaes, dos quaes té hoje nenhum se queixou, porque bem sabem que até haver merecimentos não ha lugar de justiça para lograr os postos de maior graduação; por isso o supplicante quer agora fazer a devida expressão do conceito que na dita carta expôz-se, a saber, os maiores postos na occurrencia de mais avultados merecimentos, e para se não desmaiar a tenue fortuna dos paizanos com vã esperança no verdadeiro conhecimento do distincto valor dos Portuguezes militares; neste caso pediu na dita carta que aos mesmos voluntarios se concedessem certos annos, para depois de o servir pertenderem adiantamento, de pouco a pouco. Isto parece foi huma obediencia mais praticavel ao novo systema do dito Marquez de Pombal, que considerava indistinctamente fundar nos Nacionaes os postos, que logrão os Portuguezes, pois a ser hum Asiatico capitão, nenhum Portuguez hade viver na sua companhia só por considerarem vilipendiados em serem regidos por hum debil de nação, e pavorido de natureza, se não os estimular a emulação de considerar que os Indios podem viver de agricultura, cousa que implica aos Europeus, que vem mandados por V. Magestade defender esta terra, e por este pretexto podem ser muito attendidos, e com esta consideração haverá muitas bulhas e mortes, porque huns cabos de companhias, furrieis, até sargentos tem fugido nestes dous annos para as terras de Canará por causa de não serem preferidos entre si, e por este motivo perde o Estado a melhor soldadesca, por não se adiantarem com justiça: pois peior será se houver de partir este pão até com os famintos da India: por este e outros fundamentos, que a V. Magestade estão patentes, se tem escusado pela real carta de fl. 1, podendo servir-se destes vassalos sem gastos da real fazenda, podendo com elle ter mais soldados Portuguezes para melhor defensa desta terra.

4.° Porque sendo observancia em todas as cortes da Europa conservar livres todas aquellas pessoas, que são por qualidades distinctas, e por seus merecimentos illustres, como o são na India os Bragmanes e Charadós, que se occupão nos economicos empregos, como são, secretarios, conselheiros entre os Reys visinhos, capitães das Ordenanças, saccadores, e procuradores da Camara geral, e das suas respectivas aldeas neste paiz: alem disso os feitores das rendas dos campos, e administradores dos cofres das igrejas e capellas, que são indispensavelmente empregos dos mais distinctos e abonados Bragmanes e Charodós pela fidelidade e segurança, com que administrão; alem disto sendo observancia não perder o adiantamento litterario a favor da economia da republica, em que se occupão os mesmos Bragmanes e Charodós por sua habilidade e inclinação para mestres, e Religiosos, missionarios, parochos, e outros ministerios, como são, sacerdotes, confessores, curas, e prégadores, pois destes são os que entrão na congregação do Oratorio de Goa, na religião de S. Caetano, e mais religiões, por serem os mais principaes e nobres da terra; todos estes devendo estar livres da soldadesca, como se pratica com os mais nobres e illustres da Europa, occupando-se estes nobres na milicia, como se não hade presumir que hade absorver toda a nação dos nobres, se são puxados com avexação, sem lhes attender a necessidade da conservação da sua casa e familia, só no fundamento de ser hum secular irmão de hum ou dous sacerdotes, ainda que seja cazado, ou que esteja para proximamente se cazar, até o maior dos dous filhos de huma viuva honrada, ou de hum pai decrepito, que corria com trato da caza, quanto mais praticando o governador no anno de 1775 huma tal impiedade, que nem se salvarão os minoristas, que hoje havião de encher as aulas e religiões, para o que estavão iniciados com dous cursos de Theologia e Filosofia, nem se salvarão os que estudavão a serem medicos, letrados, professores das artes, escolas, e musicas: tudo isto acabou de maneira que não ha ordens, porque o Prelado não quer, antes põe hum tão oneroso jugo, que quer mandar fazer hum patrimonio de tres mil xerafins, que nesta provincia rarissimos cumprirão, e se absorverá o ecclesiastico em breves annos, assim como em mais duas recrutas absorverão as familias dos nobres desta provincia, porque os deputados e commissarios não olhão para os mecanicos, senão aquelles de quem pode utilisar-se a terra; motivos que obrigarão ao povo, e Camara offerecer nas sobreditas tres occasiões setecentos vinte soldados voluntarios á satisfação dos seus officiaes superiores; pois se escolherão os moços dos mecanicos, que cada huma das aldeas tem, fora insignificante o numero dos escolhidos á vista dos muitos, que ficão na terra, porque esta gente he dez vezes mais do que os Bragmanes, que habitão somente em doze aldeas, e por isso não se verifica a quarta injuria.

Por estes motivos se julga impraticavel o que o dito Marquez pretendia; mas todavia a supra mencionada supplica do povo e Camara, e suas razões justificadas poem na real presença de V. Magestade, para que commiserando-se deste povo tão humilde, sempre fiel e leal a V. Magestade, que nestes quarenta annos, *maxime* desdo anno de 1766 vive sobremaneira pobre e indigente, se digne mandar aos senhores de Coculym e Assolnā sustente os duzentos defensores na fronteira e enseiada, e se isente este povo da contribuição da companhia de setenta cavallos, que ora não existem nesta praça, visto vinte annos antes dever ser existente (a) na forma da patente fl. 10, nem ha lugar, nem ter-

(a) Assim está, mas deve ler-se—*extincta.*

cenas dentro da praça de Rachol, nem ha necessidade á vista do inteiro regimento, que está na praça de Rachol: tambem seja isenta do pagamento de sessenta soldados, e dez de artelharia do presidio, porque he presidiada pelos Portuguezes, e sem superfluos quarenta correios ao general ou coronel commandante, que não tem obrigação o povo de os sustentar, podendo-o fazer com huma escolta de Sipaes, que sempre esteve para expedição das ordens do serviço, pelo que se pratica neste Estado, visto serem sustentados á custa da real fazenda para dependencia do serviço; alem do que se sirva por amor de Deus mandar dar baixa aos violentos soldados escolhidos no dito janeiro de 1775, que vivem nos regimentos com gravissimo prejuiso das suas familias, e que se acceitem ao futuro os voluntarios, que forem animados, e capazes para milicia, sem reparar no officio, trato, pobreza, ou inferioridade de castas, porque semelhantes qualidades não obstão parece para milicia; e se sirva de mandar se dê baixa para o Terço Auxiliar, que formou o governador D. João José de Mello, de que fica provado não ha, nem houve utilidade, e se execute a respeito das Ordenanças o deduzido na real carta do piedosissimo Rey senhor D. Pedro 2.º fl. 1, porque estes são os notaveis inconvenientes, que nestes proximos annos tem abatido e fatigado a este povo com vexações e extorsões de grandes sommas de dinheiro sem haver utilidade da real fazenda, e proveito do povo; e que se continuem as ordens para os babeis com patrimonio estabelecido ha mais de sessenta annos, que são oitocentos xerafins.

Pelo que com maior humilhação, e respeito devido ao real, soberano, e magestoso trono de V. Magestade, diante do qual prostrados huma e mil vezes o povo e Camara geral, como procuradores das aldeas da sua jurisdição, supplicão que se benigne (?) a attender esta humilde rogativa, que fazem confiados na real grandeza, e magnanimidade de V. Magestade, o para que na consecução della possa ter a supplicante maior occasião de rogar a Deus augmente os Estados á monarchia de V. Magestade com felicidades perennes, como implora a supplicante. Escrita em Camara a 6 de janeiro de 1779.—*Pascoal de Miranda* — *Salvador Barreto*.

Livro das *Monções*, n.º 162, fl. 1188.

DOCUMENTOS JUNTOS Á REPRESENTAÇÃO.

Nemo dado pela Camara Geral da Provincia de Salcete, no Livro corrente a fl. 136.

Aos 27 de abril de 1778 annos se assentou em Camara geral na forma do prazo deixado, os gancares móres do accordo são os seguintes: de Margão Salvador Pinto e José Nicoláo de Sousa; de Vernã Antonio Caetano Alvares, e João Antonio de Sousa; de Curtorim João Pedro Coelho, e Antonio João de Sequeira; de Loutolim José Vicente Pereira; de Raya Guilherme João Soares, e Remedio Caetano do Rosario; de Benaulim Sebastião Furtado, e Salvador Barreto; de Betalbatim Manuel João da Silva, e Felizardo Carvalho Leitão: de Colluá Manuel Leitão, e Pascoal Antonio Rebello; de Cortalim Joaquim Felippe de Mesquita, e José Francisco de Menezes; de Quelossim José Remedio da Cruz; de Nagoá Vicente Cabral, e Jeronimo de Sena; de Sancoalle Agostinho de Azaredo, e João Vicente Xavier; saccador Luis Gonzaga de Menezes: e sendo todos juntos em seu perfeito accordo, se propoz que era muito conveniente e necessario significar á Raynha Nossa Senhora os prejuizos que padece o povo desta provincia, para o que se deu Nemo, e por elle nomeou por procuradores a Pascoal de Miranda, e Manuel João da Silva para fazerem a dita representação, para o que lhes deu todos os poderes em direito necessarios, e de assim darem este Nemo se assignarão os gancares móres accordados, comigo Jacinto Vaz, escrivão da Camara geral, que o escrevi. — Jacinto Vaz, e os mais accordados ficão assinados.— O qual Nemo vai aqui bem e fielmente trasladado sem acrescentar nem diminuir cousa alguma, que duvida faça, do proprio, a que me reporto. Era *ut supra. — Jacinto Vaz.*

Outro Nemo.

Aos 3 de janeiro de 1779 annos, á huma hora da tarde, se ajuntou a Camara geral na forma do praso, e na aldea Margão no bairro Mungul, e os gancares móres do accordo são os seguintes: de Margão eu José Nicoláo de Sousa; de Vernã João An onio de Sousa; de Curtorim Antonio João de Sequeira, e Joao Pedro Coelho; de Loutulim Nicoláo de Miranda; de Raya Guilherme João Soares, e Remedio Caetano do Rosario; de Benaulim Sebastião Furtado, e Ignacio Pascoal da Cunha; de Colluá Manuel Leitão, e Pascoal Antonio Rebello; de Cortalim Joaquim Filippe de Mesquita, e José Francisco de Menezes; de Quelossim Lourenço Rosario da Cruz; de Nagoá Vicente Cabral; de Sancoale Custodio Nicoláo Mascarenhas; escrivão não he nomeado; José Falleiro fiador do saccador, e se deu Nemo, e por elle nomeou por procuradores a Salvador Barreto, e Manuel Leitão, gancares móres deste accordo, para escreverem a S. Magestade Fidelissima as dependencias désta Camara geral, e do seu povo, junto com Pascoal Miranda, e Manuel João da Silva, procuradores nomeados por esta Camara geral no Livro do escrivão em as folhas 136, aos quaes todos quatro deu todos os poderes em direito necessarios, e sendo necessario, para substabelecerem em outrem, e jurarem de calumnia, ou outro juramento licito, e de assim darem este Nemo se assignarão os gancares móres accordados comigo gancar mór da primeira voz, que o escrevi, e me assignei. O qual treslado vai aqui tresladado bem e fielmente sem accrescentar nem diminuir cousa que duvida faça ao proprio, que fica no Livro *Memorial* da Camara geral ás folhas 26. Eu escrevi, e sobre escrevi. Era *ut supra — Salvador Pinto.*

fl. 1.—*Copia da petição e portaria do senhor V. Rey, e carta d'El Rey N. Senhor, que está no* Memorial *desta Camara fl. 38 v.º.*

Diz a Camara geral da provincia de Salcete por seus procuradores, que a ella para bem dos seus requerimentos he necessario treslado da carta de S. Magestade, que Deos guarde, vinda neste presente anno de 1707 sobre se alliviar da escolha dos naturaes soldados, que fizerão no tempo do senhor V. Rey Caetano de Mello de Castro, examinando-se dos privilegios que tem a dita Camara; portanto, P. a V. Ex.ª seja servido que a secretaria do Estado lhe dê o treslado da dita carta, e R. Mercê.

Portaria—Dê-se-lhe, não havendo inconveniente. Panelim 24 de novembro de 1707.— Rubrica do senhor V. Rey.

Entre as cartas de S. Magestade, que Deos guarde, foi servido escrever ao Exm.º senhor V. Rey nesta presente monção, que ficão na secretaria do Estado da India, está huma, de que a petição acima faz menção, do theor seguinte.

= V. Rey da India, Amigo. Eu El Rey vos envio muito saudar. A Camara geral dessa cidade de Goa em carta de 18 de dezembro de 1704 se me queixa de que tendo-se feito o assento no tempo do V. Rey o Conde de Alvor para serem isentos dos alardes, e exercicios, e escolha da gente para guarnição das infantarias, e serem livres do lançamento pelo serviço que no tal tempo me fizerão, de concorrerem cada anno com onze mil xerafins para a feitura da tropa da guarda das terras de Salcete, e sua conservação, lhe havieis violentado o tal assento fazendo escolha de gente para formardes companhias, mesclando nellas officiaes Portuguezes, o que redundava em grande prejuizo de suas terras, que como erão abertas, e toda a gente de Salcete da Ordenança com cabos e capitães, a quem vivem sugeitos, havendo qualquer conflicto, erão os primeiros que acudião com mantimentos, armas, polvora. e munições á sua custa, por defenderem a sua patria: pedindo-me mandasse alevantar a escolha, e extinguir as companhias, visto ser em prejuiso das terras. e despeza da fazenda real superflua, o querer-se sustentar com paga gente, que sem ella estava promptа ao meu serviço, porque não havendo a tal escolha, e companhias, ficava a mesma gente cultivando as terras. grangeando para sy o sustento, e havendo occasião, e necessidade acodirem com todo o necessario á sua custa, e defenderem as suas terras. E pareceu-me ordenar-vos examineis os privilegios que a Camara geral de Goa tem, e sendo capazes de se observarem, lhos fareis guardar inviolavelmente; porém isto não tira que se houver huma necessidade tal, que seja necessario para a defensa desse Estado puchar por toda a gente, que se valhão destes moradores. Escrita em Lisboa a 16 de março de 1707.— *Rey.* — Para o V. Rey do Estado da India—Conde de Alvor, P.= (a).

fl. 1 v.—*Nemo da Camara Geral dado sobre a comeria (sic) dos cavallos, do Livro velho dos Assentos em as fl. 167 por diante, cujo he o seguinte, no dito* Memorial, *fl. 26.*

Aos 30 de maio de 1683 annos, conforme o praso acima, que he á huma hora da tarde, na dita sua caza, ajuntarão os gancares móres, a saber, da aldea Margão Antonio de Sousa; da aldea Verná Gaspar Pereira; da aldea Curtorim João Borges, e Antonio de Sequeira; da aldea Loutolim Francisco Estevão, e Salvador Pereira; da aldea Raya Salvador Pereira, e Custodio de Quadros; da aldea Benaulim Theodosio de Mesquita, e Francisco Pereira; da aldea Betalbatim Gonçalo Cotta, e Cosme Carvalho; da aldea Colluá Francisco Valle, e Antonio Francisco; da aldea Cortalim João Pe-

(a) *Resposta do V. Rey.*

Senhor. Passada a monção presente da náo que vai para esse Reino, examinarei os privilegios que a Camara geral de Goa tem, e sendo capazes de se observarem, lhos farei guardar promptamente, como V. Magestade ordena; porém não sei se me darão lugar ao fazer como pretendem pela falta de gente que ha neste Estado para a guarnição das armadas, e defensa delle. Isto he o que se me offerece dizer a V. Magestade sobre este particular. Deos guarde e prospere a real pessoa de V. Magestade os felices e ditosos annos que todos seus vassalos desejamos. Goa 7 de janeiro de 1708. — Rubrica do V. Rey.

Livro das *Monções,* n.º 71, fl. 205.

reira; da aldea Quelossim Francisco Monis, e Antonio de Taura (*sic*); da aldea Nagoá João Castello, e Antonio da Cunha; da aldea Sancoale Nicoláo Salvador de Moura, e Braz de Azeredo; e sendo todos juntos em seu perfeito accordo em Camara, se deu Nemo perante o senhor Francisco de Taura (*sic*), Conde V. Rey e capitão general da India, que Deos guarde, D. Rodrigo da Costa, capitão general de mar e guerra, D. Miguel de Almeida, capitão general destas terras, D. Felippe de Sousa, mestre de campo, Manuel Furtado de Mendonça, vedôr geral da fazenda que foi deste Estado, Christovão de Sousa Coutinho, Sebastião de Mello Sampaio, capitão destas ditas terras, e o doutor Miguel Nunes de Mesquita, procurador da coroa e fazenda de S. Alteza, que Deos guarde; requereu a dita Camara geral em seu perfeito accordo ao dito senhor Conde e V. Rey as molestias, e insolencias, que padecia o povo destas terras com as oppressões, violencias, e sem razões, que fazião os sargentos móres, cabos, e capitães, e mais officiaes da gente da Ordenança, por serem perpetuos, e com dominios dos ditos officios trazerem a todos sugeitos a tudo quanto elles querem sobre as suas conveniencias particulares, e não condescendendo, em vinganças e odio, que com qualquer achaques falsos os perseguião, sem deixar cultivar suas fazendas, vargeas, e buscarem conducto necessario, e assegurar os fóros de S. Alteza, remediar suas cazas e familias, com que muitos desesperados estavão retirados destas terras; pedindo ao dito senhor como Princepe benigno acudisse em os alliviar em maneira que com socego pudessem cultivar as terras, e conduzir os fóros, e tratar do seu remedio, por estarem todos debilitados, e impossibilitados com as ditas despesas grandes que fizerão os annos atraz na obra da cava, que mandou obrar o capitão general que foi destas terras D. Manuel Lobo e Silveira, em que despenderão copia de dinheiro, que passarão de mais de sessenta mil xerafins, empenhando suas communidades, como he notorio ao dito senhor, e mais disso por não terem nos ditos annos novidades acostumadas em suas vargeas, nem frutos em seus palmares, por ficarem sem poder fazer cultivação necessaria, por o povo, e mais gente miuda do dito serviço ser occupada com rigores na obra e serviço da dita cava, principalmente por os ditos sargentos móres e mais officiaes, que assistião á dita obra, se aproveitarem de muito dinheiro, tomando emprciteiros os lanços, e com o poder dos ditos seus officiaes levarem das communidades muitas vargeas por preços diminutos pelo que elles quizerão, sem haver gancar algum que lançasse nellas de seu medo, com que privados de seus votos com avexações, o havião dissipado os numeros das communidades, sobre que elles tinhão perpetuados seus requerimentos, mostrando consto authentico dos ditos roubos; o que visto pelo dito senhor Conde V. Rey, por dantes a dita Camara geral lhe ter representado as ditas suas impossibilidades, para os alliviar dellas como Princepe piedoso, nos fez mercê de vir a estas terras, e logo com effeito para o allivio do dito povo, e todos os mais vassalos, foi servido de nos propôr que vistas as terras serem abertas, e de presente estarem publicadas as guerras do regulo Sivagi vizinho, para defensa dellas, e fortificação das terras, se devião ter por espaço de quatro annos duas tropas de cem cavallos, cada huma de cincoenta, e que S. Alteza daria os ditos cavallos de sua fazenda, como tambem os cavalleiros, soldados pagos, farazes, armas, e o mais necessario, e que a Camara geral désse somente o sustento dos ditos cavallos, e que fazendo assim, o dito povo ficasse liberto de andar com exercicio e vigias, e fossem extinguidos os ditos sargentos móres, e mais officiaes para nunca mais serem officiaes, nem terem mando, ficando suas provisões derogadas, para com isso evitar as avexações, forças, e violencias, que poderião fazer odiosas do dito povo, e para todos terem noticia, se lançasse pregão por todo Salcete com pena de cem xerafins para as obras da Ribeira, fazendo o contrario; e com isso os ditos vassalos ficarião socegados sem molestia e trabalhos, livres para tratarem da cultivação das terras, e grangear os foros de S. Alteza, e remediar as suas cazas e familias; e que para totalmente se não perder o uso das armas, nomearia o dito senhor Conde V. Rey capitães para companhias, que servirão por tempo de tres annos, e que serião gancares de cada huma das aldeas, ficando os actuaes desarmados, e passados os ditos tres annos primeiros, para os mais seguintes serião nomeados outros, para não haver perpetualidades em hum, e para se evitarem as avexações, que se fizesse dous exercicios em cada anno, nas oitavas de Natal e Pascoa, para o que viria de Goa hum official Portuguez, o qual não terá estipendio algum, e não molestará natural algum, sem dar parte ao dito senhor Conde V. Rey, nem em tempo algum disse o dito Senhor haveria escolha, nem lançamento dos ditos naturaes para das suas terras, tirados de sua cultivação serem levados fora dellas:. e a dita Camara geral vendo a proposta do dito Senhor, pedirão representando as suas miserias e impossibilidades, com que nem podião pagar os fóros a que erão obrigados, e por elles neste anno muitos erão executados nas suas pessoas, sementes, gados, e bois de lavoura de sua cultivação, por amor de Deus fosse servido, de commutar a dita comeria dos cavallos em alguma quantia certa, que pudesse a dita Camara geral dar por cada hum dos ditos quatro annos, havendo nelles as ditas duas tropas de cavallos; e foi assentado pelo dito senhor Conde V. Rey, que désse dez mil xerafins por cada anno,. e mais seiscentos xerafins para a palha dos ditos cavallos, que vem a ser pelos ditos quatro annos quarenta e dous mil quatrocentos, que huns e outros fazem os ditos quarenta e dous mil e quatrocentos xerafins, com declaração que não havendo o dito numero de cem cavallos effectivos nestas terras para a dita guarda e vigia dellas, se désse somente o sustento dos que estivessem, e andassem na dita guarda rata pro quantitate pelos ditos dez mil e seiscentos xerafins; e que não fosse a dita Camara obrigada, nem aveixada a dar mais sustento, ainda que fosse tomado este presente assento, que foi para as ditas tropas de cem cavallos, de que o escrivão da nossa Camara portará por fé para começar com a estribuição: e logo a dita Camara geral considerando tudo, deu seu Nemó para se darem os ditos dez mil e seiscentos xerafins por anno, e por tempo de quatro annos, em que fazem os ditos quarenta e dous mil e quatrocentos xerafins, para o sustento e palha dos ditos cavallos, e não os havendo tantos, para os que houverem conforme a rata, como acima está declarado pelo dito senhor Conde V. Rey, e por este Nemo. Sendo necessario as ditas tropas por mais tempo, se fará presente á dita Camara geral para que prosiga por diante; e não sendo necessario, o não fará, e nem seremos obrigados; e conforme isto disporem o que for do bem da conservação dellas, e do serviço de S. Alteza; e a estribuição do dito dinheiro do primeiro anno se começará depois de virem a estas terras os ditos cavallos, e haverem effectivamente as ditas tropas, como acima fica dito, a qual distribuição fará o escrivão da Camara geral em quatro quarteis cada anno, conforme o costume do numero geral, na terceira, sexta, e duodecima, e nova paga do anno pro rata igualmente, e o que couber da dita distribuição ás aldeas dos senhorios de Cuculym, Assolnã, Velym, e Ambelym, e Verodá, ficará á conta de S. Alteza para o recebedor destas terras arrecadar, visto as ditas aldeas serem do numero destas terras, e estarem sogeitas ás distribuições, e os saccadores de nossa Camara geral farão cobrança, e darão satisfação a quem o senhor V. Rey ordenar, havendo quitações no Livro da dita Camara geral para a sua descarga ou quitação conhecimento em forma: e por assim estar disposto se fez este assento por Nemo da dita Camara geral, aonde se assignou o dito senhor Conde V. Rey, e os mais nomeados neste assento. Eu Francisco Xavier Pereira, escrivão da Camara geral, e da cobrança dos fóros de S. Alteza, que o escrevi, e me assignei, e aonde se assignarão os gancares móres deste accordo.— *Francisco Xavier Pereira— Conde de Alvor— D. Rodrigo da Costa — D. Miguel de Almeida— D. Felippe de Sousa— Manoel Furtado de Mendonça— Christovão de Sousa Coutinho— Sebastião de Mello Sampaio— Miguel Nunes de Mesquita —Antonio de Sousa— Gaspar Pereira— João Borges— Antonio de Sequeira —Francisco Estevão— Salvador Pereira— Custodio de Quadros— Theodosio de Mesquita— Francisco Pereira— Gonçalo Cotta— Cosme Carvalho— Francisco do Valle— Antonio Furtado— João Pereira— Francisco Moniz— Antonio de Tavora— João Castello— Antonio da Cunha— Nicoláo Salvador de Oliveira— Braz de Azeredo.*

O qual treslado do assento e Nemo vai aqui tresladado do proprio, que anda no Livro velho dos assentos, bem e fielmente tresladado por mim Pedro Mascarenhas, escrivão da Camara geral.

fl. 4.—*Provisão do Governador D. Luis Caetano de Almeida sobre os pagamentos de sessenta soldados de guarnição da fronteira, com os treslados dos Nemos da Camara geral, dados no caderno rubricado, em as folhas 10 v.º, no* Memorial *a fl. 117.*

Dom Luis Caetano de Almeida, do conselho de S. Magestade, Governador da India &. Faço saber aos que esta provisão virem que a Camara geral da provincia de Salcete tomou dous Nemos, hum por que se assentou pagar sessenta soldados á sua custa para a praça de Rachol, a razão de seis xerafins por mez, para vigia da fronteira, com extincção dos Auxiliares, e o theor dos ditos nemos he o seguinte.

Treslado do Nemo, que deu a Camara geral no caderno rubricado em as fl. 10 v.º cujo theor he o seguinte, dado aos dez a seis de novembro do dito anno.— E sendo todos juntos em seu perfeito accordo em Camara forão a casa do senhor general, aonde propoz como antes tinha praticado ser necessario sessenta soldados para guarnição das guardas desta praça de Rachol, em quanto ella andava fechada, e supposto se fazião estas pela gente da Ordenança e Auxiliares, se experimentou grande molestia na dita gente, e por algumas faltas que fazião vinhão experimentar bastantes molestias, tanto de despesas, como de corporal; motivo porque foi aceeita a dita proposta feita pelo dito senhor general, e de commum consentimento se deu Nemo para criar sessenta soldados com paga de seis xerafins a cada hum por mez, destribuindo estes de tres em tres mezes, começados em o 1.º de janeiro, que embora vem de 1743, deixando a escolha dos ditos soldados ao arbitrio do dito senhor general, e será feita em homens que sejão capazes, e sogeitos a morar dentro da praça voluntariamente para escusar os Auxiliares e Ordenanças, para não serem nunca avexados para tal vigia, excepto em casos de invasão do inimigo; e com esta condição se fez o referido Nemo, que foi tambem com acceitação e sciencia do senhor general; e quando acaso em algum tempo se não observem as referidas condições em tempo de outro governo, os eleitos que então forem, logo pararão com a dita distribuição do pagamento dos taes sessenta soldados, e para o que *ad futuram rei memoriam* requererá esta Camara provisão do Illm.º senhor governador, para sempre ter, e manter as referidas condições, ordenadas a bom fim, e allivio do povo.— Este treslado do Nemo vai conforme o proprio, a que me reporto. Eu Antonio Nicoláo Mascarenhas, escrivão da Camara geral. Hoje 29 de novembro de 1742.— *Antonio Nicoláo Mascarenhas.*

Traslado do Nemo, que deu a Camara geral em os 25 de novembro deste presente anno no caderno rubricado, em as fl. 13 v.º cujo theor he o seguinte.

—E sendo todos juntos em seu perfeito accordo em Camara, assentou-se á vista da graça, que faz o Illm.º senhor governador deste Estado de querer extinguir os Terços dos Auxiliares commovido de grande caridade á vista de tantos clamores, que o povo desta provincia representou resultar á conservação delle, que havia de concorrer esta Camara com paga de duzentos soldados effectivos da Fronteira, para desta sorte unidos os Auxiliares com Ordenanças, como de antes sempre se observou nesta provincia, fazendo acodir nas mostras geraes de todos os habitadores, sem reparar privilegios nem condição para desta sorte levar este serviço mais avante todos os grandes e pequenos, pobres e ricos: e sendo em Camara consultado, acharão ser utilidade do povo para poder melhormente assim utilisar o campo, á vista do que se deu Nemo em commum consentimento de todos os gancares do accordo, que se désse, ou concorresse com a paga de duzentos soldados, ou sipaes com paga de outo xerafins por cada mez a cada hum, visto ElRey N. S. assim os pagar, por ser tempo penurioso, e carestia; porém nunca se excederá a maior pagamento, mas sim quando S. Magestade se sirva de diminuir nos ditos oito xerafins com melhoramento do tempo, assim se continuará tambem o dito pagamento aos sobreditos soldados ou sipaes, para desta sorte haver vigia na Fronteira, e viverem os habitadores na sua utilisação, ficando sempre sugeitos a acodir nas occasiões de necessidade com suas armas todos, e nas mostras; e supposto a experiencia tem mostrado o grande amor, com que nos cria e protege o dignissimo senhor capitão general Agostinho de Mello Lobo, em cujo governo por sua grande caridade espera esta Camara geral e povo todo o socego; mas como a semilhantes disposições seja necessario implorar a provisão da referida graça do Illm.º senhor governador, para não ser ao futuro movida esta determinação, e suas consequencias, reservarão recorrer ao dito Illm.º senhor governador a concessã para provisão, como se observou no tratamento da creação da tropa, que houve crear nesta provincia; o qual pagamento durará até o caso se não vier a ter tropa nesta provincia; que havendo esta, se cessará o referido pagamento dos ditos duzentos soldados ou sipaes, em quatro quarteis nas mãos do recebedor da provincia, e como para se pôr em perpetuo silencio os Terços dos Auxiliares da *Fronteira* e da *Marinha*, seja necessario Alvará em contrario de outro, que se passou na criação dos Terços, para extincção total, e averbar a matricula delles: e como outrosy no mesmo tratamento se trata de repartir as armas pelos moradores, essas se poderão repartir pelas pessoas que tiverem capacidade de as comprar, e aos menos possantes outras, segundo o estilo que dantes se praticou nesta materia; e os eleitos que succederem para o anno, que embora vem, em cujo tempo hade ser distribuido o referido pagamento, o não farião sem que vissem registada a provisão nesta materia, com todas as mais condições referidas, e certeza da verba das patentes dos officiaes dos ditos Terços, e e da outra do Sargento mayor natural da Ordenança, para assim ficar tudo em socego, aggregando-se toda a gente a cada huma das aldeas nas jurisdições dos seus cabos, e dos seus officiaes mayores brancos, como sempre.—

Este treslado do Nemo vai tresladado do proprio, a que me reporto. Eu Antonio Nicoláo Mascarenhas, escrivão da Camara geral. Hoje 29 de novembro de 1742.— *Antonio Nicoláo Mascarenhas.*

E por quanto Nicoláo Francisco Vas, procurador da dita Camara geral de Salcete, me representou por sua petição que necessitavão da minha confirmação os ditos Nemos nesta incorporados, pedindo-me que na forma dos ditos Nemos mandasse passar provisão de confirmação, *gratis* sem direitos, por ser materia do serviço de S. Magestade; e tendo consideração ao referido: Hei por bem confirmar os referidos Nemos nesta incorporados; e em virtude delles pagará a dita Camara geral sessenta soldados para guarnição da praça de Rachol com paga de seis xerafins por mez, com obrigação de morarem dentro na dita praça; e nunca serão obrigados os Auxiliares e Ordenança para a tal vigia, expto em caso de invasão do inimigo; e quando se não observem estas condições, a dita Camara não concorrerá com o pagamento dos ditos sessenta soldados. Será obrigada a mesma Camara a pagar duzentos soldados ou sipaes a rezão de oito xerafins por mez a cada hum para guarnição nas fronteiras da dita provincia, e nunca se excederá a maior pagamento, antes sim podendo haver diminuição nos ditos outo xerafins, se procurará fazer; e ficarão extinctos os Auxiliares e seus officiaes, como tambem o posto de Sargento mór da Ordenança; ficando sempre todos sujeitos a acodir nas occasiões de necessidade com suas armas, e nas mostras; e quando acaso se renove a tropa de cavallos na dita provincia, se cessará o dito pagamento de duzentos soldados ou sipaes. Notifico-o assim ao general da dita provincia de Salcete, e ao capitão de Rachol e das terras, mais ministros, officiaes e pessoas, a quem pertencer, para que assim o cumprão e guardem, e fação inteiramente cumprir e guardar esta provisão como nella se contem sem duvida alguma, a qual se registará na matricula geral, averbando-se a criação dos ditos Auxiliares da dita provincia; e não pagará os novos direitos, nem os da Chancellaria, por ser do serviço de S. Magestade, e passada por ella se registará na secretaria do Estado. Felippe de Albuquerque a fez em Goa a 11 de dezembro de 1742 annos. O secretario Luis Affonso Dantas o fiz escrever. — *D. Luis Caetano de Almeida.*

fl. 6. — Alvará do V. Rey D. Pedro Mascarenhas, Conde de Sandomil, sobre espera de dividas, no dito Memorial, *a fl. 111.*

Pedro Mascarenhas, Conde de Sandomil, do conselho de Estado e guerra de S. Magestade V. Rey e capitão general da India. Faço saber aos que este Alvará em forma de Ley virem, que considerando eu a grande calamidade, que tem padecido as provincias de Sslcete e Bardez com a invasões dos inimigos, dos quaes ainda a de Salcete não está inteiramente evacuada, e havendo respeito ás representações, que por parte das Camaras geraes das mesmas procincias, e das communidades dellas se me tem feito, relatando-me a miseria, em que os seus póvos se achão, e que estando as ditas camaras geraes, e tambem as communidades particulares de cada huma das aideas obrigadas a hum grande numero de grossas dividas, muitas dellas, ou quasi todas contrahidas para despesas e contribuições feitas em o real serviço, se achão sobre tanta calamidade vexadás dos seus credores, e algumas já executadas, não só para lhes pagarem os ganhos do dinheiro das suas dividas, mas tambem o proprio capital dellas, e muitos particulares afazendados em huma e outra provincia demandados e executados para satisfazerem do mesmo modo o proprio e ganhos das suas dividas em tempo que pela geral consternação presente, de que tem resultado a grande falta de dinheiro que he notorio, e pela pouca segurança que mais considerão nas fazendas das ditas provincias, não se acha quem as compre, sendo tão excessiva a diminuição do seu valor, que apenas se chega a dar pouco mais da oitava parte delle, de que não só resulta aos afazendados e ás communidades hum gravissimo damno de presente, mas para o futuro serão tambem graves e irreparaveis os que podem resultar das ditas demandas, que infallivelmente se hão de seguir da inaudita lesão das presentes compras ; e parecendo-me necessario fazer evitar todos os referidos damnos com o possivel remedio : Hei por bem ordenar, como por este Alvará ordeno, e mando, que as Camaras geraes das ditas provincias de Salcete e Bardez, e todas as communidades das aldeas dellas, não possão ser executadas pelo proprio capital de suas dividas por tempo de hum anno e meio, contado desde o dia da data deste Alvará, e só pelos ganhos das ditas dividas poderão ser executadas até a quantia da importancia delles; e outrosy ordeno e mando que durante o dito tempo de anno e meio nenhuma fazenda sita nas ditas provincias de Salcete e Bardez, de qualquer possuidor que seja, morador nas mesmas provincias, ou fora dellas, possa ser executada para o pagamento do proprio capital de qualquer divida, e somente para a satisfação dos ganhos dellas poderão ser executados, e vendidos os fructos das ditas fazendas, e aquellas em que já se acharem as execuções feitas, não se poderão vender em quanto durar o dito tempo de anno e meio. Notifico-o assim ao vedor geral da fazenda, ao Chanceller do Estado, capitães das terras de Salcete e Bardez, e mais ministros, officiaes e pessoas, a quem pertencer, para que assim o cumprão e guardem, e fação inteiramente cumprir e guardar este Alvará como nelle se contem sem duvida alguma, e não pagará os novos direitos, nem os da Chancellaria por ser do serviço de Sua Magestade, e passado por ella se registará nos cartorios do juiz do civel, nos das Ouvidorias das ditas provincias, e nos livros dos escrivães das Camaras geraes dellas, e na secretaria do Estado. E se passou por tres vias. João da Costa o fez em Goa aos 3 de setembro de 1740. O secretario Luis Affonso Dantas o fez escrever.—*Pedro Mascarenhas, Conde de Sandomil.*

(Segue-se a *vista*).

fl. 7.—*Accordão.*

Está lançado no dito *Memorial* a fl. 122.

Accordão em Relação &.ª. Que os embargos recebidos pelo Accordão fl. 25 julgão a final por provados, vistos os autos, disposição do direito, e regimento da governança das aldeas, conforme o qual he a Camara geral dellas mera administradora para procurar tudo que for dirigido a fim util das mesmas aldeas, e de nenhuma forma permittido fazer autos prejudiciaes ás communidades particulares, e outrosi dar Nemos para lançar novas fintas, e distribuições extraordinarias alem das que pelo Regimento, usos, e costumes se lanção annualmente, antes como diligente e fiel procuradora deve cuidar muito em que se evitem despesas illicitas, e novos tributos, procurando sempre se desempenhem as communidades, e se augmentem as suas rendas, para desta sorte poderem melhor concorrer com os donativos nas precisas, e urgentes indigencias do Estado, como com effeito concorrerão por varias vezes nas occasiões do Culabo, Mombaça, e nas proximas guerras com o Marata, que são só os casos e circunstancias, em que se facultão as Camaras geraes lançar algumas fintas nas communidades particulares, de que são administradores, mas de nenhuma forma graval-as sem estas circunstancias, e menos com distribuições, ou tributos perpetuos, e successivos ; e como o Nemo, que a Camara geral de Salcete deu em as fl. 15 para a distribuição dos vinte e oito mil xerafins, alem de ficar hum tributo perpetuo, e successivo para as communidades e cuntucares, em que se comprehendem as igrejas ecclesiasticas, e lugares pios, que são interessados no cunto, para o que não tem as Camaras geraes jurisdição alguma de fazerem distribuições, mas somente a Junta dos Tres Estados, conforme as circunstancias, e indigencias occurrentes, se mostra com legalidade que fora fabricado sem assistencia dos procuradores de todas as communidades, como se pratica em semelhantes actos, e que tambem não precederão para elle avisos e declaração dos negocios, a que erão convocados ; em cujos termos, e conforme aos do mesmo regimento, ficou o dito Nemo nullo, e de nenhum effeito, principalmente constando dos documentos fl. 5 e fl. 42 que fora feito perante o capitão de Rachol, estando os gancares retidos dentro da mesma praça perto de oito dias constrangidos com grande violencia para o assignarem, e ainda que precedeo notoria violencia e oppressão, para o annullar bastaria o justo temor a respeito de quem os mandou reter, maiormente sendo o dito Nemo dado tambem a seu favor, como determinou o dito Senhor por carta sua de 12 de abril de 1736 em caso identico, e consta da certidão fl. 44 : por tanto, e o mais dos autos julgão, e declarão o Nemo fl. 5 nullo e de nenhum vigor, e pague a R. as custas. Goa 8 de janeiro de 1744= *Doutor Figueiredo — Doutor Pereira — Silva— Costa.*

fl. 7 v. — *Petição do procurador geral do povo da provincia de Salcete.*

No dito *Memorial* fl. 124.

Diz Tadeu Mascarenhas, morador gancar e cuntucar prejudicado da aldea Carmoná, procurador geral do povo da provincia de Salcete, que elle tem havido sentença neste juizo, pela qual se annulla o Nemo, que tomou a mesma Camara geral para contribuir em cada anno com quasi trinta e oito mil xerafins a titulo de duzentos sipaes, e sessenta soldados naturaes, e soldos aos generaes, fazendo-se a Camara geral senhora do fato alheio, e a dita sentença he contra a mesma Camara geral ; porém ainda com isso receia o supplicante que continuem com a contribuição daquella ou outra quantia, que havendo tantas ordens reaes, regimento, e repugnancias dos interessados, aiuda assim não falta quem por ganhar vontade aos particulares, queirão mostrar (*sic*) no fato alheio ; e como absolutamente prohibe Sua Magestade novas despezas, e extraordinarias, porque ás vezes taes são os pretextos que tomão, que obriga a outros abrir bocca para prohibirem, e assim vão fazendo despesas totalmente prejudiciaes ao povo ; e como nestes termos nenhum dos remedios valem ao supplicante, e pelo que experimenta parece que nem ha temor de Deos, nem ás justiças : porque sempre fazem o que querem ; recorre o Supplicante á rectidão de V. Mce. para que se sirva acceitar este protesto e reclamação, que o Supplicante por si, e pelo povo faz ante V. Mce. e as justiças de S. Magestade, que Deos guarde, pelo que protesta, e reclama huma e muitas vezes, quanto em direito necessario for, de haver por nullos, e de nenhum effeito todos e quaesquer actos e Nemos, que a dita Camara geral fizer, pelos quaes prometta dar, ou dê qualquer quantia de dinheiro sem todas as solemnidades das leis e regimento, e alvarás, e concurso de todo o povo, sob pena de haver toda aquella quantia, e importancia, que distribuirem, ou por qualquer forma doarem, e derem a quaesquer pessoas, de qualquer qualidade e condição que sejão, haverem dos mesmos Eleitos ou pessoas, que por qualquer forma entervierem para os referidos divertimentos e despezas, e haver dos mesmos todas as perdas e damnos, e toda a importancia de perdas, que se seguir, assim ás communidades, como aos particulares, pelos bens dos gancares móres da dita Camara particularmente; e para que em tempo algum não alleguem ignorancia, recorre à V. Mce.; por tanto, P. a V. Mce. Senhor Doutor juiz dos feitos da coroa e fazenda seja servido acceitar este seu protesto e reclamação, e que notificada a dita Camara geral, e registado no livro corrente e *Memorial*, para que todos vejão, e não alleguem ignorancia, lho tornem autuado na forma da ley para lhe valer na melhor via e forma della. E Receberá Mercê. — *Despacho* — Como pede. = *Doutor Figueiredo.*

fl. 8. — *Petição e supplica da Camara geral, que fica no dito* Memorial *ás* fl. 123.

Diz a Camara geral de Salcete que ella por ordem do general se acha presa na enxovia do tronco de Rachol, por não fazer o emprestimo para o pagamento de duzentos sipaes, e sessenta soldados na forma da ordem de V. Illm.as Senhorias, visto haver sentença, protestos, e outras notificações para ella não fazer, e porque a rigor da dita prisão ella fez seu Nemo para o dito pagamento, o que he patente a V. Illm.as Senhorias por outra supplica que ella fez para alcançar a licença de tal emprestimo para tomar a juros, e ainda com isso fica ella na dita cadea fazem dezoito dias, e pedindo ao general que a solte, o não quer sem a permissão de V. Ilm.as Senhorias, e porque ella já tem pelo dito Nemo dado cumprimento á ordem de V. Illm.as Senhorias, sejão servidos, visto padecerem molestias e detrimento na dita prisão, tendo já dado cumprimento á ordem de V. Illm.as Senhorias, como ser tempo da colheita da primeira novidade, mandar ao general que solte a Supplicante visto o que allega, e Receberá Mercê.

Portaria — Já temos deferido que mettendo-se doze mil xerafins no cofre por emprestimo sejão soltos. Panelim 3 de setembro de 1744. = Rubricas dos senhores governadores.

fl. 8 v. — *Provisão, que passou o Illm.º e Exm.º senhor Marquez de Tavora, V. Rey e capitão general deste Estado, do restabelecimento da Tropa, abandonados os duzentos soldados, no dito Livro fl. 126.*

Francisco de Assis de Tavora, Marquez de Tavora, Conde de S. João, do conselho d'Estado d'ElRey meu Senhor, V. Rey e capitão general da India &. Faço saber aos que esta provisão virem que a Camara geral da provincia de Salcete me representou por sua petição que ella offerecia o Nemo que juntava, em que constava o encargo que em si tinha tomado de concorrer com o pagamento da comeria, e palha verde e secca de huma companhia de sessenta cavallos, e com os mais pagamentos, como tambem a obrigação e condição, que se continha no dito Nemo, e que para o estabelecimento delle precisava ella Supplicante confirmação minha, pedindo-me que lhe mandasse passar provisão gratis, por ser do serviço Real, para se guardar inviolavelmente o que no dito Nemo se continha, e mandei por meu despacho de 19 de agosto do presente anno de 1753 que se passasse provisão de confirmação do Nemo de que tratava o dito requerimento, na forma que pedia, e o theor do dito Nemo he o seguinte.

Treslado do Nemo, que deu a Camara geral da provincia de Salcete em os 11 de agosto do presente anno de 1753 no Livro ás fl. 146 por diante, que entre outras cousas diz o seguinte:

« E sendo todos juntos em seu perfeito accordo em Camara, que se ajuntou por ordem do Illm.° e Exm.° senhor Marquez de Tavora, V. Rey, e capitão general deste Estado, e considerando-se o que por parte do mesmo Senhor se propôz á dita Camara, de que era mais propria defensa para esta provincia de Salcete o restabelecimento da tropa de cavallaria, que nella antes havia, do que o corpo dos sipaes que autualmente se conserva, por ser a provincia aberta, plana, e muito dilatada, e poder tambem por esta causa acudir mais promptamente a cavallaria do que a gente de pé; e conhecendo a Camara esta utilidade, e estando todos juntos em seu perfeito accordo, se deu Nemo para concorrer com o pagamento da comeria de huma companhia de sessenta cavallos, a razão de vinte e dous xerafins tres tangas, e quarenta e cinco reis por mez a cada cavallo vivo; e assim se obriga mais a concorrer com os pagamentos a dous ajudantes a rezão de vinte e dous xerafins por mez a cada hum, que fazem cincoenta e dous xerafins, ao Sargento mór desta provincia e da praça doze xerafins por mez, dezaseis xerafins ao lingoa do Estado desta praça de Rachol por mez, oito xerafins e meio a huma espia, que huns e outros fazem em somma outenta e oito xerafins por mez; e pelo mesmo Nemo applicou para palha verde e secca a cada hum dos cavallos vivos tres xerafins por mez, em quanto existir a tropa: e para pagamento assim para huma como para outra cousa, esta Camara fará a distribuição pelas aldeas na forma que distribuião para o pagamento os duzentos sipaes, em cujo lugar por ordem do Illm.° e Exm.° senhor Marquez V. Rey, abandonando as companhias dos ditos sipaes, tomou a Camara em si o encargo de concorrer com o pagamento da comeria e palha para os ditos sessenta cavallos vivos, e se fará o pagamento mencionado acima por ora somente para os que existem autualmente, e a conducção da palha verde e secca correrá por conta da pessoa, a cujo cargo estiverem os ditos cavallos, e será sem oppressão das aldeas, para não serem avexados os moradores dellas pelos seus cabos e officiaes, visto a dita Camara geral pagar a porção commoda para conducção da dita palha; e quando acaso se levantem as companhias dos sipaes, ou dos paizanos desta provincia por Auxiliares, cessará logo o pagamento da dita companhia dos cavallos, e de outros com pena de pagarem de suas cazas os eleitos, que assim fizerem o contrario; e por varias circunstancias se impossibilita a Camara a concorrer este anno, e nos mais com a palha, tomou accordo para concorrer com os ditos tres xerafins a cada cavallo vivo por mez, em quanto existirem, como consta neste; e havendo complemento dos sessenta cavallos vivos, se metterá no cofre o dinheiro das baixas, que se derem aos cavallos, assim como nelle se mettia o das baixas dos sipaes, para com o dinheiro delle acudir ás necessidades da companhia da provincia e da praça; e em quanto a companhia de cavallos se não complete, se dos que existirem morrer algum, se entrará com a importancia do seu vencimento no cofre desde o dia que se der a baixa; porém nunca se poderá fazer a applicação deste dinheiro das baixas sem licença do governo, e Nemo da Camara geral; e por todo o mencionado neste implora esta Camara geral ao dito Illm.° e Exm.° senhor Marquez V. Rey, como procurador, amparador, e senhor, a confirmação deste Nemo, para que se digne de mandar passar provisão, feito assento na matricula geral das quatro companhias dos sipaes para serem pagas pela fazenda real, e não será obrigada esta Camara a sustentar mais que sessenta cavallos. »

Este treslado do Nemo tresladei eu Antonio Nicoláo Mascarenhas, escrivão da Camara geral, do proprio, a que me reporto. Hoje 11 de agosto de 1753. O fiz escrever, e sobscrevi, e me assignei.—*Antonio Nicoláo Mascarenhas.*

E tendo consideração ao referido, hey por bem de confirmar o dito Nemo nesta incorporado com todas as condições nelle expressadas. Notifico-o assim ao general da provincia de Salcete, ao capitão daquellas terras, mais ministros e pessoas a quem pertencer, para que o cumprão e guardem como nelle se contem sem duvida alguma, a qual se registará na matricula geral fazendo-se nella as declarações necessarias, e na recebedoria e Camara da dita provincia de Salcete, e não pagará os novos direitos, nem os da Chancellaria por ser do serviço de S. Magestade, e passado por ella se registará na secretaria do Estado. Nicoláo Francisco de Sá a fez a 14 de dezembro de 1753. O secretario Luis Affonso Dantas a fez escrever.— *Marquez de Tavora.*

(Segue-se a *vista*, e registos).

fl. 10.—*Carta Patente, que teve o Capitão da tropa desta Provincia, confirmada a Henrique da Cunha de Attaide.*

Está no dito *Memorial*, fl. 196.

D. José por graça de Deos Rey de Portugal e dos Algarves daquem e dalem mar em Africa. Senhor de Guiné, e da conquista, navegação, e commercio de Ethiopia, Arabia, Persia, e da India &.ª. Faço saber aos que esta minha carta patente e de confirmação virem que tendo consideração a me representar Henrique da Cunha de Attaide que occupando no Estado da India o posto de capitão de cavallos da tropa, que guarnece a provincia de Salcete, cuja companhia levantou á sua custa, fôra mandado guarnecer a trincheira de Zambaulym na occasião da infeliz campanha de Pondá, e imputando-se-lhe o crime de a haver abandonado, se procedera a prisão contra o supplicante por ordem dos governadores do dito Estado, e porque fora absolto do referido crime por sentença que elle obteve na Relação de Goa, como mostrava pelos documentos que offerecia, me pedia que fosse servido confirmar-lhe a patente do mesmo posto de capitão de cavallos, que lhe havia passado o Marquez de Tavora, sendo V. Rey no sobredito Estado da India, ao que attendendo eu, hey por bem de fazerlhe mercê de o confirmar (como por esta confirmo) no dito posto de capitão de cavallos da tropa que guarnece a provincia de Salcete, cuja companhia formou á sua custa, com declaração de que este posto, e a companhia que o supplicante levantou á sua custa com permissão do V. Rey, ficarão extinctos ao tempo do seu fallecimento, ou no caso de passar a maior posto; e com o dito posto haverá o soldo que lhe tocar, pago na forma de minhas ordens, e gosará de todas as honras, e privilegios, liberdades, e isenções, e franquezas, que em rezão delle lhe pertencerem; pelo que mando ao V. Rey e capitão general do Estado da India conheça ao dito Henrique da Cunha de Attaide por capitão dos cavallos da referida companhia, e como tal o honre e estime, e deixe exercitar e servir o sobredito posto, e haverá o soldo, como dito he, debaixo da posse e juramento, que se lhe deu quando nelle entrou, e aos officiaes e soldados seus subordinados ordeno lhe obedeção, e cumprão suas ordens em tudo que for do meu real serviço, como devem, e são obrigados. Em firmeza do que lhe mandei passar esta minha carta patente de confirmação por mim assignada, e sellada com o sello grande das minhas Armas. Dada na cidade de Lisboa a 5 de abril anno do nascimento de Nosso Senhor Jesus Christo de 1760.—Lugar do Sello.—*ElRey.*

(Segue-se a *vista* e registos).

fl. 10 v.º—*Petição e portaria com os treslados das mercês das aldeas de Coculym, Verodá, Velim, Ambelim, Assolnã.*

No *Memorial*, fl. 30.

Exm.º Senhor.— Diz a Camara geral das terras de Salcete por seus procuradores que a ella para bem dos seus requerimentos lhes são necessarios traslados de duas provisões de S. Magestade, que Deos guarde, por que está feita mercê das aldeas Assolnã, Ambelim, e Velim, Coculym, e Verodá aos possuidores dellas, e isto para se saberem as condições e obrigações, com que se lhes fez a dita mercê, que estão registadas na secretaria deste Estado. P. a V. Ex.ª seja servido mandar lhes dêm os ditos treslados das ditas provisões bem e distinctamente. E Receberá Mercê.—

Portaria — Dê-se-lhe. Panelim 27 de julho de 1700. = Rubrica do Senhor V. Rey.

No livro dos assentos das mercês do anno de 1585, que está na secretaria do Estado da India, do tempo do V. Rey D. Duarte de Menezes, e nelle as fl. 25 v.° fica o assento da mercê, que se fez a João da Silva das aldeas de Coculym e Verodá, do theor seguinte:

« E assim houve João da Silva carta feita a 27 de março de 585, porque houve por bem, havendo respeito a seu serviço, e aos muitos gastos, que de sua fazenda tem feito em serviço de Sua Magestade com gente e soldados, que em sua caza tem, que andão no serviço, e com sua pessoa e navios, que trouxe armados á sua custa de soldados, como dos mais petrechos necessarios, com que acompanhou ao Conde D. Francisco Mascarenhas na jornada do Norte, e na de Cochim, e de lá tornar com o mesmo acompanhando ao V. Rey da India té a esta cidade de Goa, lhe fez mercê de lhe aforar em fatiota para sempre para elle, seus herdeiros, e successores as aldeas por nome Coculym e Verodá com suas gancarias, das terras de Salcete, que pertencem á fazenda do dito Senhor, por os gancares dellas serem alevantados contra a coroa real, e resistirem no tempo de Antonio Moniz ao capitão da cidade de Goa, e ao de Rachol, e por outra vez a Agostinho Moniz, capitão que foi tambem da dita fortaleza, e nas guerras, que o Idalxá fez a este Estado, pelejarem contra elle, fazendo-se naiques e piães, e por vezes contra a dita fortaleza, não obedecendo á justiça de S. Magestade, nem pagavão os foros, saltando com o meirinho e naique da dita fortaleza hindo fazer com elles algumas diligencias, e os ferirão, e armarão pagodes, e sobre tudo resistirem ao capitão Gomes Eanes de Figueiredo, e a D. Julianes Mascarenhas pondo de novo guerra, e matarem alguns Padres de S. Paulo, e os christãos das ditas terras de Rachol; e assim de todo o direito e acção, que a fazenda de S. Magestade tem, e pode ter nas ditas terras, e gancarias, pela via acima, ou por qualquer outra que seja de modo que fiquem ellas por huma via e outra ao dito João da Silva, com tanto que pagará de foros assim elle como seus herdeiros e successores os que os ditos gancares pagavão, da aldea Coculym, duas mil duzentas setenta e oito tangas brancas, e hum barganym, por anno, e da aldea Verodá seiscentas e setenta tangas brancas por anno, e cumprirão com as mais obrigações, que os ditos gancares cumprião. »

E no mesmo livro as fl. 139 está outro assento da mercê que se fez a D. Pedro de Castro das aldeas de Assolnã, Velym, e Ambelym, com suas gancarias, do theor seguinte, que está no dito *Memorial* as fl. 30 v.°.

« Dom Pedro de Castro, fidalgo da caza de S. Magestade, houve carta a 6 de agosto de 1585, porque havendo respeito a muitos serviços seus, que nas partes da India tem feito, onde ha muitos annos serve ao dito senhor com grande continuação de gasto e despeza de sua fazenda, dando mesa á sua custa no Passo Secco á sua grande companhia de soldados em huma estancia no tempo do cerco, que o Idalxá poz a esta cidade, sendo V. Rey D. Luis de Attaide, e acompanhando-o tambem na jornada das fortalezas de Onor e Barçalor em huma galé, sendo capitão de huma bandeira, e a todos os mais V. Reis deste Estado quando vão fora, levando sempre navios á sua custa, como fez na jornada do norte em companhia do Conde D. Francisco Mascarenhas em huma galé, o tendo sempre muitos soldados em sua caza até o presente prestes para o serviço de Sua Magestade, pelo que está muito endividado, e a capitania de Sofalla que servio, e lhe foi feita mercê, não era satisfação equivalente a seus serviços pelos poucos interesses que lhe della resultou, e não fez aquelles que os capitães passados tiverão, e fazer a fortaleza de Moçambique, que S. Magestade tanto tinha encommendado, á custa do seu dinheiro, como se vio pelas dividas que de lá trouxe, e estar-lhe devendo a fazenda do mesmo senhor, por assim cumprir a seu serviço: Houve por bem pelos ditos respeitos de lhe fazer mercê, e aforarem-se emfatiota para sempre para elle, seus herdeiros, e successores as aldeas por nome Assolnã, Velym, e Ambelym, com suas gancarias, e mais cousas a ellas pertencentes, das terras de Salcete, que pertencem a Sua Magestade, por os gancares dellas se alevantarem contra a Corôa Real, resistindo no tempo de Antonio Moniz Barreto, governador que foi, ao capitão desta cidade, e ao de Rachol, e por outra vez a Agostinho Moniz, capitão que tambem foi da dita fortaleza, e nas guerras, que o Idalxá fez a este Estado, guerreando contra ella, fazendo-se Naiques e Piões, e por vezes contra a dita fortaleza, não lhe dando a devida obediencia, nem às justiças e officiaes de S. Magestade, faltando com os foros, saltando com o Meirinho e Naique da dita fortaleza hindo fazer algumas diligencias competentes a seu serviço, fazendo outras avexações, e armando pagodes, e resistiddo a Gomes Eanes de Figueiredo, e D. Julianes Mascarenhas, e matando alguns Padres da Companhia, e aos christãos das ditas terras; e assim lhe fez mercê de todo o direito e acção, que a fazenda de S. Magestade tem, e pode ter nas ditas aldeas, gancarias, e mais cousas a ellas adjacentes pelo modo acima, ou por outra qualquer via que seja; e será obrigado, e seus herdeiros e successores, e pagará os foros, que os possuidores pagavão, e se contem no foral, e cumprirão com as obrigações dellas. E na margem do dito assento está a verba seguinte.

Não se faça obra por este registo, por quanto D. Pedro de Castro fez doação destas aldeas ao Collegio da Companhia de Jesus da cidade de Cochim por instrumento publico, a quem se passou carta em forma das ditas aldeas pelo V. Rey D. Duarte de Menezes.

O qual treslado conforma com os assentos do dito livro; e assim o certifico. Francisco Gomes o fez em Goa a 6 de setembro de 1700. —*Antonio Coelho Guerreiro.*

Os quaes treslados vão fielmente tresladados sem accrescentar nem diminuir cousa que duvida faça, e foi tornado a Nicoláo de Moura, Procurador da Camara geral, e por verdade se assignou comigo Pedro Mascarenhas, escrivão. —*Pedro Mascarenhas.*— *Nicoláo Salvador de Moura.*

fl. 12—*Provisão do Conselho Ultramarino.*

Dom João por graça de Deos, Rey de Portugal e dos Algarves daquem e dalem mar em Africa, Senhor de Guiné &c.ª. Faço saber a vós Dom Luis de Menezes, Conde da Ericeira. V. Rey e capitão general do Estado da India, que se vio o que respondestes em carta de 17 de janeiro deste anno á ordem que vos foi sobre obrigardes as cinco aldeas de Assolnã, Velim, e Ambelim dos RR. Padres da Companhia de Jesus, e Coculim, e Verodá do Conde de Coculim, a pagarem não só o que estão devendo das distribuições para que concorrerão as mais aldeas da Camara geral de Salcese, mas que satisfação daqui em diante tudo o que lhes couber para a dita contribuição, fazendo-me presente que os deputados da Camara geral de Salcete vos havião já feito esta representação, e lhe não deferireis como querião, por vos requerer o contrario a Procurador da provincia do Malavar, a quem pertence Assolnã, e o do Conde de Coculim, mostrando-vos pelos documentos que me remettestes que contribuião para o sustento da cavallaria de Salcete, e que pagavão hum certo numero de Lascarins, e o Procurador do Conde de Coculim que havia feito á custa do senhorio desta aldea hum forte com artelharia, cuja guarnição tambem pagava, alem de hum bom numero de Lascarins; e que assim concorria com maiores despesas que as de mais aldeas, sem que estas lhe dessem ajuda alguma, e que como ficavão na fronteira, erão as primeiras expostas ao furor dos inimigos, de que experimentavão tão frequentes perdas, não penetrando estes as mais das vezes o interior da dita provincia de Salcete, e que tambem agora concorre cada huma das ditas aldeas sem que as demais entrem com cousa alguma nesta commum defensa por esta parte para o plantamento de hum bambual, ou estacada natural, que mandastes fazer, ficando por este meio dentro de quatro annos impenetraveis estas terras com esta inexpugnavel fortificação, com a qual gozarão os V. Reis que vos succederem de hum descanço que não pode presentemente ter quem vê huma provincia tão aberta, e com tão poucas forças para a defender, e que este era hum dos maiores serviços que me tinheis feito, custando esta obra mais de dez ou doze mil xerafins, sem que a minha fazenda dispenda cousa alguma, ficando os meus dominios por esta dita parte livres de qualquer invasão: Me pareceo ordenar-vos que sem embargo das vossas razões, cumpraes inviolavelmente a minha ordem assim e na mesma forma que dispuz nella, obrigando a estas cinco aldeas a que paguem o que estão devendo ás contribuições que se lançarão, e que daqui em diante satisfação o que lhes couber nas ditas contribuições; com declaração que constando que as ditas cinco aldeas fizerão alguma obra, ou despesa, que fosse em beneficio commum das outras aldeas, e terras de Salcete, para o que não concorrerão as mais aldeas; que neste caso se lhe desconte no que estão devendo das contribuições; e se vos adverte que dando-se sentença no pleito, que corre na Relação sobre esta materia com os Padres da Companhia, façaes suspender a sua execução, e me dareis conta com o treslado della para resolver o que for servido. El Rey Nosso Senhor o mandou por João Telles da Silva, e Antonio Rodrigues da Costa. conselheiros do seu conselho ultramarino, e se passou por duas vias. Miguel de Macedo Ribeiro a fez em Lisboa Occidental a 18 de dezembro de 1729. O secretario André Lopes de Lavre a fez escrever.— *João Telles da Silva— Antonio Rodrigues da Costa.* (a)

(a) *Resposta do V. Rey Francisco José de Sampayo e Castro.*

Senhor. He sem duvida será de grande utilidade para as terras de Salcete não poderem ser invadidas dos inimigos, o Bambual que o V. Rey meu antecessor ordenou se plantasse, se tiver mais de fundo do que sou informado se delineou, e se chegar a aperfeiçoar-se, porque por muitas partes não pegou bem a semente, e por outras se arruinou com fogo casual, ou artificial pouco tempo depois da minha chegada, e para esta obra he certo concorrerão todas as aldeas daquella provincia com passante de vinte mil xerafins, dos quaes se queixão as taes aldeas se não despenderão nem ametade; logo que partir esta não para esse Reino, determino passar a Salcete a visitar aquella provincia, e mandar examinar a despesa que se fez, e o com que ficarão os administradores desta obra sem se despender, para os obrigar a que paguem o que em si tem, e applicalo á mesma obra, que determino aperfeiçoar dando-lhe melhores administradores; e no que respeita a contribuirem as aldeas de Coculim, e Assolnã com as distribuições como as mais aldeas, e satisfazerem as que não pagarão, farei que inviolavelmente se observe o que V. Magestade manda assim nesta parte, como em mandar suspender a sentença, que os Padres da Companhia tiverão a seu favor, cuja copia envio a V. Magestade, como he servido ordenarme.

Deos guarde a muito alta e muito poderosa pessoa de V. Magestade felices annos. Goa 14 de janeiro de 1721.— Rubrica do V. Rey.

Livro das *Monções*, n.º 86, fl. 339.

Certidão.

Certifico eu Manuel Fructuoso Lima, escrivão dos feitos da coroa e fazenda por Sua Magestade, que Deos guarde, nesta corte e Estado da India, e no cartorio de mim escrivão por via de embargos entre partes, autor o padre Hyeronimo de Moraes, da Companhia de Jesus, procurador geral da provincia do Sul, contra a Camara geral das terras de Salcete por seus procuradores, sobre e por razão de o dito autor vir com os ditos seus embargos de subrepção e obrepção de nullidade ao assento e relatorio da Camara geral das ditas terras, e á portaria do senhor V. Rey que foi deste Estado Antonio Luis Gonçalves da Camara Coutinho, Almotacé mór, pela qual mandava executar as aldeas Velly, Ambelly, e Assolnã, que a dita provincia possuia em fatiota, dizendo ser obrigada á contribuição dos donativos e fintas da dita Camara geral, não o sendo, senão a dita Camara tinha somente jurisdição de arrecadar os fóros e mais contribuições devidos pelo foral das ditas terras, e não para lançar nellas partes das fintas, e donativos, que a dita Camara geral voluntaria, e espontaneamente offerecer pelo serviço do Estado, e mais nullidades allegadas nos ditos embargos, que fica neste dito juizo junto aos ditos autos, que forão processados em o anno de 1700, e correndo por seus termos entre as mesmas partes, as quaes arrezoarão, e allegarão dando cada hum suas provas, e tudo o que fizerem a bem de sua justiça, se julgou por fl. 13.—*Provisão do Conselho Ultramarino.*

Dom João por graça de Deos Rey de Portugal e dos Algarves daquem e dalem mar em Africa, Senhor de Guiné &.ª Faço saber a vós Francisco José de Sampayo, V. Rey e capitão general do Estado da India, que se viu o que respondestes em carta de 14 de janeiro de 1721 sobre obrigardes as cinco aldeas de Assolnã, Velim, e Ambelim dos Padres da Companhia de Jesus, e Coculim e Verodá do Conde de Coculim, que estão na provincia de Salcete, a que paguem o que estão devendo ás contribuições que se lançarão, e que daqui em diante satisfação o que lhes couber nas ditas contribuições, com declaração que constando que as ditas cinco aldeas fizerão alguma obra ou despesa, que fosse em beneficio commum das outras aldeas das terras de Salcete, para o que não concorrerão as mais aldeas, que neste caso se desconte o que estão devendo das contribuições, e que dando-se sentença no pleito, que corria na Relação sobre esta materia, a favor dos Padres da Companhia, fizesseis suspender a execução, dando-me conta com o treslado della, para que eu resolvesse o que fosse servido, representando-me que he sem duvida será de grande utilidade para as terras de Salcete não poderem ser invadidas dos inimigos o Bambual, que o V. Rey vosso antecessor ordenou se plantasse, se tiver mais fundo do que sois informado se delineou, e se chegara a aperfeiçoar-se, porque por muitas partes não pegou bem a semente, e por outras se arruinou com o fogo casual, ou artificial pouco tempo despois de vossa chegada, e para esta obra era certo concorrerem todas as aldeas daquella provincia com passante de vinte mil xerafins, dos quaes se queixão as taes aldeas se não despenderão nem metade, e que logo que partisse a náo para este Reino, determinaveis passar a Salcete a visitar aquella provincia, e que mandarieis examinar a despesa que se fez, e o com que ficarão os administradores desta obra sem se dispender, para os obrigardes a que paguem o que em si tem, e applicalo á mesma obra, que determinaveis aperfeiçoar, dando-lhe melhores administradores; e que no que respeitava ás aldeas de Velim e Assolnã com as distribuições das mais aldeas a satisfazerem nas que não pagarão, farieis que in-

---

final sentença os ditos embargos recebidos por provados, e o theor da sentença e do accordão dado no incidente dos embargos de chancellaria, com que veio a dita Camara geral, he o seguinte:

Accordão em Relação, &.ª que os embargos recebidos fol. julgão provados, vistos os autos, provas, e documentos juntos, por elles se mostra serem oppostos á portaria fol. 6, pela qual se manda cobrar executivamente dos embargantes aquella parte que pro rata lhes tocava das contribuições e donativos lançados sobre a Camara geral, determinando-se sem figura alguma de juizo, e especie de defesa serem os embargantes obrigados a entrarem em as ditas fintas, e como pertendendo elles serem isentos das ditas contribuições, e não serem as aldeas que possuem do corpo da embargada, pendesse a tal materia de averiguação plenaria, sem cuja decisão se não devia proceder a execução pelo prejuizo que resultava á justiça das partes; por tanto absolvem aos embargantes da instancia da presente causa, mandão que a portaria fique em perpetuo silencio, e que entendendo os embargados lhes assiste justiça, a deduzão pela via que por direito lhe competir, e pague as custas. Goa 22 de dezembro de 1717.— *Doutor Moreira— Abreu— Moraes.*

Accordão em Relação que sem embargo dos embargos, que não recebem por sua materia, vistos os autos, a sentença embargada se cumpra, e pague a embargante as custas. Goa 4 de maio de 1718.— *Doutor Moreira — Abreu— Moraes.*

O que assim certifico, e me reporto aos ditos autos, que ficão neste meu cartorio, e se passou por quatro vias por ordem vocal do doutor juiz dos Feitos Thomé Gomes Moreira, de que esta he a quarta. Goa 9 de janeiro de 1721 annos. E eu Manuel Furtuoso Lima, escrivão dos feitos da coroa e fazenda, a fiz escrever, e me assignei.—*Manuel Furtuoso Lima.*

Livro das *Monções*, n.º 86, fl. 337.

violavelmente se observasse o que eu mando assim nesta parte, como em mandar suspender a sentença, que os Padres da Companhia tiverão a seu favor, cuja copia me remettestes: me pareceu dizervos que espero do zelo, com que me servis, que ponhaes essa provincia de Salcete em estado que fique defensavel. ElRey Nosso Senhor o mandou por João Telles da Silva, e Antonio Rodrigues da Costa, conselheiros do seu conselho ultramarino, e se passou por duas vias. Manuel Gomes da Silva a fez em Lisboa Occidental a 27 de fevereiro de 1723. O secretario André Lopes de Lavre a fez escrever.— *Joam Telles da Silva— Antonio Rodrigues da Costa.* (b)

Additamento.

Como additamento a esta materia do serviço militar pomos aqui outra representação dos Auxiliares, dirigida a Sua Magestade na monção de 1772, que veio a informar ao governo da India em Provisão do conselho ultramarino de 4 de março de 1773 (Livro das *Monções*, n.º 151, fl. 53), e he esta:

= Senhor. Prostrados aos reaes pés de V. Magestade com o mais profundo respeito e submissão dizem os Auxiliares de Salcete que elles forão empregados proximamente no anno de 1771 nas fronteiras e praças da sua provincia, como consta da certidão junta n.º e não receberão pão de munição, ou estipendio algum por mais de dois mezes, que estiverão occupados, como consta da mesma certidão, e de outra n.º experimentando por este motivo huma imagem a mais triste da fome e miseria, a que se achavão reduzidos, por ser a maior parte dos supplicantes na realidade pobres, ficando com os pés e mãos atados para buscarem o seu diario sustento tão necessario á vida, contra o costume praticado de tempo antigo de se dar aos supplicantes huma tenue porção de arroz, como consta da certidão n.º Esta desusada pratica no primeiro ensaio do serviço militar tão extranho aos naturaes deste Estado, lhes fez crecer o horror que sempre tiverão a elle.

E como V. Magestade se dignou de mandar que os Auxiliares deste Estado fossem restabelecidos á imitação dos do Reino, e a pequena despesa, que a real fazenda de V. Magestade fizesse com os supplicantes que estivessem empregados nas fronteiras, não importaria grossa somma, ao mesmo tempo que avultaria muito na sua indigencia e miseria, pois V. Magestade pelo paternal cuidado, e piedade, com que attende a todos, e pela magnanimidade, e liberalidade com que soccorre ainda aos mais pequenos dos seus vassalos, não hade permittir que estes que com tanto amor, zelo, e fidelidade se desejão empregar no seu real serviço, pereção de fome no meio das calamidades que padecerem. A experiencia do passado faz justamente recear aos supplicantes, que serão compellidos a outra seme-

---

(b) *Resposta dos Governadores.*

Senhor. No desejo de reduzirmos a provincia de Salcete a estado defensavel na forma da real recommendação de V. Magestade ordenámos ao secretario deste governo pedisse ao general della huma individual informação do Bambual, que se plantou em seus confins por ordem do V. Rey Conde da Ericeira, e he a que se conthem na copia de sua carta inclusa; e como não só o dito general, mas communmente se entenda ser o dito Bambual o meio mais proporcionado a ficarem aquellas terras seguras, lhe recommendamos muito o cuidado de o fazer effectuar, e temos defendido com graves penas se passe pelo seu plantamento, se lhe meta gado, ou se lhe ponha fogo. Passada a monção mandaremos tomar contas do dinheiro, que se applicou a esta obra.

A muito alta e muito poderosa pessoa de V. Magestade guarde Deos por muitos e felicissimos annos. Goa 5 de janeiro de 1724.—Rubricas dos 3 governadores.

Livro das *Monções*, n.º 89, fl. 12.

lhante pratica como do passado, contra o geral. e universal costume, e contra as reaes disposições de V. Magestade, por tanto: PP. humildemente a V. Magestade queira attender aos supplicantes mandando que quando forem empregados nas fronteiras e praças da sua provincia, se lhes dê da fazenda real de V. Magestade o pão de munição, ou algum correspondente estipendio para se sustentarem; e quando sahirem fora da sua provincia se lhes dê soldo como a tropas pagas, e neste requerimento se ajuntão tambem os Auxiliares de Goa e Bardez, para que a respeito delles se pratique tambem o mesmo. E RR. Mce. =

O governador Felippe de Valladares Sotto maior em carta de 9 de fevereiro de 1774 responde que se deve dar aos ditos Auxiliares em todas as occasiões de guerra e campanha uma medida e hum quarto de arroz, e 12 reis, ou somente huma tanga cada dia.

DOCUMENTO N.º 53.

Aviso do Secretario d'Estado ao Governador.

Sendo presente a S. Magestade a representação inclusa da Camara da provincia de Salcete, em que pede que os Naturaes da mesma provincia sejão isenptos de serem reclutados para as tropas desse Estado, foi a mesma senhora servida não deferir á dita representação; o que participo a V. S.ª para que fique nesta intelligencia.

Deus guarde a V. S.ª. Palacio de Nossa Senhora da Ajuda em 7 de março de 1781.— *Martinho de Mello e Castro.*

Livro das *Monções*, n.º 162, fl. 1197.

DOCUMENTO N.º 54.

Carta Regia.

Francisco da Cunha e Menezes, governador e capitão general do Estado da India, do meu conselho. Eu a Rainha vos envio muito saudar. Por quanto no Alvará de 28 de abril de 1773, que creou o regimento de artilharia desse Estado, se determinou no paragrafo 6.º delle= « Que nenhuma das praças de officiaes, e soldados das tres companhias de Bombeiros, Mineiros, e Artifices poderá ser provida em pessoas, que não sejão nascidas nestes reinos de Portugal, e do Algarve; debaixo da pena de perdimento dos postos dos officiaes, que os receberem, ou admittirem nas suas companhias, e de inhabilidade para entrar em outros = » E attendendo ao que me representasteis sobre os inconvenientes, que se seguem da execução desta determinação; e querendo remover a favor dos Naturaes desse Estado este obstaculo ao progresso dos seus estudos e applicações: sou servida annular e abolir inteiramente o sobredito paragrafo, ficando porém tudo o mais, que se contem no dito Alvará, em sua inteira força e vigor. O que executareis. Escripta no Palacio de Queluz em 5 de outubro de 1792.—*Princepe.*— Para Francisco da Cunha e Menezes.

Livro das *Monções*, n.° 175, fl. 207.

DOCUMENTO N.° 55.

Carta do Governador a Mr. de Montigni, coronel no serviço de S. Magestade Christianissima na corte de Punah.

A Goa 24 octobre 1787.

Monsieur. J'ai eu l'honneur d'avoir reçu les lettres que vous m'avez adressé en date de 7 et de 29 de septembre remplies des traits de votre civilité, et des nouvelles militaires et politiques du Maratte, du Tipu et de Nizamali avec les judicieuses observations, que vous en avez fait. La maladie que j'ai souffert et que m'a contraint de garder la chambre pour quelques jours et á prendre le remede de la saignée, c'est la cause, Mr. de ne vous avoir aussitôt répondu, pour vous faire voir que j'ai votre correspondence en beaucoup d'estime, et vous rémercier de la lettre de Pondicherry que vous m'avez fait passer.

Le Nabab effectivement a pris Kitur dont il a rasé les fortifications, aussi bien que le pays voisin, et il a toute apparence qu'il continuera ces conquetes. Les Marattes ont jusqu'ici regardé cette prise avec indifference. Qui pourra connaitre et prédire les desseins de ces Sarcars barbares? Si la politique nous cache souvent en Europe les intentions des cabinets, le defaut de bonne foi de ces peuples à qui est inconnu le droit des Gens, trompe nos consequences. La vivacité de votre esprit et votre exprience peuvent uniquement décifrer cette enigme. J'espère que vous voudrez bien me communiquer la continuation des mouvements de ce Sarcar avec vos reflexions que seules pourront me conduire atravez (*sic*) ce labyrinthe.

J'ai l'honneur d'être avec un véritable attachement et respect,

Mr.

Votre très humble et très obéissant serviteur,

Mr. de Montigni.

Francisco da Cunha e Menezes.

P. S. J'ai reçû maintenant votre lettre de 9 octobre par la quelle vous me communiquez que le Nabab a effectivement pris Kitur et me felicitez d'avoir decouvert à temps la conspiration que quelquesuns des Naturels du pays ont tramé dans l'Etat. Je vous remercie pourtant, Mr. de nouveau de votre correspondance et des marques que vous voulez bien me donner de votre amitié envers moi.

Livro dos Reis vizinhos, fl. 70.

Outra.

Goa 15 de mayo 1788.

Monsieur. Il n'y a rien, Mr. de plus flatteur pour moi que les témoignages gracieux dont vous m'honorez et j'aurai, je vous assure, toute l'attention possible pour me conserver des sentiments qui me sont si avantageux.

J'ai été bien charmé, Mr. d'apprendre la nouvelle que vous m'avez communiqué de la restituition du vaisseau *Adelaide*, et je ne le serai pas moins de fournir a Mr. Dayot tous les secours possibles. Les dernières nouvelles que nous avons d'Europe, en date de 27 decembre, sont assez agréables, puis qu'elles nous annoncent la tranquillité, et bonne intelligence qui regne entre les deux puissances rivales. Je suis, Mr. votre très humble et très obéissant serviteur.—*Francisco da Cunha e Menezes.*

Dito Livro, fl. 106 v.°

DOCUMENTO N.° 56.

Carta do padre Caetano Victorino de Faria a D. Fr. Manuel do Cenaculo, Bispo de Beja.

Exm.° e Rm.° Senhor. Não me defrauda meu Senhor das consolações, que apeteço, e entre outras, que disfruto faltava-me conhecer a V. Ex.ª de vista, a quem venerava ausente; mas a mesma Providencia, engenhosa em consolar, permitiu que o doutor José Antonio Gonçalves, meu patricio, que de Roma tornava, teve a fortuna de gozar de V. Ex.ª e despertar o meu desejo commum comigo, e com os meus patricios, e me consolou dando-me noticia de V. Ex.ª e confundindo-me com as demonstrações da fina caridade, com que o tratou, com o que me dou por satisfeito do meu desejo em parte.

Este motivo me obriga tomar a confiança de bejar a mão a V. Ex.ª e rogar-lhe me lance a sua pura benção, e se recorde de mim na presença do Senhor, e me offereço para dos minimos familiares de sua caza.

No mesmo tempo dou parte a V. Ex.ª que a Exm.ª senhora Marqueza de Angeja me encarrega a procurar a paz e socego das Freiras de S. Clara d'essa cidade, e examinando as suas queixas, achei que para se pôrem em porto seguro, suave, e natural ao espirito do Senhor, e da sua Esposa Igreja Catholica, se devião sujeitar ao seu Ordinario, como legitimo Pastor, e no tempo presente, que Deos lhes tinha dado, não somente Pastor, mas pay e medico perito, devião aproveitar-se da disposição da Providencia, ao que me anuirão; antes pedem incessantemente que lhes faça ver esta felicidade, que ha tanto tempo desejavão sequiosas; pelo que procuro de consolar estas Esposas do Senhor, expostas ao lobo, que conheção o seu Pastor, que as defenderá, apascentará, e guiará para o fim da sua obra começada.

Nada poderei vencer sem braço favoravel de V. Ex.ª e por isso rogo humildemente concorra a esta obra santa da vontade de Deus, console a estas pobres, e as defenda de todas perturbações da sua paz, quando inimigo commum procura, e se empenhará a destruir.

Hum dos meios, que tem procurado para frustrar o intento da vida commua, he abolir-lhe as duas capellas, tentando a hum Jozé Joaquim para a accusação, e peior he que he conduzido pelos mesmos, que as devião socorrer, e defender. V. Ex.ª não duvidará empenhar a seu respeito, e tirar das garras do lobo essas ovelhas, fazendo-o desistir da accusação, que o mais lá ajustarei.

Quanto á subordinação ao Ordinario, já tenho posto em pratica canonica para conseguir, como espero.

Console-me V. Ex.ª com seus preceitos, e honre-me em permittir que confesse ser — De V. Ex.ª humilde familiar e obediente. — *Caetano Victorino de Faria.*

Resposta do Bispo.

Ao Rev. Senhor Caetano Victorino de Faria.

Agradeço a V. m. a occasião, que me dá para eu lhe agradecer as expressões, com que me obriga a lhe rogar queira em meu nome felicitar o senhor doutor José Antonio Gonçalves pela chegada a Lisboa com saude superior aos incommodos de tão longa viagem como acaba de fazer.

Na dependencia principal da senhora Abbadeça, sabe V. m. bem advertir que o meu caracter genial desinteressado, e a prudencia me devem fazer ommisso, porque só deveria nessa materia dar dictame, sendo legitimamente perguntado: tocando porém em coisa possivel eu sou indifferente; e quando os superiores do mundo tomarem accordo, deverei então obrar segundo as graves circunstancias o pedirem, pois tenho obrigação de ver a verdade nestes assumptos, que pertencem a meu officio.

He porém inegavel o zelo com que aquelle Senhor vai buscar o fundo das coisas, para que se restituam a seus eixos, entregando-se á divina Providencia pelos meios que ella lhe facilita, ao que he necessario ajuntar orações ferventes, porque a causa he gravissima, e dignissima de se lhe pôrem os olhos decisivos.

A respeito das capellas, bem vi a difficuldade de fallar a quem nisso tem interesse; mas fallei ao tio do senhor José Joaquim; não ha que esperar; quanto a mim serão frustradas todas as diligencias; nem a auctoridade episcopal (se he que valle alguma coisa) pode prevalecer ao interesse sobre que conta hum homem, que para ter que comer denunciou a capella.

Neste labyrinto de cuidados queira V. m. persuadir-se que terá verdadeiro lugar sobre os obsequios, com que eu possa mostrar-me.—De V. m. venerador affectuoso, servo obrigado (Firma do Bispo).—Beja em 26 de dezembro. . ?. . (1782).

Outra carta do padre Caetano Victorino de Faria ao Bispo.

Exm.º e Rvm.º Senhor. Ainda que nunca me poude esquecer a obrigação, que tenho de procurar pela saude de V. Ex.ª porque nella interesso a utilidade publica, unico objecto dos meus interesses, não tomei confiança de a procurar positivamente, por não incomodar a V. Ex.ª; porém as presentes circunstancias me obrigão a dar conta a V. Ex.ª do que tenho obrado a respeito da afflicta Abbadeça de S. Clara, subdita de V. Ex.ª. Confiado na protecção de V. Ex.ª unicamente procurei de obter o Breve de Roma para redempção d'aquellas Freiras, sem embargo da universal contradição desta corte, de que não fiz caso, pelo conhecimento que tenho do seu systhema, e com effeito conseguiu-se a graça de S. Sant. por hum modo tão extra-ordinario, que o atribuí á especial providencia do Altissimo, e conheci que se inclinava a sua misericordia a essas pobres Esposas, dando a V. E.ª para amparo, e consolação dellas; e nesta certeza me resolvi acompanhar a afflicta Abbadeça thé ao Calvario, não tendo duvida de morrer com ella e por ella, porque conheço que he querida do mesmo Senhor.

S. Sant. vendo a informação de V. Ex.ª a tanto se inclinou convencido, que mandou fazer carta de officio ao Nuncio, e nella concedendo-lhe todas as faculdades necessarias, e opportunas para a separação das ditas Freiras dos Regulares, e união ao rebanho de V. Ex.ª e mandou no mesmo tempo ao dito Nuncio que da parte de S. Sant. representasse a nossa Soberana esta necessidade, e a sua resolução, para que conviesse com o seu real beneplacito, o que o Nuncio executou logo, mas thé o presente não tem tido resolução; estyllo do systhema presente.

Esta noticia publicada aos Frades, excitou nelles huma sublevação universal, e tomarão por causa commua; e antevendo a tormenta, que devia excitar-se contra a innocente Abbadeça, a preveni com o Nuncio, e seu auditor; posto que faço nelles tanta confiança, como nos curiaes; com tudo não quiz perdoar á diligencia. Os Frades atacarão a senhora Marqueza, e ella me communicou, e mostrou-se constante, e eu preveni á Madre Abbadeça, para que tivesse promptas as armas da fortaleza. Paciencia, e constancia, porque negocios da gloria do Senhor não se podem vencer sem fluctuar sobre as ondas.

Á prevenção da reconducção da Madre Abbadeça foi sobre natural, cujo arrependimento he setta, que traspassa o coração do Provincial, e seus Frades, e a sua dôr lhes causou hum fernezim da devassa presente, que mais servirá de laço para nelle se enforcarem, que prejuizo para a innocente Abbadeça.

Nesta situação, vendo como nesta corte os Frades anihilavão a honra, fama, e credito d'essas pobres Religiosas, fiz huma representação, a remettí á Madre Abbadeça para me vir assignada, que veio, e foi entregue ao senhor V. Conde, e outras copias destribui para varias pessoas, que me parecerão convenientes, e huma offereço a V. Ex.ª inclusa em huma folha de papel, e estas suffocarão o tumulto, e cohibirão a resolução precipitada.

Fiz outra, e entreguei ao doutor Pegas de Beja, este estendeu tanto, que escondeu as flores nas folhas, costume dos Curiaes acostumados aos Autos, cuja copia tambem offereço inclusa, cozida com fio em volume de 4 folhas de papel, porque não serve para a pressa dos magistrados oração prolongada.

Offereço outra para V. Ex.ª ler, em duas folhas de papel, e se approvar, rogo mande assignar somente pela Madre Abbadeça, e me faça remetter no correio correspondente, sem duvida; posto que pelas disposições, que tenho feito para Queluz, e recommendação ao senhor Mayne, que comigo trata com fidelidade, espero que produza alguma determinação a nosso favor, visto terem mandado informar nesta cidade.

Devo rogar a V. Ex.ª que recommende á Madre Abbadeça não mande papel para a Raynha, que não seja visto por mim; por que os dous, que de lá vierão, erão contrarios ao meu systhema. Eu tenho disposto para que se informem de V. Ex.ª sendo preciso, e a vinda do corregedor foi muito util.

Eu com profundo respeito bejo as mãos a V. Ex.ª e o mesmo faz o meu companheiro o doutor José Antonio Gonçalves, que teve a houra de ser hospede de V. Ex.ª para nossa consolação.

Deos guarde a V. Ex.ª muitos annos. 3 de agosto de 1784. De V. Ex.ª.—humilde e obediente servo e creado.— *Caetano Victorino de Faria.*

N. B.

Temos dissipada a duvida offerecida a pag. 19 (dos Documentos) sobre os dous *Noronhas.*

Sebastião Paulo de Noronha, que morreu na prisão, era de Nagoá, de Salcete.

Sebastião de Noronha, degradado para Benguela, era de Aldoná, e cabo das praias de Bardez. Segundo informações dadas por pessoa da aldea, he alli sabido que este homem depois de se achar em Benguela reduzido á maior indigencia, e obrigado ao exercicio de trabalhos servis, chegou a juntar grosso peculio, que por sua morte foi recolhido no deposito publico de Lisboa, donde com o mais cabedal do mesmo deposito foi tirado em tempo de Junot, e substituido por apolices do governo; e depois de vencidas muitas difficuldades, descontados os desvios inevitaveis em semelhantes contas, despesas, e premio liquido de um terço a favor de um Goano poderoso, que agenciou a cobrança, foi entregue á familia, haverá cerca de trinta annos, a quantia de doze mil rupias chirinas proximamente.

Era Sebastião de Noronha cazado com Josepha Ferrão, de quem entre outros deixou um filho por nome Gabriel Joaquim de Noronha, e este outro chamado Manuel Felicio de Noronha, ora fallecido, cuja descendencia vive na mesma aldea de Aldoná.

A FAMILIA *PINTO*, DE CANDOLIM.

Ao senhor Luis Manoel Julio Frederico Gonçalves, advogado em Pangim, e parente da familia *Pinto*, devemos o favor da Arvore Genealogica da mesma familia, e suas Notas, tudo ordenado sobre os documentos da caza.

Agradecemos a offerta, e a juntamos por Supplemento a esta nossa *Memoria*, para que se veja que se em algumas pessoas da familia houve quebra na fidelidade á Coroa Portugueza, muitas serviram com prestimo e zelo a nação, e até se acha em um dos seus ramos principaes transmittido em herança e morgado o preceito formal daquella fidelidade.

N. B.

A Arvore Genealogica vai no fim do volume.

NOTAS Á ARVORE GENEALOGICA.

(1) **Narú Sinay**— natural de Loutolim, de Salcete; veio, pelo meiado do seculo XVI, estabelecer-se, com seu pai e dous irmãos, em Candolim, de Bardez, onde comprou o 5.º vangôr da communidade, denominado de *Mazarfarós*, como se deprehende de um assento da mesma, escripto em concanim, datado de 13 d'agosto de 1604 (fl. 86 até fl. 87 do respectivo livro). A viuva de Narú Sinay fez-se christã junto com seus filhos, dos quaes o mais velho, baptizado com o nome de Jeronimo de Souza, e falecido depois de 1624, teve um filho por nome Manuel de Souza, como indica um instrumento de transacção datado de 23 de fevereiro de 1649, sendo d'ahi por diante desconhecida a sua progenie, á excepção de Quiteria de Souza, solteira, e unica descendente, que resta da sua linha, a qual vive em Candolim; e o mais novo, baptizado com o nome de Christovão d'Andrade, foi o tronco de uma familia, que mais tarde tomou o appellido de=Mello= e actualmente se acha extincta.

(2) **Santú Sinay**— filho de Narú; nascido pelos annos de 1577, pois foi baptizado tendo mais ou menos oito annos d'edade, em 3 de novembro de 1585; tomou o nome de Salvador Pinto, sendo padrinho de baptismo Fr. Manuel Pinto, reitor da egreja e collegio dos Reis-magos, o qual o educou ao principio, e depois delle Fr. Simão de Nazareth, Pai dos christãos, e reitor da egreja de Candolim, ambos religiosos franciscanos, que por sua influencia com os Vice-Reys alcançaram para o dito Salvador Pinto a concessão de varios prazos da corôa, fatiozins e de vidas, possuidos até hoje quasi todos pelos seus descendentes, em attenção aos serviços, que prestou no augmento da christandade em Bardez. Cazou em abril de 1595 com Maria Pereira, unica filha de Antonio Pereira e Catharina Pereira da dita aldêa Candolim, sendo o dito Antonio filho de Goreá Sinay, gãocar do 2.º vangor da dita communidade, como se mostra de outro assento della datado de 9 de junho do dito anno 1604 (fl. 7 do respectivo livro), os quaes marido e mulher, por seu testamento lavrado em 15 de junho de 1624, doaram metade do dito seu vangor, com annuencia da communidade, aos seus genro e filha Salvador Pinto e Maria Pereira, e instituiram herdeiros da sua terça livre os tres filhos varões dos mesmos; e aos ditos sogro e genro e suas mulheres, descendentes e ascendentes, foram concedidas pelo alludido Fr. Simão de Nazareth, como commissario de Fr. Miguel de S. Boaventura, Custodio e commissario geral da India Oriental, e por Diogo Dias, syndico de S. Francisco, e procurador de Sua Santidade, duas sepulturas perpetuas na egreja de N. Sr.ª da Esperança de Candolim, ao primeiro no cruzeiro, defronte do altar do Bom Jesus « =por o dito Salvador Pinto ter devoção á seraphica religião de São Francisco, por se haver criado desde menino no collegio dos Reis Magos, e ter servido no augmento da christandade, e por ser tambem nobre de geração da sua nação=» como se lê no respectivo titulo, datado de 20 de maio de 1604; e ao segundo, tambem no cruzeiro, entre as sepulturas de Pero da Sequeira e Francisco de Souza, por outro titulo datado de 10 de novembro de 1609, confirmados ambos por Provizões do Arcebispo D. Fr. Francisco dos Martyres, datadas de 21 de fevereiro de 1639, depois por despachos de 26 de outubro de 1753, e 12 de junho de 1817. Faleceu Salvador Pinto pelos annos de 1640, como se conhece confrontando as ditas provizões com a escriptura de divizão e partilhas entre seus filhos, assignada em 1641. (Deste e d'outros documentos atraz e ao diante citados ainda existem os originaes em perfeito estado de conservação.)

(3) **Paschoal Pinto**— nascido pelos annos de 1600; foi o primeiro sacerdote na familia, e faleceu abintestado entre os annos 1641 a 49; sendo herdeiros os seus dous irmãos, como se mostra da citada escriptura de 23 de fevereiro de 1649. (No testamento alludido fôra já destinado para padre por seus avós).

(4) **Antonio Pinto**— nascido pelos annos de 1604, e fallecido em principios de janeiro de 1657, como indica um formal de partilha do seu cazal de 4 de maio de 1669. Cazou com Luiza de Sequeira, que faleceu com testamento feito em 2 de junho de 1670.

(5) **Francisco Pinto**— nascido em 22 d'agosto de 1620, e baptizado em 29 do dito mez; cazou com Luzia do Rego, e pôz logo outra caza, mui proximo da paterna, pelos annos de 1641; sendo o tronco e progenitor de uma outra familia, cujos membros conhecidos vão indicados na arvore; sem se poder formar uma série completa deste ramo, por falta dos precizos esclarecimentos na propria familia.

(6) **Maria Pereira**— que uzou este appellido e nome de sua avó; foi cazada com Feliciano de Bragança, advogado, filho de João de Bragança, da freguezia de S. Bartholomeu da ilha do Chorão; e ficou paga da herança de seu pai por escriptura de 15 de março de 1659.

(7) **Luzia de Sequeira**— que uzou este nome e appellido de sua mãi; cazou com Simão de Menezes, filho de Diogo de Menezes, da freguezia do Salvador do Mundo de Sirulá; e foi paga da legitima paterna por escriptura de 19 de julho de 1668.

(8) **Clara Pinto** — cazou com Antonio Pinto da freguezia de Chorão; recebeu a partilha paterna por escriptura de 10 d'abril de 1669; fundou uma capella publica da invocação de S. Sebastião na aldea Arporá, e instituiu um vinculo nos seus bens sitos na mesma, nomeando administrador a seu sobrinho, padre Salvador Pinto, e herdeiros dos mais bens os outros seus sobrinhos varões, por ter falecido, já adulto, seu unico filho Sebastião Pinto. A capella alludida é a que ainda existe em Arporá, defronte da caza do actual administrador do respectivo vinculo; e é hoje administrada, em quanto ao culto, por uma irmandade.

(9) **Paschoal Pinto**— nascido pelos annos de 1645; cazou com Francisca Monteiro, filha de Domingos Monteiro de Souza, de Candolim; e faleceu em 15 de fevereiro de 1717, com testamento feito em 10 de setembro de 1716. Fundou uma ermida da invocação de Nossa Senhora dos Agonizantes, a qual ainda existe ligada á sua caza, e foi aberta ao culto publico em virtude de Bulla do Papa Clemente XI, em 1714, com indulgencia plenaria aos que, confessados, a vizitarem no dia de festa (2 de fevereiro).

(10) **Antonio Pinto**— sacerdote; faleceu em Santa Ignez *nas guerras* (diz um assento) em 12 d'agosto de 1739, sendo sepultado na capella mór da egreja de Candolim; por seu testamento, datado de 13 de fevereiro de 1733, instituiu herdeiro seu irmão João Baptista Pinto (not. 18).

(11) **Luiza Pinto**— cazada com Antonio da Silva e Souza, da freguezia de S. Mathias da ilha de Divar (familia ora extincta).

(12) **Simão Pinto**— nascido pelos annos de 1670; destinava-se á vida ecclesiastica, e estudava para isso no real seminario de Chorão, quando, deslumbrado por Luiza Rangel, dotada d'extraordinaria belleza, cazou com ella; e deste consorcio teve só uma filha, Izabel Pinto, que foi cazada com Caetano de Frias, corretor-mór da alfandega da cidade por carta de 31 de março de 1735, natural de Sant'Anna, de Talaulim das Ilhas, filho de José de Frias, procurador da Rainha (isto he, de certos rendimentos, de que El Rey fazia mercê á Rainha para o seu bolsinho) por Alvará de 20 de março de 1690, advogado do numero da Relação, sollicitador da real fazenda por Alvará de 18 de março de 1699 e corretor-mór da dita alfandega por carta de 14 de março de 1707; e de sua mulher D. Maria Cabral; e neto de Paschoal Antonio de Frias, escudeiro-fidalgo acrescentado em cavalleiro fidalgo por Alvará de 1.º de março de 1671, cavalleiro professo de S. Thiago da Espada, com a mercê do brazão de armas (do padrão de « um castello assombrado por dous leões ») perpetuamente transmissivel em seus descendentes, por Alvará de 7 de janeiro de 1690, o qual foi licenciado em direito, e contador dos contos da fazenda real, e occupou tambem os ditos cargos e officios, alem dos de promotor da justiça e dos reziduos, e das tres Ordens militares; e era cazado com D. Izabel de Mello. A referida Izabel Pinto faleceu em 15 d'abril de 1733; e seu unico filho Simão Salvador de Frias, cazado a primeira vêz com D. Roza Maria da Silva, e em segundas nupcias com Victoria de Silveira, filha de Rodrigo da Silveira, advogado do numero da Relação, veio estabelecer-se em caza do seu avô Simão Pinto, n'uma parte da caza primitiva dos Pintos, depois ampliada á ilharga desta, e reduzida a predio independente pela dita Victoria da Silveira e seu filho Luiz Pascoal de Frias, capitão do regimento da provincia de Bardez (cujos muros defendeu dos ataques do Bonnsuló), e vereador do Senado da Camara da mesma provincia; cazado com Adriana Roza Gonçalves, filha de Francisco José Gonçalves, de Navelim de Divar, official maior e escrivão geral da fazenda atê 1774, e que depois foi contador da intendencia real da marinha e munições de guerra até 1796, e serviu nas expedições contra Pondá, e Melondim no Norte, e era tambem neto do dito José de Frias por sua mãe Antonia Anna Izabel de Frias, mulher de Bartholomeu Gonçalves, official da fazenda, e capitão dos Auxiliares do Mar em 1735; os quaes Luis Pascoal e sua mulher, por seu filho primogenito Caetano Maria de Frias, cazado com Maria Joaquina Pereira, filha de José Felippe Pereira, sargento-mór de infanteria, e contador e escrivão deputado da junta da fazenda, nos principios deste seculo, natural e morador de S. Mathias de Divar, são hoje representados por seu neto Jeronimo Luiz Hygino de Frias, professor jubilado, residente em Margão, e D. Eliza de Frias, actual administradora do morgado respectivo, residente em Candolim. Simão Pinto faleceu em 4 de dezembro de 1729, e sua mulher Luzia Rangel em 18 de julho de 1746.

(13) **Maria Pereira**—(que uzou este nome e appellido de sua bisavó); foi cazada com André Caldeira, de Santo André, de Goa Velha; e teve um filho por nome José Caldeira, que faleceu sem descendentes; passando os seus bens a seu sobrinho Francisco José Caldeira, deste ás suas duas filhas Anna Ritta Caldeira, e Anna Avelina Caldeira, e pelo falecimento destas sem descendentes, ao seu actual representante Luiz Manuel Julio Frederico Gonçalves, advogado em Nova Goa, por testamento de 18 de novembro de 1863. (Nott. 13, 19, 23, e 48).

(14) **Salvador Pinto**— diacono, falecido em 18 de novembro de 1752, tendo por seu testamento datado de 28 de maio de 1738 instituido um morgado, do qual, bem como da capella instituida por sua tia Clara Pinto (Not. 8), nomeou administrador seu sobrinho Antonio João Pinto « com condição que todos os successores deste morgado sejam catholicos e leaes á Corôa Real, e

se não fôrem, e committerem algum crime, *quod absit*, porque de direito se devam perder seus bens, que pelo tal crime não percão os deste morgado, porque minha vontade he de não nomear, nem nomeio aquelle que tal delicto fizer; mas antes quero que tal morgado passe logo a quem por bem desta minha instituição deve vir, como se aquelle que tal delicto commetter não fôra nascido). (a)

(15) **Anna Pinto**— cazada com Antonio de Sá, de Neurá o grande, de quem teve um filho, por nome Pedro Alcantara de Sá, e uma filha, Esperança de Sá, nascida em 19 de março de 1702, baptizada em 27 do dito mez, e cazada em 17 de fevereiro de 1715 com João d'Oliveira, de Arporá, (Not. 21); e do dito Pedro Alcantara tendo ficado somente dous filhos, a saber, Antonio de Sá, que faleceu sem descendentes, e Dom Caetano de Sá, religioso theatino antes de 1770, passaram os bens desta familia, por testamento deste padre a seu primo Salvador João Pinto (Not. 24.)

(16) **Manuel Pinto**— sacerdote; instituiu outro morgado, nomeando-o em o dito seu sobrinho Antonio João Pinto, com a condição atraz transcripta na nota 14, *ipsis verbis*, por seu testamento datado de 1.º de setembro de 1729; faleceu em 22 de junho de 1738. (Veja-se a Nota (a))

(17) **Esperança Pinto**— solteira; faleceu de edade de 12 annos, antes de 1716.

(18) **João Baptista Pinto**— nascido pelos annos de 1685, e falecido em 7 de janeiro de 1734, com testamento feito em 10 de setembro de 1731. Era cazado com Joanna de Souza, filha de Agostinho de Souza e Lucrecia Maciel, de Calangute, a qual faleceu em 11 de dezembro de 1754.

(19) **Anastacia Pinto**— falecida em 16 de fevereiro de 1717; era cazada com Caetano Gonçalves, de Navelim de Divar, filho de Antonio Gonçalves, official maior da fazenda real, que serviu tambem de escrivão geral da mesma desde 1703 até 1737, sendo official desde 12 d'agosto de 1682, qualidade em que acompanhou o Vice Rey conde de Villa Verde na expedição contra os Marathas do Norte, e para a tomada das contas aos feitores, e ao Vice Rey Caetano de Mello de Castro na tomada da fortaleza de Bicholim, recebendo por taes serviços a mercê de cavalleiro da Ordem de S. Thiago, com 12$000 réis de tença, e a propriedade transmissivel dos officios de recebedor da provincia de Salcete, e escrivão das fianças e afilações dos pezos e medidas de Bardez, tudo por Carta datada de 3 de setembro de 1729; e neto de Manuel Gonçalves, official-maior da fazenda por carta de 27 de agosto de 1680, sendo official desde 1641; os quaes cargos foram tambem

(a) E note-se que desta linha não houve pessoa alguma involvida na conjuração de 1787.

occupados pelo 1.° neto deste (irmão do referido Caetano) Manuel Gonçalves, por carta de 15 de novembro de 1735, e em seguida pelo bisneto Francisco José Gonçalves (Not. 12) até á extincção do tribunal da fazenda, sendo este o avô paterno do actual representante desta familia, Caetano Francisco Gonçalves (Not. 48.)

(20) **Clara Pinto**—foi cazada com Aleixo Soares, gãocar e morador da aldêa Sirulá de Bardez; e faleceu em 15 de dezembro de 1763. Tem ao presente um unico descendente varão, Antonio Maria Soares, ultimo administrador de um vinculo.

(21) **Antonio João Pinto**—nascido a 3 de março de 1714, e baptizado em 10 do dito mez; cazou com Anna de Oliveira, filha de João de Oliveira e Esperança de Sá, de Arporá (Not 15), a qual faleceu em 28 de outubro de 1737, com testamento feito em 24 do dito mez e anno. Foi familiar do Santo-officio; negociante com as praças de Lisbôa e Bahia; e encarregado pelo governo do Estado de assistir ás arrematações e pagamento dos operarios da abertura da cava ou fosso, que circunda os muros da provincia de Bardez. Teve o seguinte brazão de armas de nobreza e fidalguia de Portugal, por carta de 2 d'abril de 1770 « por ter servido o Estado com armas, creados e escravos, ser das pessoas mais nobres e ricas do mesmo Estado, com tratamento de carruagem de mar e terra, grande caza com capella, onde quotidianamente se celebra o santo sacrificio da missa »: a saber: um escudo esquartelado; no primeiro e quarto quartel as armas dos *Pintos*, que são, em campo de prata cinco crescentes sanguinhos em fautor; no segundo as dos *Seqaeiras*, em campo azul cinco vieiras de ouro em fautor; e no terceiro as dos *Macieis*, que são partidas em pála; na primeira, em campo de prata duas flores de liz de azul em pála; e na segunda, meia-aguia vermelha armada de negro no mesmo campo. Elmo de prata aberto guarnecido de ouro, paquife de metaes e côres das armas. Timbre o dos Pintos, que é; um leopardo de prata armado de sanguinho com um crescente do escudo na espadua; e por differença uma brica azul com um farpão de prata. » Na justificação de nobreza e processo, que serviu de baze a esta mercê, depuzeram as seguintes testemunhas: o dezembargador chanceller João da Silva de Menezes Lobo; os dezembargadores que foram da Relação de Goa, Jeronimo de Lemos Monteiro, José Carvalho de Andrade, Bernardo Lopes Pereira Maldonado, e Marçal José Machado; os capitães d'infanteria Sebastião Lopes Duarte e Theotonio Collaço; o tenente Alberto Pereira Garcez, e o alferes Telesforo Alves Simões, natural de Bemfica. Vê-se dos registos da correspondencia da caza com a côrte que as diligencias para esta mercê foram promovidas somente por

Ignacio Pinto, irmão mais novo de Antonio João, que se não importou com isso; mas sob a mesma baze, foi primeiro agraciado este como mais velho, successor e administrador dos vinculos, e chefe da familia. Os dous brazões vieram de Lisboa na monção de 1771, e sobre a sua execução se dirá o que occorreu, quando se tratar do dito Ignacio Pinto. Faleceu Antonio João Pinto em 18 de dezembro de 1784, com testamento feito em 20 de novembro de 1783, e foi sepultado na cóva perpetua junto do altar de Jezus. (vid. Not. 23)

(22) **Paschoal Pinto**—nascido em 26 de março de 1718; foi sacerdote, e familiar do Santo officio; e sustentou grande lucta com o arcebispo D. Francisco d'Assumpção e Brito, contra quem representou para Portugal, constando que a origem disto foi vir o arcebispo em vizita á capella da caza *Pinto*, em Candolim, e achando-a no maior aceio e ordem contra o que elle desejava, lançar mão de um sanguinho, como velho e imprestavel, só com o fim de se servir delle como corpo de delicto contra a capella; e que o padre Paschoal lhe respondêra então que « era mais facil fazer sahir S. Ex.ª desta terra do que o sanguinho para fóra da sachristia ». Tinha correspondencia directa com o Conde de Oeiras, depois Marquez de Pombal, assim como com os membros do conselho geral do Santo-officio de Lisboa. Em 1762 dirigiu áquelle ministro uma petição em carta fechada (de que foi portador o dito chanceller João da Silva de Menezes Lobo) « para que fizesse executar e pôr em pratica a pragmatica que Sua Magestade publicou a favor dos naturaes, mandando que com effeito os mettesse na posse de todas as occupações e postos que occupam os senhores Portuguezes nesta terra, *visto que são admittidos nellas muitos chinas, mulatos e outros*, que se julgam da raça dos ditos senhores, havendo naturaes nobres e luzidos que empregados nas ditas occupações, hade ficar a monarchia do nosso rei mais avultada, e este Estado ter vassallos habilitados para o seu serviço »; e na dita supplica dizia tambem que no caso de o Conde estar de animo de a deferir, « preferisse alguns sugeitos mais capazes della nas occupações em que forem providos, para que *principiando pelos mais luzidos, os mais se animem a pretendel-as*; « e que o mesmo se praticasse no ecclesiastico, pois » ha muitos clerigos nesta terra muito luzidos, graves, e nobres, melhores que muitos conegos, termos em que pedia se admittissem nas conezias clerigos naturaes, mandando com effeito provimentos a alguns, feitos do Reino para entrarem nas vacancias dos conegos primeiro falecidos, em que podiam ser nomeados o padre Lucas Soares, de Sirulá de Bardez, e os padres José Pedro Collaço, e Nazario Caetano Collaço, de Rachol, clerigos que podem encher o dito lugar com luzimento, vindo providos do Reino. » Parece que esta petição foi attendida, pois é posterior a ella a providencia régia neste sentido, e a effectiva entrada na conezia do primeiro clerigo natural, o padre Nazario Collaço, que chegou a chantre da Sé primacial. O padre Paschoal Pinto viveu na caza paterna em companhia dos irmãos até á separação de Ignacio Pinto, a quem acompanhou depois, e em cuja caza faleceu em 1788, a 4 de novembro, instituindo um vinculo, em que succedeu seu sobrinho Joaquim Bernardo Pinto, sendo herdeiro dos mais bens o outro sobrinho Luis Miguel Pinto. (Nott. 31 e 38)

(23) **Ignacio Pinto**—nascido em 26 de setembro de 1723, e baptizado em 3 de outubro. Foi familiar do Santo-officio desde 1745, thezoureiro geral da Bulla da Santa Cruzada; e teve o brazão de armas descripto na nota 21 por Alvará de 6 de abril de 1770, com a mercê e tença do habito de Christo para nelle professar, a cujo respeito se encontram os seguintes periodos no registo de uma carta, que elle escreveu ao licenciado Luis Manuel Tavares na monção de 1771. « O mesmo amigo José de Oliveira me entregou tambem o canudo, em que vieram inclusos os brazões, que a sua diligencia nos remette; e ao mesmo passo que fiquei contente com a dita remessa, me desgostou o senhor governador deste Estado, porque mandando-lhos eu para elle vêr, entrou a duvidar da sinceridade do meu requerimento nessa côrte para o seu alcance, fundando-se em dizer que vinha expressado nelles ser eu e o meu irmão oriundos dos fidalgos de Portugal, e que na realidade não era, e que por isso devia elle averiguar a equivocação das palavras; mandei-lhe a justificação que ainda tinha em caza, semelhante á que a V. m. remetti; respondeu não duvidar da verdade de nossa parte, e que poderia ser que o nosso procurador, para nos lisongear, lá justificasse aquella circumstancia; e replicando-lhe que S. Ex.ª poderia examinar as testemunhas, que cá estavam as mesmas que depuzeram em Portugal, disse que não duvidava tambem já da verdade do requerimento; porém que com o parecer do desembargador secretario me resolveria hoje; e como ainda não chegaram á minha mão os ditos brazões, e ainda que venham desembaraçados não me faz conta assim têl-os; por isso peço a V. m. que, tomando de novo trabalho, e interpondo todo o seu valimento, me consiga novas provizões com clauzulas mais expressivas, porque aquellas palavras equivocas farão suspeitoso o nosso requerimento e a nossa verdade, e a sua inteiresa em opiniões, por ser esta uma terra bem farta de invejosos; remetto tambem umas attestações de pessoas fidedignas para fazer a nova provança sendo necessario; e V. m. para isso se valerá do mesmo amigo José de Oliveira, que lhe dará todas as testemunhas que forem precizas; e deve V. m. attender muito neste negocio, por ser materia em que interessa muito a nossa honra, e a verdade de V. m., porque tambem pode ser que quando hoje não me resolva o dito governador, dê elle alguma parte a Sua Magestade sobre isso, o que tudo deve V. m. observar, porque no tempo presente o zêlo de justiça muitas vezes cahe sobre o que não tem culpa. Supponho que V. m. me terá já feito a remessa do habito em termos que me possa professar, como elle cá chegar; e no caso que não tenha concluido a diligencia por falta de folha corrida, esta tambem lh'a remetto em termos, authentica, para V. m. se valer della, e remetter-me o dito habito para nelle professar, e ficar assim a V. m. mais obrigado. » Vê-se, porém, de outra carta que o mesmo Ignacio Pinto escreveu em 1772 a Domingos Ribeiro Neves, e da que dirigiu em 1773 ao padre mestre Fr. João Baptista de S. Caetano, que até esse anno não haviam tido cumprimento os ditos padrões de brazão apezar de que « o secretario passado que foi para a côrte, e o presente que aqui estava, repetidas vezes segurou ao dito senhor governador haver minima irregularidade nelles que duvida faça, e sem embargo disso, promettendo entregar, anda dissimulando, o que attribuia ao pouco gosto que faz de vêr alegres os seus proximos, e não gostar muito do bem alheio; e os tem em seu poder athé virem outros com a clareza pedida. » Porém depois foram mandados cumprir, segundo consta a fl. 152 do Liv. 2.º do registo dos requerimentos das partes da secretaria da India (b). Na alludida carta a Luis Manuel Tavares, escripta por Ignacio Pinto em 1771, se encontra tambem o seguinte periodo de recommendação a favor do padre Caetano Victorino de Faria. « Nesta monção vai para a côrte um padre Caetano Victorino de Faria com um seu filho, que foi commensal nesta caza por mais de 7 annos, com designio de passar para Roma; e posto que vai bem contra a nossa vontade por ter sido muito familiar a sua assistencia com todos della pela honra com que viveu, mas o intento que o leva por ser pio e meritorio fez que condescendessemos com elle; he justo, já que nos faz tantos favores, lhe assista V. m. com boas direcções e auxilios para adiantar elle o seu projecto, no que ficarei a V. m. muito obrigado. » Viveu Ignacio Pinto em companhia dos seus irmãos na caza paterna, sendo cazado em 1.as nupcias

(b) Parece-nos que fizeram bem os Pintos em não querer acceitar a mercê do Brazão de armas com a declaração do seu parentesco com as familias portuguezas; mas o estylo da chancellaria obrigava naquelle tempo a essas provas, importando pouco que não fossem ajustadas á verdade. Tomando-se aquelle formulario dos Brazões á letra, tem sido varias vezes negada a pureza do sangue indigena ás familias, que receberam aquella mercê. Modernamente passam-se os Brazões sem taes clausulas. — *C. R.*

com Anna Collaço, falecida em 13 de março de 1748, deixando os dous primeiros filhos dos qne vão designados na arvore; e pela 2.ª vez com Margarida Rodrigues, filha de José Nicolau Rodrigues e sua mulher Agueda Angela Liberata Collaço, de S. Mathias de Divar, (familia que se extinguiu pelo prematuro falecimento do seu filho Antonio Caetano Alcantara Rodrigues, phizicomór de Moçambique, e neto José Nicolau Rodrigues, sobrevivendo só até 1853 a mãe deste e viuva d'aquelle, Anna Clara Gonçalves, filha primogenita de Luiz Manuel Gonçalves, contador da intendencia geral da marinha e munições de guerra desde 1795, e neta de Francisco José Gonçalves (Nott. 12 e 19). Deste 2.º cazal teve Ignacio Pinto mais 7 dos seus filhos ainda na caza paterna, até que depois de 1767, se separou de seus irmãos, e pôz nova caza de magestoza apparencia e gosto segundo o risco dado pelo engenheiro Felippe Catalani, que sendo encarregado por ordem do governador D. João José de Mello das obras da abertura do fosso por fora da muralha da praça d'Aguada, foi ajudado nos trabalhos d'aquella pelos dous irmãos Pintos, cujo era o respectivo terreno, do seu palmar denominado= *Ançalém batta* =, mandado arrazar em tempo do seu avô Paschoal Pinto por Gaspar Bayão, commandante da praça, com reprovação do Vice-Rey Conde de Alvôr, mas sem indemnisação alguma. Nessa nova caza, que foi a 3.ª dos Pintos em Candolim desde a origem até essa épocha, teve Ignacio Pinto os restantes filhos, sobrevivendo ali á infelicidade, que envolveu dous delles; e faleceu a 16 de fevereiro de 1797.

(24) **Salvador João Pinto**— nascido em 29 de outubro de 1733; e baptizado em 12 de fevereiro de 1734; cazou em 29 d' abril de 1754 com Celestina Maria Luiza de Lima, filha de Jeronimo de Lima, da freguezia da Graça, da ilha do Chorão, onde se verificou o recebimento feito pelo padre Fr. Henrique de Sant' Anna, a qual nascera em 24 d'agosto de 1740, e fôra baptizada pelo Rvd.º Domingos Corrêa da Graça na egreja da Mãe de Deus de Pomburpá, sendo padrinhos o chanceller do Estado José Pedro d'Oliveira e Brito, e Antonia de Albuquerque, mulher de Lucas de Lima. Succedeu Salvador João nos tres morgados administrados por seu pae, e na administração da sua caza e capellas; e faleceu nella em 9 de julho de 1795, e a dita sua mulher em 16 de agosto de 1819. (Sobre Jeronimo de Lima vid. *Narr. da Inquis. de Goa*, de Dellon, traduzida pelo senhor M. V. de Abreu, pag. 87.)

(25) **Francisca Rozaura Pinto**— nascida a 14 de janeiro de 1737, e baptizada em 17 do dito mez pelo padre José Vieira, da Companhia de Jezus, procurador do Malabar, sendo reitor de Candolim Fr. Gonçalo de S. José; cazou em 3 de fevereiro de

1750 na capella da sua caza, de Candolim, com Antonio José Martins, de S. Mathias, neto e herdeiro de Manuel Martins, escudeiro e cavalleiro fidalgo por Alvará de 29 de março de 1680, e natural de S. Mathias de Divar; tendo feito o recebimento, por commissão do arcebispo D. Fr. Lourenço de S. Maria, o conego Victorino Cardozo Mainarte, com assistencia dos conegos Manuel Gomes, e João Barboza Coelho, e do védor Francisco de Campos Coelho, sendo reitor de Candolim Fr. Manuel da Graça.

(26) **Manuel Filippe Pinto**—nascido em 2 de maio de 1743, baptizado em 10 do dito mez; e falecido em 25 de fevereiro de 1758.

(27) **Anastacia Pulcheria Pinto**—nascida a 27 de outubro de 1746; baptizada em 3 de novembro por Fr. João da Madre de Deus com assistencia dos conegos, familiares do arcebispo Santa Maria; cazou em 14 de maio de 1759 com Luiz Caetano de Lima, advogado, filho de Lucas de Lima, de Chorão; e faleceu a 2 de novembro de 1788. (Sobre Lucas de Lima, vid. *Narr. da Inquis. de Goa*, pag. 86, e 87.)

(28) **João Baptista Pinto**—sacerdote, nascido a 29 de julho de 1756, e baptizado pelo Rvd.º Fr. Francisco de S. Diogo, sendo padrinho o inquizidor Manuel Marques d'Azevêdo. Ficou implicado na conjuração de 1787; foi prezo para Lisboa em 1788, e voltou de lá, solto, em 1807.

(29) **Manuel Caetano Pinto**—nascido a 19 de outubro de 1758; baptizado em 27 do dito mez pelo Rvd.º padre mestre João d'Oliveira, capellão da náu do Reino, natural de Bemfica; sentou praça de cadete no regimento do brigadeiro Henrique Carlos Henriques em 1.º de março de 1775; altura 3 pés, cabêllo preto, olhos pardos; passou a porta-bandeira em 25 do dito mez e anno; a alferes da Legião de voluntarios em 1.º d'abril de 1777, e a tenente da mesma Legião em 1780. Foi achado cumplice na conjuração de 1787, e justiçado em 21 de dezembro de 1788.

(30) **Emiliana Pinto**—nascida em 30 de maio de 1760; baptizada em 6 de junho por Fr. Alvaro de S. Boaventura, sendo reitor de Candolim Fr. João de S. Quiteria; foi Freira de véu preto no convento de Santa Monica de Goa, onde professou em 1773, como se conhece por uma carta de seu pae Ignacio Pinto, escripta na monção desse anno ao seu correspondente de negocio em Lisboa, José Jeláma.

(31) **Joaquim Bernardo Pinto**—nascido a 13 de agosto de 1762, e baptizado em 20 do dito mez por Fr. Henrique de S. Anna, sendo padrinhos D. Gil Eanes de Noronha e sua mulher D. Anna Maria Pereira de Lacerda; cazou á 1.ª vez com Maria da Conceição de Menezes, de Calangute, e a 2.ª com Anna Clara

Rodrigues, de Candolim; e faleceu em 12 de janeiro de 1811.

(32) **José Antonio Pinto**—nascido em 2 de março de 1764; baptizado aos 10 pelo padre Pedro Caetano Ribeiro, sendo padrinhos o promotor do Santo-officio José Antonio Ribeiro de Motta, e Victoria Luiza Rodrigues, da freguezia da Piedade, de Divar; e foi o primeiro que se baptizou na nova capella do baptisterio da egreja de Candolim. Em 1787 achava-se em Portugal, e nesse mesmo anno passou a França. Estudou, ao que parece, em Roma, applicando-se especialmente ás mathematicas. Regressou á India antes de 1799, e entrou no serviço militar de Puném, onde se distinguio, mórmente na ultima guerra, em que o Peixuá foi destroçado pelos inglezes. Chegou a tenente coronel de cavallaria, e foi gravemente ferido na ultima campanha de Solapoor em 10 de maio de 1818. Largado como morto no campo, poude salvar-se; e recolhendo-se a Goa, consta que recuzou o cargo de lente da Academia militar de Goa, que na creação della lhe offerecia o Vice Rey Conde do Rio Pardo; assim como consta que tambem recuzára entrar no serviço dos inglezes, que o convidavam a elle; vivendo já retirado, e applicado á agricultura, de que tinha especiaes conhecimentos, e livros escolhidos que trouxera de França, alem de ser bem instruido nas linguas franceza e italiana; introduziu moinhos para extrahir da canna o assucar, como ainda se vêem na aldea Saligão. Cazou com Anastacia Augusta de Souza, de Siolim; e faleceu em 29 de julho de 1834. Fallam delle com louvôr os auctores inglezes Grant-Duff na *Historia dos Marathas*, e Walace nas *Memorias da India*, chamando-lhe *Major*. (Vid. *Noção historica de alguns filhos distinctos de Goa*, por M. V. de Abreu).

(33) **Anna Joaquina Pinto**—nascida em 7 de fevereiro de 1766; baptizada aos 14 pelo reitor Fr. Luiz da Madre de Deus; cazou com Manuel Pinto, de Saligão, avô de Francisco Salvador Pinto, cavalleiro da Ordem de Christo, e prezidente da Camara municipal de Bardez, filho de Caetano Antonio Pinto, segundo filho do dito Manuel, cujo morgado, passando pelo seu primogenito Sebastião Pinto a seu neto Ignacio Pinto, é hoje administrado pelo neto deste, pela linha feminina, Braz Bartholomeu da Victoria Pinto Lobo (Not. 51).

(34) **Vicente Felippe Pinto**—nascido a 17 de março de 1767; baptizado a 24 pelo reitor Fr. Bernardo de S. Ritta, sendo padrinho Henrique José de Mendanha Benevides Cisne, secretario do Estado; foi o ultimo que nasceu na caza primitiva, e faleceu solteiro.

(35) **Francisco Caetano Pinto**—foi o primeiro que nasceu na nova caza de seu pae, em 1769, e nella se estabeleceu.

Foi official do exercito maratha juntamente com o irmão José Antonio Pinto; chegou ao posto de major, e se distinguiu na ultima campanha de 1817 e 1818, assim pelo seu valor, como por sua humanidade, salvando das mãos da soldadesca e officiaes marathas a dous officiaes inglezes de cavallaria de Madrasta, chamados Hunter e Morrison, que foram feitos prisioneiros pelo general Gocleá, postos a ferros e tratados com crueldade. Depois de acabada a guerra, o governo inglez, em reconhecimento deste serviço, lhe conferiu a pensão annual de 2.500 rupias (5 mil xerafins), e depois da sua morte ficou metade desta pensão a sua viuva. Foi cazado a primeira vez com Marianna da Conceição da Cunha, filha de Pedro Antonio José da Cunha, natural de Chorão, advogado da côrte, e juiz das communidades de Salcete, a qual faleceu sem prole; e depois de vir de Punêm, passou a 2.as nupcias com Carlota de Souza, de Calangute (Sobre esta familia Souza, vid. not. 18).

(36) **Amalia Dorothea Pinto**— nascida pelos annos de 1771; foi cazada com Lourenço Lino de Frias, capitão de Auxiliares, natural de Arporá; filho de Antonio Filippe de Frias, e sua mulher Anna Margarida da Cunha, que se estabeleceram na dita aldea, pondo caza nova junto á capella alludida atraz; e neto pelo lado paterno de Simão Salvador de Frias (Not. 12), e de sua 1.a mulher, D. Roza Maria da Silva; e pelo materno de Antonio Caetano da Cunha, mestre de campo dos Auxiliares da provincia do Bardez, desde 1769 até 1796. De Lourenço Lino, e Amalia Dorothea, foi primogenito e successor, Caetano Xavier de Frias, pae de Gustavo Adolpho de Frias, medico-cirurgião, e tabellião publico de notas na dita comarca, possuidor do morgado que da primitiva caza dos Frias viéra ao dito seu bisavô Antonio Filippe.

(37) **Leonarda Maria Pinto**— foi cazada com Deudato Mariano Ferreira, de Arporá; e teria nascido pelos annos de 1773; delles só resta actualmente um filho, Luis Xavier Ferreira, que reside em terras britannicas, tendo vendido a sua caza e bens sitos em Goa, ha poucos annos.

(38) **Luiz Miguel Pinto**— nascido pelos annos de 1775; foi tenente, e faleceu solteiro.

(39) **Bernarda Sebastiana Pinto** —nascida pelos annos de 1777; e cazada com Antonio Filippe Gomes, de S. Mathias de Divar.

(40) **Maria Antonia Pinto**— nascida pelos annos de 1779; foi cazada com Caetano Antonio Mathias Cabral, capitão de Auxiliares, de Goltim de Divar; seu filho Vicente Xaviel Cabral, medico-cirurgião, vive actualmente estabelecido em Ribandar, e é 1.o facultativo aposentado do hospital da Mizericordia. O dito

Caetano Cabral tinha dous tios padres, um dos quaes foi Pae dos christãos, e cavalleiro professo da Ordem de Christo, e outro Preposito da Congregação do Oratorio.

(41) **Joanna Francisca Pinto**— nascida pelos annos de 1781; foi cazada com Joaquim Luiz Antonio Vaz, de Navelim, de Divar, freguezia da Piedade, por procuração, na egreja de Candolim, em 31 de julho de 1799, como se conhece de uma carta que escreveu de Punem, com data de 6 de setembro do dito anno ao seu camarada José Joaquim Pinto, na qual se lê o seguinte = P. S. « Em os 31 de julho se recebeu a sua prima, a senhora Joanna Francisca minha Sr.ª comigo por meu procurador Joaquim Xavier Corrêa da Graça. Novo vinculo com que a Providencia corrobora a nossa amizade » Diz-se que Joaquim Luiz Antonio Vaz fôra em mancebo a Portugal onde estudára; voltando á India foi servir no exercito maratha, e ahi chegou a general, com grande aceitação do Peixuá (dominante) que lhe fez mercê do commando de uma divizão, com consignação de terras importantes. Não podendo vir a Goa para se cazar, incumbiu de correr com as diligencias o padre Gregorio Corrêa da Graça, natural de Chorão, e vigario geral do Norte, primo do dito seu procurador Joaquim Xavier Corrêa da Graça, advogado da côrte, capitão d'Auxiliares, e Ouvidor e juiz ordinario da cidade pae do senhor Luiz Xavier Corrêa da Graça, e este refere a tradição de que a ceremonia nupcial foi celebrada sobre a espada. Concluido o cazamento, e tratando-se dos preparativos de transportar-se a noiva para Puném, succedeu que o general tivesse um conflicto com um dos potentados vizinhos das terras que possuia, o que deu lugar a uma escaramuça ou combate, em que foi môrto, nos fins de 1799, ou principios de 1800, tendo então menos de 50 annos de edade. Observa o senhor Luiz Xavier não ser exacto que fosse morto n' um duello, como se affirmou em artigo publicado n'uma folha do *Ultramar* do anno de 1873. Passado um anno, ou pouco mais, a viuva passou a 2.ªˢ nupcias com Agostinho Manuel Pereira, medico, e 2.º tenente da marinha de Goa, natural da dita aldea Navelim de Divar. (c)

(c) Não estam estudadas as acções e biographias dos Goanos, que serviram com mais ou menos distincção nos exercitos maratas. Será talvez ainda tempo para que os seus compatriotas se appliquem a buscar as noticias, que podem dar luz a materia por ora tão escura. Sendo entre todos o mais prominente o general Joaquim Luis Antonio Vaz, e talvez aquelle de quem menos se sabe, aproveitamos o favor do senhor Luiz Xavier Corrêa da Graça, para pôrmos aqui por extenso, e como subsidio para novas indagações, a carta daquelle general, citada pelo auctor da genealogia. Diz assim a carta:

« = Senhor José Joaquim Pinto.— Puném 6 de setembro de 1799. —Meu « honrado capitão, e verdadeiro militar. Não sei explicar a V. m. a baixa,

(42) **Clementina Pinto**— ultima filha de Ignacio Pinto; nascida pelos annos de 1783, faleceu solteira.

(43) **Anna Joanna Pinto**—nascida em 24 de outubro de 1758; em caza dos seus avós maternos, em Chorão, e baptizada aos 31 do dito mez, na egreja da Graça, pelo rvd.° padre Manuel João d'Oliveira, capellão da Náu do Reino, sendo vigario o revd.° padre promotor Bernardo da Cunha, e padrinhos Telesforo Alves Simões, alferes, natural de Bemfica, e Anna Senhorinha Gomes, mulher de Diogo Monteiro, (Nott. 9 e 70); cazou com Gabriel Xavier da Gama, de Anjuna de Bardez, representado actualmente por sua bisneta D. Maria Augusta Luciana da Gama, cazada com seu primo Alvaro José Xavier Pinto (Not. 65), que vive estabelecido em caza dos seus sogros, reconstruindo-a ha dous

« que temos soffrido na nossa reputação, e mais interesses, de sorte que não « posso mostrar cara nem no Darbar (corte), nem entre Europeus, por conta « do successo infeliz dos infelices batalhões; mas no meio deste labirinto « de mortificações, que me trazem cercado, me consolo com o elogio que « os nossos Sipais (que de lá vem para cá) fazem á prudencia e valor de « V. m. Não se deve desanimar pela prisão, pois he da sorte dos militares. « Em breve será liberto com o primo Mendes, que sendo, como he, rapaz, « espero que V. m. o consolará. O capitão Gomes terá dado a V. m. noticias « das disposições de cá, pois elle me communica noticias suas. Deos remedêe « tudo, ainda que os meus peccados merecem muito mais, A falta de Perganã « tem feito que ninguem me fie hum real aqui, nem no Sarcar (governo) « sou attendido, pois antes me criminam na sua marcha para Jalná. Eu espero « sair em breve, e mesmo dentro destes outo dias para me despicar do Pat- « tan, pois sem isso somos objecto das assembleas dos Chapéos (*sc. homens* « *de chapéo*, christãos), e que nos dirão os Portuguezes em Goa ? Eu não « faço huma particular a meu Salvador, por não aumentar volume: elle « tenha esta por sua, e fique certo que por lhe não escrever a miudo, não « desejo-lhe menos do que sempre o amei, como o amo de coração, ainda « que a prisão actual tenho estimado, pois deve servir de mestre.

« De V. m. o mais sincero amigo e C.—*Joaquim Luiz Antonio Vaz.*

P. S.

« Em os 31 de julho se recebeu a sua prima e senhora Joanna Fran- « cisca, minha senhora, comigo por meu procurador Joaquim Xavier Cor- « rêa da Graça. Novo vinculo, com que a Providencia corrobora a nossa « amizade. ==

No Sobrescripto.

== Ao senhor capitão José Joaquim Pinto, ausente, ao senhor Liff.° João Salvador Mendes. ==

&. &. &.

Não declara para que terra foi dirigida.

Vê-se desta carta que desastres militares haviam enfraquecido a reputação dos Goanos entre os Maratas, e que alguns estavam presos como culpados nos revezes. O proprio general Vaz não só deixára de ser attendido no *Sarcar*, ou governo, mas achava-se sem recursos pecuniarios, por haver perdido a *Praganã*, ou terras da sua mercê, que lhe usurpara um Cabo ou Regulo Patane, contra o qual se aprestava a marchar para se despicar, mas sendo-lhe a sorte adversa, colheu-o a morte onde esperava o triumpho.

C. R.

annos; sendo os ditos Gabriel e Anna Joanna, avós-sogros de primeiras nupcias do dito senhor Luiz Xavier Corrêa da Graça.

(44) **João Xavier Pinto**—nascido a 11 de jnlho de 1760, cantando-se no dia 12 por este motivo solemne *Te-Deum* na egreja de Candolim a expensas dos co-aldeanos, e do reitor Fr. João de Santa Quiteria; baptizado no dia 20 por Fr. Henrique de Sant'Anna, sendo padrinhos seus tios Antonio José Martins, e Francisca Rozaura Pinto (Not. 25), e havendo na noute do baptizado baile e entremezes. Cazou em 18 de maio de 1795 com Deodata Maria Lucrecia Fernandes, filha de Agostinho Luiz Fernandes, e de Joanna Maria Pinto, de S. Bartholomeu de Chorão; a qual nasceu em 31 de maio de 1779, foi baptizada em 7 de junho, e faleceu em 20 de julho de 1839. Foi ouvidor, administrador das alfandegas, e juiz das communidades de Bardez, por tres triennios successivos até o anno 1817, em que chegou o dezembargador Manuel Duarte Leitão, em quem se reuniram todos os cargos judiciaes, em virtude do Alvará de 25 de janeiro de 1816. Faleceu em 5 de junho de 1822, e foi sepultado na cova perpetua da caza.

(45) **Paschoal Pinto**—sacerdote; nasceu em 19 de março de 1764, viveu na caza paterna, e faleceu em 3 de março de 1829, instituindo seus herdeiros os seus irmãos solteiros José Joaquim Pinto, e Antonio João Pinto (Nott. 48 e 49).

(46) **Clara Esperança Pinto**—nascida em 6 de janeiro de 1765, e baptizada no dia 13 pelo revd.º Fr. Estacio de Christo; faleceu solteira com 89 annos de edade em 1854, ficando por seus herdeiros testamentarios seus sobrinhos Alvaro e Augusto. (Not. 65 e 66).

(47) **Josepha Agostinha Pinto**—nascida em 28 de agosto de 1768, e falecida em 1850. Cazou com José Maria da Cunha, capitão de milicias, e provedôr do concelho de Bardez em 1835, filho do mestre de campo Antonio Caetano da Cunha (Not. 36), e de sua mulher Pascoa Ribeiro, de Pilorne; e delle teve entre outros os seguintes filhos: Sebastião Xavier da Cunha, escripturario da contadoria de fazenda de Moçambique, onde faleceu; Camillo Antonio da Cunha, tenente que foi do exercito maratha em Puném, falecido em 27 de julho de 1871; Joaquim Gabriel da Cunha, e Francisco Caetano da Cunha, tenentes que foram d'infanteria deste Estado, tendo feito em cadetes as campanhas de Uspá e Rarim, falecidos aquelle na praça de Diu, e este em sua caza de Arporá a 26 de janeiro de 1872, e uma filha, Maria Angelica da Cunha, cazada com Antonio João de Noronha, capitão de milicias, de Pomburpá. Do dito Francisco Caetano, que cazou com D. Leopoldina Maria Gonçalves, filha de Francisco Antonio Gonçalves, escripturario da contadoria geral de fazenda déste Estado, e neta de Luiz Manuel Gonçalves (Nott. 19 e 23), ficaram doze filhos, entre os quaes José Gerson da Cunha, graduado em medicina, cirurgia e obstetricia pela Universidade de Edimburgo, e collegio medico de Londres, e membro de varias sociedades scientificas e litterarias de Inglaterra e Bombaim, onde rezide, cazado com D. Anna Ritta da Gama, filha de Antonio José da Gama, cavalleiro da Ordem da Conceição de Villa-Viçoza, por Decr. de 5 de setembro de 1861, e cirurgião mór do Estado reformado, residente em Nova Goa; Fernando Claudio da Cunha (Not. 48); Francisco de Sales da Cunha, subdelegado de procurador da corôa e fazenda no julgado de Calangute; Joaquim Manuel da Cunha, que fica administrando a caza de seu pae, sendo por este instituido seu herdeiro tercenario; D. Leocadia Maria Francisca da Cunha, cazada com Luiz Manuel Julio Frederico Gonçalves (Nott. 13, 19, 23 e 48); Victor Bernardo da Cunha, alumno da escóla medica do Porto; Pedro Zefirino da Cunha, dito do instituto commercial de Liverpool; e Margarida Henriqueta da Cunha, cazada com Alvaro Camillo Polycarpo Vaz, de Aldonã.

(48) **José Joaquim Pinto**—nascido em 14 de outubro de 1771, baptizado em 21, sendo padrinho Manuel Ignacio de Carvalho, capitão de cavallaria; foi major d'infanteria do exercito de Puném, da divizão do general Joaquim Luiz Antonio Vaz (Not. 41), que na carta alludida nessa nota se dirige a elle, como seu « honrado capitão e verdadeiro militar ». Faleceu solteiro em 7 de junho de 1854, instituindo por herdeiro de mão commum com seu irmão Antonio João Pinto, (possuidores de tres quintos dos bens não vinculados de toda a caza originaria) seu segundo sobrinho Fernando Claudio da Cunha (Not. 47), affilhado do mesmo Antonio João, com clauzula de « se estabelecer na dita caza, sustentar o culto da capella, e uzar do appellido= Pinto =logo que perfizesse a idade de 20 annos, » o qual Fernando Claudio, ora advogado em Nova Goa, comprou aos herdeiros de João Xavier Pinto, e Clara Esperança Pinto (Nott. 44 e 46), os dous quintos que tinham nas ditas caza, capella, e mais bens; constituindo-se assim unico possuidor do primitivo estabelecimento, e cazou em 22 de outubro de 1867, com D. Albina Ernestina Gonçalves, filha de Caetano Francisco Gonçalves, cavalleiro da Ordem de Christo por decr. de 26 de outubro de 1858, antigo advogado, e fidalgo cavalleiro e moço fidalgo com exercicio por Alvará de 23, 26 e 27 de abril de 1872, natural de Navelim de Divar, e residente em Nova Goa, e de sua mulher D. Mariana Henriqueta de Figueiredo, bisneta legitima de Pedro Antonio Alvares, mestre de campo de Auxiliares de Salcete, e escudeiro, e caval-

leiro fidalgo por Alv. de 10 de março de 1803, com brazão de armas por Alv. de 29 de março de 1798.

(49) **Antonio João Pinto**—nascido em 22 de julho de 1774; foi nomeado sub-perfeito de Diu em 1835, e faleceu em 1852 (vid. not. precedente).

(50) **Ignacio Pinto**—successor dos morgados do seu avô do mesmo nome; cazou com Catharina Joanna Pinto, de Calangute, onde foi estabelecer-se em caza de sua mãi, e faleceu ha poucos annos.

(51) **Anastacia Pinto**—cazada com Braz Lobo, medico, de Saligão, representado hoje por seu filho padre André Avelino Lobo, dezembargador da Relação ecclesiastica, e parocho de Assagão, e por seu neto, Braz Bartholomeu da Victoria Pinto Lobo, medico cirurgião, e vice presidente que foi da camara municipal de Bardez (Not. 33).

(52) **Luiz Caetano Pinto**—cazado com Maria Especiosa da Graça Costa, filha de Sebastião Xavier da Costa, e Maria Izabel Pinto (Not. 60); estabeleceu-se em uma parte da caza do seu avô Ignacio Pinto (Not. 23), a qual se dividira em duas entre seu pai, e tio Francisco Caetano, por escriptura de partilhas, assignada entre os filhos do dito Ignacio, em 11 de agosto de 1803. Ealeceu deixando sua viuva e filhos designados na arvore, dos quaes, as filhas, Anna Clara, e Penelope Honorina cazaram uma após outra com Marcos Avelino Fernandes, de Assagão.

(53) **Joanna Josephina Pinto**—vive em Candolim em companhia de seu irmão, que segue, viuva sem prole de Nicolau Tolentino Corrêa, de S. Mathias.

(54) **Pedro Paulo Pinto**—nascido pelos annos de 1809; capitão de caçadores da India reformado, e cavalleiro de S. Bento d'Aviz por Decr. de 19 de março de 1851. Vive solteiro, na caza paterna.

(55) **Ignacio Maria Pinto**—cazado com Carlota Joanna Collaço, de Rachol; falecidos sem filhos varões. Das quatro filhas que deixaram, a primogenita cazou com seu primo Luiz Miguel Pinto (Not. 58); a segunda com Manuel Antonio do Rozario Affonso Dantas, desta cidade, filho de Antonio Caetano do Rozario Affonso Dantas, director do hospital militar, e lente da escóla medico cirurgica de Goa; e tendo unico filho já adolescente, faleceram todos ha poucos annos; a terceira vive cazada com Caetano Xavier da Rocha, de Divar, sem prole; e a quarta faleceu cazada com Caetano Carlos da Sequeira, de Soccorro de Sirulá. Pôz caza nova (a 6.ª desde a origem, em Candolim), a qual acabou com elle e sua mulher.

(56) **Servulo Xavier Pinto**— cazado com Anna Luiza de

Gá, natural de Bombaim; falecidos ambos deixando unico filho, hoje de 15 annos. Sua irmã Maria Sancha, é viuva de 2.ªs nupcias e sem prole, de Caetano das Dores e Santos, de Candolim, e vive com a terceira e quarta, e com o dito seu sobrinho na caza paterna (a 5.ª); tendo falecido as outras.

(57) **Constantino Pinto**— cazado com Emília Barreto, filha de Camillo Barreto, do Soccorro (Not. 61). Vivo em Candolim, onde edificou caza nova (a 7.ª), sem descendencia.

(58) **Luiz Miguel Pinto**— cazado com sua prima Maria Augusta Pinto (Not. 55); vivem em Candolim. Seu filho primogenito cazou ha dous annos com Cacilda Monteiro, filha de Placido Antonio Monteiro e Humiliana Pinto (Not. 70).

(59) **Sophia Narciza Pinto**— cazada com seu primo Vicente Xavier Cabral (Not. 40). Vive em Ribandar.

(60) **Maria Izabel Pinto**— cazada com Sebastião Xavier da Costa, de Arporá; representados hoje por seu neto, o medico Caetano Xavier da Costa, morador na mesma.

(61) **Constantino Salvador João Pinto**— nascido em 7 de junho de 1797; baptizado em 16 na capella da caza pelo padre João Salvador da Silveira, commissario do Santo-officio, e vigario de Calangute. Succedeu a seu pae na sua caza e morgados. Cazou em 24 de janeiro de 1831 com Anna Clara Christalina Barretto, filha de Sebastião Xavier Barretto, o ultimo mestre de campo de Bardez, falecido ha dous annos, e de D. Maria Aurora da Purificação Pacheco, e neta de José Barreto, mestre de campo desde 1796. Faleceu em 13 de fevereiro de 1851; e sua viuva ainda vive com seu filho, em Arporá.

(62) **Celestina Maria Ernestina Pinto**— nascida em 23 de novembro de 1798; cazou com Lucas de Sá, de Candolim, pae de Francisco Antonio de Sá, prezidente que foi da camara de Bardez, e morador na mesma.

(63) **Guilherme Paschoal Pinto**— sacerdote; nascido em 6 de fevereiro de 1801, e falecido em 1860 ou 61, em caza de seu irmão Alvaro, com quem passara a viver, e a quem instituiu seu herdeiro. Até a morte dos seus tios vivêra na caza paterna com suas irmans Lucia Pulqueria, nascida em 21 de julho de 1809; Eliza Ernestina, nascida em 21 d'agosto de 1811, e baptizada em 29, sendo padrinho o marechal Joaquim Manuel Corrêa da Silva e Gama, e falecida em 8 de março de 1830; e Maria Emerciana, nascida em 14, e baptizada em 23 de dezembro de 1813, as quaes todas ali morreram solteiras.

(64) **Angelica Emilia Maria Pinto**— nascida em 15 de setembro de 1806; festejande-se este nascimento com um jantar dado por seu pae ao tenente coronel Francisco Caetano Pinto, e aos officiaes inglezes, commandante William Boye, Dr. Hoyes, ajudante Louis, e Tenentes Has e Wilson; foi cazada com Antonio Izidoro de Souza, de Aldonã.

(65) **Alvaro José Xavier Pinto**— nascido em 16 d'agosto de 1815; baptizado em 23 do dito mez; cazou em 17 de fevereiro de 1852 com sua prima D. Maria Augusta Luciana da Gama (Not. 43). E' major de artilheria, reformado em 1871; cavalleiro de S. Bento de Aviz por Decr. de 7 de fevereiro de 1862; condecorado com a medalha militar de prata, correspondente a bom e exemplar comportamento, por Port. de 10 de abril de 1869; fidalgo cavalleiro e moço fidalgo com exercicio por Alv. de 17 de março de 1866. Vive em Anjuna, e tem os filhos designados na arvore. Sua filha Islinda, cazou em 1873 com Victor Condorcet Ferreira, advogado em Nova Goa, e proprietario da ilha de Ponelém, filho de João Filippe Ferreira, antigo advogado, administrador substituto, que foi deste concelho das Ilhas, e proprietario da ilha de Corjuém, onde vive.

(66) **Augusto Silverio Pinto**— nascido em 13, e baptizado a 28 de novembro de 1816; cazou com Anna Graça Pinto, do Saligão; e faleceu nesta aldêa, sem prole, em 1873, sendo precedido por sua mulher, e instituindo herdeiro seu irmão Alvaro (Not. 65).

(67) **Michaela Pinto**— cazada em 1.as nupcias com Miguel José de Sá, de Siolim; e á 2.a vez com o advogado Domingos João José de Sá, que foi administrador do concelho de Bardez, natural de Siolim, onde vive, viuva.

(68) **Joaquim Bernardo Pinto**— actual successor e administrador dos morgados do seu bisavô (na parte não desvinculada pela lei d'abolição dos vinculos); cazou com Quiteria Pereira, filha de João Caetano Pereira, de Loutolim de Salcete, falecida ha dous annos. Vive em Calangute com os filhos designados na arvore, dos quaes a sua filha Etelvina Amelia é cazada com José Antonio Lobo, de Ucassaim.

(69) **Anna Seraphina Pinto**— cazada com Manuel Silvestre Pereira, filho do dito João Caetano Pereira, e falecida poucos annos depois, deixando dous filhos varões, dos quaes o mais velho, João Vicente Pereira, cazou com D. Irene Ferreira, filha do dito João Filippe Ferreira (Not. 65).

(70) **Humiliana Pinto**— cazada com Placido Antonio Monteiro, de Candolim, filho de José Maria Monteiro, mestre de campo, que teve o brazão de armas por Alv. de 27 de fevereiro de 1802 (Nott. 9 e 43).

(71) **Miguel Caetano Pinto**— amanuense de 1.a classe da contadoria geral da fazenda; cazou ha dous annos com Ritta de

Souza, filha de Caetano Francisco de Souza, de Aldoná, e de Ernestina Monteiro, e neta de Placido Antonio Monteiro (Not. 70).

(72) **Caetano Antonio Pinto**—cazado com Idalina da Costa, filha de Vicente Caetano da Costa, de Navelim de Divar, e neta de Lourenço Lino de Frias, e Amelia Dorothea Pinto (Not. 36). Faleceu deixando viuva e filhos, que vivem em Candolim. Sua irmã Severina Pinto, cazou, e ficou viuva sem prole; dos seus filhos designados na arvore, a primogenita Anna Clara cazou com Manuel Francisco da Conceição e Souza, advogado, de Nachinolá, onde vivem; e a segunda Maria Luciana, com Frederico Alcantara de Lima, de S. Pedro.

(73) **João Xavier Pinto**— nascido em 12 de maio de 1833 em caza do seu avô materno, e baptizado em 19; cazou com Rozalinda Hortencia Camilla de Almeida, de Cunchelim, e tem os filhos designados na arvore, dos quaes, a filha primogenita Irene, cazou com Manuel Francisco Salvador Collaço, de Sancoale, neto de José Francisco Hercules Collaço, de Margão, escudeiro, e cavalleiro fidalgo por Alv. de 13 de março de 1827; e a segunda, Lucilia, com Antonio Vicente Lobo, de Candolim, actual vereador da Camara de Bardez, e neto de José Paulo Lobo, cavalleiro da Ordem de Christo por Decr. de 20 de novembro de 1840. E' o actual administrador dos morgados da sua caza; e vive em Arporá, onde edificou grande caza, defronte da capella instituida por Clara Pinto (Not. 8). Seu filho varão mais velho, Salvador, (nome do primeiro convertido e tronco da familia), nascido em 9 de março de 1868, estuda actualmente no real seminario de Rachol, e é o immediato successor da metade reservada dos ditos vinculos (Nott. 8, 14 e 16).

(74) **Eliza Deodata Pinto**— nascida em 29 de março de 1835; cazou com Remigio Caetano Dantas, de Saligão, onde vivem, com filhos.

(75) **Theodoro Paschoal Pinto**— nascido em 3 de junho de 1839; faleceu solteiro em 9 de julho de 1869, em Arporá.

INDICE.

		Pag.
I.	Descobrimento da conjuração. Prisão dos réos. . . .	5
II.	Principio e progressos da conjuração.	13
III.	Processo, e sentença.	23
IV.	Os padres implicados na conjuração enviados a Lisboa.	30
V.	O padre Caetano Francisco do Couto.	42
VI.	O padre José Antonio Gonçalves.	49
VII.	O padre Caetano Victorino de Faria.	63
VIII.	O padre José Custodio de Faria.	87
IX.	Ponderações sobre a conjuração.	91
X.	Exame do que se tem escripto sobre a conjuração.	110
Additamento ao Cap. VII.		118

DOCUMENTOS.

Seguem em nova numeração.

Notas sobre os *Noronhas*— pag. 19, e pag. 140 dos Documentos.

A familia *Pinto*, de Candolim. 141

ERRATA.

Pag.		Lin.	
11	—	20	—Manoel— lea-se —Michael.
31	—	15	—cabo das praias de Salcete— lea-se —cabo das praias de Bardez.
33	—	5	—Manoel— lea-se —Michael.
50	—	16	—Manoel— lea-se —Michael.
55	—	32	—1788— lea-se —1780.
100	—	15	—executará— lea-se —executára

DOCUMENTOS.

19	—	9	—he— lea-se —se
72	—	16	—constemente— lea-se —constantemente

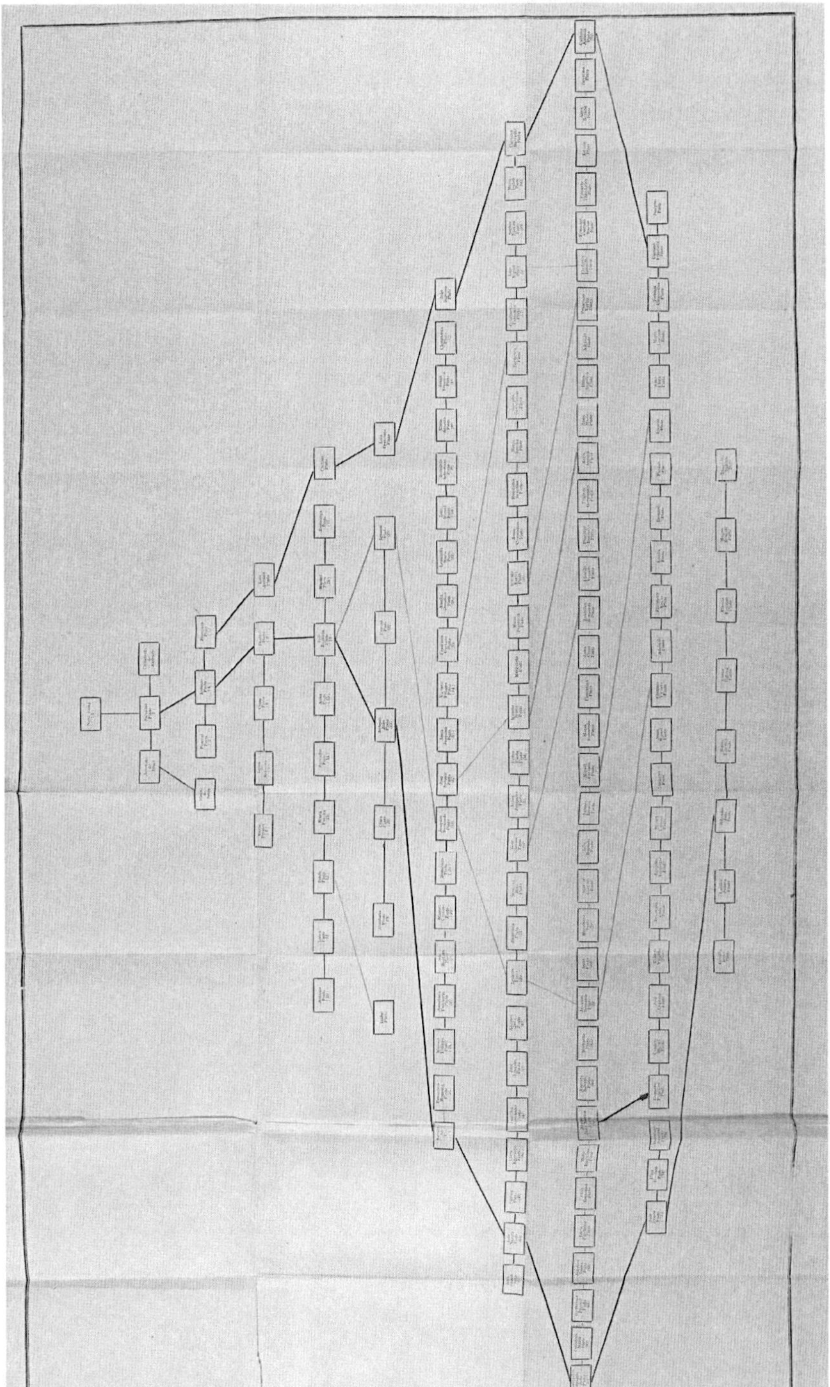